# Goed genoeg

Lori Gottlieb

# Goed genoeg

## Waarom de ware niet volmaakt hoeft te zijn

Vertaald door Caecile de Hoog

Uitgeverij De Arbeiderspers · Amsterdam · Antwerpen

Oorspronkelijke titel: *Marry him*
Uitgave: Dutton, New York



Omslagontwerp: Mijke Wondergem
Omslagfoto: Getty / CSA Images / Printstock Collection

ISBN 978 90 295 7391 7 / NUR 770

www.arbeiderspers.nl

*Voor mijn man, wie je ook bent*

# Inhoud

*Alle gebeurtenissen en feiten in dit boek berusten op waarheid en vormen de neerslag van mijn eigen ervaring en onderzoek. Wel heb ik van sommigen van mijn vrienden en anderen die in het boek voorkomen de naam en de persoonlijke details veranderd. In enkele gevallen heb ik gegevens van verschillende mensen gecombineerd tot een fictief persoon, ofwel op hun eigen verzoek, ofwel omdat ik het zelf nodig vond om hun privacy te beschermen.*

*Je weet dat je verliefd bent als je niet kunt slapen omdat de werkelijkheid eindelijk mooier is dan je dromen.*

Algemeen toegeschreven aan Dr. Seuss

# [Proloog] De Mannenwinkel

*Er is een nieuwe winkel geopend. Een mannenwinkel! Bij de ingang staat een bord:*

Je mag de mannenwinkel maar ÉÉN KEER bezoeken. Er zijn zes verdiepingen en hoe hoger je komt, hoe waardevoller het gebodene. Bezoeksters mogen op elke verdieping hun keuze maken of een verdieping hoger verder winkelen, maar teruggaan naar beneden mag alleen om de winkel te verlaten.

*Een vrouw gaat naar binnen. Op de eerste etage staat een bord met de tekst:*

Eerste etage – Mannen met een goede baan.

*Leuk, denkt ze, maar ik wil meer dan dat. Ze vervolgt haar weg naar boven, en stuit op een bord met de tekst:*

Tweede etage – Mannen met een goede baan die van kinderen houden.

*Ze is geïntrigeerd, maar loopt toch door naar de derde etage:*

Derde etage – Mannen met een goede baan die van kinderen houden en er fantastisch uitzien.

*Wauw, denkt ze, maar kan het toch niet laten verder te gaan kijken.*

Vierde etage – Mannen met een goede baan die van kinderen houden, er fantastisch uitzien en bereid zijn de helft van het huishouden op zich te nemen.

*'Beter kun je het niet treffen!' roept ze uit. Maar dan klinkt een stemmetje in haar binnenste: of misschien toch wel? Ze loopt verder naar boven en leest het bord:*

Vijfde etage – Mannen met een goede baan die van kinderen houden, er fantastisch uitzien, bereid zijn de helft van het huishouden op zich te nemen en een groot gevoel voor humor hebben.

*Ze heeft gevonden wat ze zocht en is geneigd haar zoektocht te staken, maar kan de verleiding niet weerstaan nog een verdieping hoger te gaan, waar te lezen staat:*

Zesde etage – U bent de 42.215.602ste bezoekster. Er zijn geen mannen op deze etage. Deze etage is er alleen om te bewijzen dat vrouwen nooit tevreden zijn. Wij bedanken u voor uw bezoek aan onze winkel.

*NOTA BENE:*

*Om niet van seksediscriminatie beschuldigd te worden, heeft de eigenaar aan de overkant ook een Vrouwenwinkel geopend.*

*Op de eerste etage zijn vrouwen te krijgen die dol zijn op seks.*

*Op de tweede etage zijn vrouwen te krijgen die aardig zijn en dol op seks.*

*Op de derde etage zijn vrouwen te krijgen die aardig zijn, dol op seks en op sport.*

*Op de vierde, vijfde en zesde etage is nog nooit iemand geweest.*

*– Dit is mijn versie van een oud mopje over het kiezen van een echtgenoot.*

Goed. Dit zijn ze. De eigenschappen, in willekeurige volgorde, die bij me opkomen als ik een boodschappenlijstje zou moeten maken voor de Mannenwinkel.

– intelligent
– aardig
– heel erg grappig
– nieuwsgierig

– dol op kinderen
– financieel onafhankelijk
– emotioneel onafhankelijk
– sexy
– romantisch
– hartstochtelijk
– meevoelend
– trapt graag tegen heilige huisjes
– intuïtief
– gul
– dezelfde religieuze achtergrond als ik, maar niet vroom
– optimistisch, maar niet naïef
– ambitieus, maar geen workaholic
– getalenteerd, maar bescheiden
– warm, maar niet klef
– nuchter, maar niet saai
– bezield, maar niet zweverig
– kwetsbaar, maar niet zwak
– eigenzinnig, maar geen weirdo
– een vrije geest, maar met verantwoordelijkheidsgevoel
– charismatisch, maar wel oprecht
– sterk en gevoelig
– atletisch, maar geen sportfanaat
– stelt zich open op, maar heeft wel een mening
– resoluut, maar niet autoritair
– volwassen, maar niet oud
– creatief, maar geen kunstenaar
– ondersteunt mijn dromen en doelen
– staat met verwondering in het leven
– is ongeveer van mijn leeftijd (heeft hetzelfde culturele referentiekader)
– luistert en communiceert goed
– is flexibel en bereid concessies te doen
– is een man van de wereld: goed opgeleid, bereisd, ervaren
– langer dan 1.75m, maar nog geen 1.80m

– heeft een flinke haardos (golvend en donker graag – niet blond)
– heeft dezelfde politieke ideeën als ik
– deelt mijn waarden en normen
– is geen liefhebber van sciencefiction of stripboeken
– heeft goede smaak/gevoel voor schoonheid
– denkt aan zijn gezondheid, is in goede conditie
– voelt zich betrokken bij de gemeenschap
– houdt van dieren
– capabel
– handig, kan dingen repareren
– kan koken
– is een buitenmens (wandelen, fietsen, skeeleren)
– vindt mijn vrienden leuk (en ik de zijne)
– niet humeurig
– betrouwbaar
– kan goed samenwerken
– literair ingesteld, houdt van woordspelingen
– aanleg voor wiskunde, is geïnteresseerd in wetenschap
– houdt van discussies (maar niet hooglopend) over politiek en het wereldnieuws
– heeft stijl
– is stimulerend
– is geen slons – respecteert onze leefomgeving
– is waanzinnig verliefd op mij

Laat ik eerlijk zijn: dit is niet mijn huidige lijstje, het was mijn uitgangspunt toen ik aan dit boek begon. Ik had nog nooit een lijst gemaakt, maar werd ertoe aangezet door een getrouwde vriendin. Toen ik tegen haar zei dat ik geen lijst had, beweerde ze stellig dat ik die wel had, al was het maar in gedachten.

'Ik kan niet omschrijven waar ik naar op zoek ben,' zei ik. 'Ik ben altijd zomaar verliefd geworden.'

Maar ze had gelijk: binnen drie minuten had ik een gedetailleerd beeld van mijn ideale man. Ook al had ik nooit een lijst gemaakt, ik had er wel degelijk een in mijn hoofd. Toen ging ze nog een stap verder: werk de lijst nu eens bij, zodat hij wat realistischer wordt.

Ik deed een poging. Ik streepte een paar dingen door: dat hij kan koken is niet zo belangrijk (en hij zou het natuurlijk kunnen leren); ik zou ermee kunnen leven als hij 1.70m is in plaats van 1.75m. Maar ook al waren er eigenschappen die ik kon missen, toch vond ik het moeilijk om ze helemaal te schrappen. Iets minder grappig zou misschien niet zo erg zijn, maar waar trek je de grens, met aan de ene kant van het spectrum een man met zo'n prikkelende dialoog dat je hart er sneller van gaat kloppen en aan de andere kant iemand die je hooguit een glimlachje ontlokt? En hoeveel hartstocht moet hij hebben om voor 'hartstochtelijk' te kunnen doorgaan?

Er zijn zoveel variabelen. Ik heb ooit iets gehad met een freelancekunstenaar, waarna ik me heilig heb voorgenomen dat de volgende een vast inkomen moest hebben. Toen kreeg ik een relatie met een arts, maar daarmee klikte het niet op creatief gebied. Het was misschien niet onmogelijk om een financieel onafhankelijke kunstenaar te vinden of een arts die romans schreef, maar ze waren wel dun gezaaid. Toen ik me rekenschap gaf van alle andere kwaliteiten die ik in een man zocht, om nog maar te zwijgen van de 'chemie', werd me plotseling duidelijk hoe het kwam dat ik nog steeds single was.

Misschien bestond de man die ik op papier had gezet helemaal niet. En misschien waren er wel eigenschappen bij die er in een gelukkig huwelijk helemaal niet toe doen.

O, mijn god. Stel dat mijn vriendin gelijk had? Dat ik mannen die misschien een uitstekende echtgenoot waren geweest niet had zien staan omdat ik op zoek was naar de vonk, en me meer bezighield met een checklist die ik in mijn hoofd had dan met een levenspartner van vlees en bloed.

Ik was ook niet helemaal achterlijk, natuurlijk. Zo rond mijn dertigste was me wel duidelijk dat niemand volmaakt is (ikzelf ook niet) en dat de man met wie ik ooit zou trouwen ook maar een mens zou zijn, net als iedereen. Ik was ook niet zozeer uit op volmaaktheid als wel op intense verbondenheid. Wat ik ook wist was dat die eerste duizelingwekkende opwinding geen garantie bood voor eeuwigdurende liefde, maar ik had toch het gevoel dat ik eerst in de zevende hemel moest zijn, wilde de echte liefde een kans krijgen. Wat mij betrof had het geen zin nog een keer met iemand uit te gaan als die sterke aantrekkingskracht er bij het eerste afspraakje al niet was geweest.

In elk geval verwachtte ik in het begin van een relatie vlinders in mijn buik te voelen (zelfs al heb ik me daar een keer zo door laten afleiden dat het me bijna mijn baan en daarmee mijn inkomen had gekost). Ik dacht het 'gewoon' te zullen weten als de ware zich aandiende (ook al gebeurde het regelmatig dat ik een jaar later 'gewoon' wist dat ik er een punt achter moest zetten). Ik verwachtte een soort wonderbaarlijke verbondenheid te voelen (ook al betekende het dat ik voortdurend misselijk was en dwangmatig elk half uur mijn voicemail afluisterde). Zo ging dat toch, als je verliefd was?

Ondertussen werd de boodschappenlijst die ik er onbewust op na hield steeds langer. Zoals voor veel vrouwen geldt, kwamen er naarmate ik ouder werd steeds meer wensen bij, want niet alleen kwam ik er door levenservaring steeds meer achter wat ik in een relatie níét wilde, ik kreeg ook meer zicht op wat ik wél wilde. Mijn redenering was als volgt: *de laatste man beschikte niet over eigenschap X, dus volgende keer wil ik X... én alles wat ik al op mijn lijstje heb staan.* Het kwam erop neer dat mijn Mannenwinkel van een pand met zes etages uitgroeide tot de hoogste wolkenkrabber ter wereld. En ik had niet de indruk dat ik daarin uniek was.

Zou het mede hierdoor komen dat in 1975 negentig procent van de vrouwen in de Verenigde Staten op hun dertigste getrouwd was, terwijl dit in 2004 maar voor iets meer dan de helft van de vrouwen gold? En was dit er de oorzaak van dat tussen 1970 en 2006 het percentage nooit getrouwde vrouwen meer dan verdubbeld was in alle leeftijdsgroepen die door het US Census Bureau waren onderzocht?

Daar wilde ik achter komen.

## *Een ander soort liefdesverhaal*

Dit boek is een liefdesverhaal. Niet echt mijn liefdesverhaal, maar het zou dat van jou kunnen zijn.

Het begon allemaal tijdens een etentje met mijn redacteur van de *Atlantic*. Ik was 39, journaliste, alleenstaande moeder met een klein kind en zat te mopperen over een man met wie ik de avond daarvoor uit was geweest: een 45-jarige jurist die sliste, met open mond zat te eten en me drie uur lang onafgebroken over zijn ex-vrouw onderhield zonder ook maar één keer naar mij te informeren. Ik wist niet of ik het zou kunnen opbrengen ooit nog een keer met iemand uit te gaan. Ik had er schoon genoeg van boven een bord pasta met een vreemde te moeten praten, en snakte er naar net als mijn getrouwde vriendinnen op zaterdagavond in mijn joggingbroek naast mijn man op de bank te hangen.

Hoe had mijn leven zo kunnen worden?

Nog maar twee jaar daarvoor had ik voor de *Atlantic* 'The XY Files' geschreven, waarin ik vertelde hoe ik er op mijn zevenendertigste toe was gekomen om in mijn eentje een kind te krijgen. Natuurlijk was dit niet waar ik als meisje van had gedroomd, maar ik wilde ook niet met iemand trouwen die de ware niet was, en naar mijn idee was ik die nog niet tegengekomen. Ik wilde een kind krijgen nu het nog kon, dus gaf ik me niet nog een keer op voor weer een andere datingsite, maar meldde ik me aan op een site waar spermadonoren zich aanboden. Niet lang daarna werd ik zwanger en hoopte ik nog steeds de ware Jakob te zullen vinden. Wat ik voor ogen had was eerst een kind te krijgen en daarna 'de ware liefde' te vinden. Ik had destijds het gevoel het heft stevig in handen te hebben en schreef zelfs in het artikel dat wat ik deed wel iets romantisch had.

Nou... ha ha ha!

Aan tafel met mijn redacteur kwam ik haast niet meer bij van het lachen. Natuurlijk hield ik waanzinnig veel van mijn kind, maar laten we eerlijk zijn: de romantiek was in huize Gottlieb ver te zoeken. Evenals al mijn getrouwde vriendinnen met kleine kinderen had ik een chronisch slaaptekort en was ik humeurig en overbelast, maar in tegenstelling tot mijn vriendinnen stond ik er alleen voor. Goed, ze klaagden af en toe over hun man en aanvankelijk was ik er trots op dat ik had besloten niet in hun situatie te willen belanden – dat wil zeggen in een huwelijk dat niet ideaal was, met een man die niet ideaal was. Maar het duurde niet lang voor me duidelijk werd dat geen van mijn vriendinnen ook maar een seconde in mijn schoenen zou willen staan. Sterker nog: ondanks hun geklaag waren ze echt gelukkig en in veel gevallen gelukkiger dan ooit tevoren. De dingen die zo belangrijk hadden geleken toen ze nog op zoek waren naar een partner, hadden geen betekenis meer in het leven dat ze nu leidden. In plaats daarvan scheen het idee om samen een huishouden te bestieren – hoe glansloos, moeilijk en gewoontjes ook – hun toe als een ultieme uiting van 'ware liefde'. Hoe kwam het dat ik het huwelijk vijf jaar geleden nooit op die manier bekeken had?

'Als ik toen had geweten wat ik nu weet,' zei ik tegen mijn redacteur, 'had ik het allemaal heel anders aangepakt.' Maar hoe had ik dat moeten weten?

Volgens een 42-jarige alleenstaande vriendin bevinden veel vrouwen zich in een catch 22-situatie: 'Als ik me op mijn negenendertigste in een relatie had geschikt,' zei ze, 'zou ik altijd de fantasie hebben gehad dat er buiten de deur nog iets veel leukers te halen was geweest. Nu weet ik beter. Dus ik ben hoe dan ook bedrogen uitgekomen.'

Ik weet nog dat ik verbaasd was dat mijn vriendin, een slimme, aantrekkelijke producer, in feite beweerde dat ze voor zo'n soort relatie had moeten kiezen. Maar toen legde ze me uit dat ik haar verkeerd had begrepen. Ze bedoelde niet dat ze genoegen had moeten nemen met een leven vol stille misère met een man om wie ze niet echt gaf. Ze bedoelde dat ze voor een bevredigend leven had kunnen kiezen met een geweldige vent die alleen misschien niet álle eigenschappen bezat die op haar checklist stonden. Als dertiger, vertelde ze, was ze van mening geweest dat 'je schikken in een relatie' het niet haalde bij haar ideaal; nu ze in de veertig is, beseft ze dat ze 'schikken' altijd ten onrechte voor een zwaktebod heeft aangezien.

Tot die slotsom was ik ook gekomen en ik begon mezelf een paar belangrijke vragen te stellen. Wat is het verschil tussen schikken en water bij de wijn doen? Waar kun je buiten en wat is onmisbaar in een huwelijk? Hoe lang moet je wachten tot er iets beters voorbijkomt – iets wat misschien nooit zal gebeuren of, als het wel gebeurt, buiten je bereik blijft – als we gelukkig zouden kunnen zijn met iemand die er wél voor ons is.

Ik stelde deze vragen aan de orde tijdens dat etentje met mijn redacteur en we hadden er geen van beiden een antwoord op. Twee uur lang praatte hij over zijn huwelijk en ik over mijn vrijgezellenbestaan en toen de rekening kwam stelde hij voor dat ik over dit onderwerp een artikel zou schrijven.

Toen ik in de weken daarna met vrienden en kennissen over hun relatie praatte, viel me iets op. Of mensen al dan niet smoorverliefd in het huwelijksbootje waren gestapt leek weinig verband te houden met hoe gelukkig ze nu waren. Hoe men ook aan het huwelijk begonnen was, het kon goed of slecht hebben uitgepakt. De vrouwen met wie ik sprak die nog single waren – en zich daar niet gelukkig bij voelden – keurden echter nog steeds mannen af omdat ze een sportfanaat waren of niet de juiste lengte hadden, in de hoop een beter iemand tegen te komen, want ze dachten dat een huwelijk met een kleine man die geen boeken las hen niet gelukkig zou kunnen maken. Maar de vrouwen die dat wel hadden gedaan waren helemaal niet ongelukkig.

Nadat mijn artikel 'Marry him: the case for settling for Mr. Good Enough' in een aan Valentijnsdag gewijd nummer van de *Atlantic* was verschenen, kreeg ik e-mails van mensen die ik helemaal niet kende: getrouwde en ongetrouwde mannen en vrouwen variërend in leeftijd van 18 tot 78. De mailtjes waren ongelofelijk persoonlijk en de meeste mensen gaven toe dat ze in hun leven ook met deze vragen hadden geworsteld. Er waren vrouwen bij die eruit waren gekomen en gelukkig waren geworden met een misschien niet helemaal ideale man, die echter toch de ware was gebleken. Anderen hadden er spijt van een geweldige man te hebben laten schieten om redenen die nu futiel leken. Weer anderen schreven dat ze waren getrouwd vanwege het 'vuurwerk' maar uiteindelijk, toen het vuur gereduceerd was tot een waakvlammetje, moesten concluderen dat ze niet bij elkaar pasten. Nog weer anderen, onder wie priesters, rabbijnen, relatietherapeuten en huwelijksbemiddelaars, waren van mening dat hun parochianen, gemeenteleden, cliënten, vrienden en familieleden een grotere kans hadden gelukkig te worden in de liefde als ze wat realistischer zouden zijn en hun verwachtingen zouden bijstellen.

Maar wat betekende dat voor mij? Bij mijn pogingen een geschikte partner te vinden deed ik precies wat ik in mijn artikel in de *Atlantic* had voorgesteld. Ik probeerde realistischer te zijn, me meer open te stellen en me te richten op wat op de lange termijn in een relatie belangrijk is en niet op wat er in een kortdurende romance toe doet, maar op de een of andere manier lukte het me niet. Ik voelde me nog steeds aangetrokken tot mannen die 'mijn type' waren, en als ik met een man uitging die dat niet was, klikte het voor mij niet. Ik hoefde niet meer meteen vlinders in mijn buik te voelen, maar het moest toch wel een beetje klikken? Maar hoe wist ik wanneer dat 'beetje' voldoende was?

Toen kreeg ik een e-mail van een alleenstaande vrouw die schreef dat een partner voor haar geen tien hoefde te scoren en dat ze meer dan tevreden zou zijn met een acht. Ze ging momenteel zelfs uit met een acht. Er was alleen één probleem, schreef ze: 'Stel dat ik een *ander soort* acht wil?'

Ik besefte dat dat ook precies míjn probleem was – en dat van zoveel andere vrouwen. Zij vond ook dat we ons moesten richten op iemand die goed genoeg was (die bestaat) en niet op de prins op het witte paard (die niet bestaat), maar ze wist niet hoe ze dat in praktijk moest brengen. En dat wist ik ook niet. Toen lezers me schreven dat ze naar aanleiding van mijn artikel besloten hadden zich te verloven, was ik zelfs bang dat ik vijf jaar later bedolven zou worden onder e-mails van mensen die door mijn artikel in scheiding lagen: niemand wist immers wat een realistischer opstelling eigenlijk inhield. Je moet water bij de wijn doen, maar hoeveel, waar ligt de grens? Hoe kom je erachter of je te kieskeurig bent of dat je echt niet voor elkaar gemaakt bent? Als een relatie met 'iemand die voldoet' inhoudt dat er passie is maar ook verbondenheid, en reëlere verwachtingen ten opzichte van elkaar, hoe breng je al die elementen dan met elkaar in evenwicht?

Om dit uit te zoeken besloot ik mezelf als proefkonijn te nemen. Ik zou op zoek gaan naar antwoorden en vervolgens kijken hoe ze in het echte leven konden worden toegepast.

Eerst ging ik praten met vooraanstaande huwelijksonderzoekers, gedragseconomen, sociologen, psychologen, antropologen, neurobiologen, relatietherapeuten, spiritueel coaches, huwelijksmakelaars, echtscheidingsadvocaten, datingconsulenten, en zelfs met moeders. Ook luisterde ik naar de verhalen van alleenstaande en getrouwde mensen wier ervaringen ook leerzaam waren voor anderen. Ik verwachtte natuurlijk niet dat iemand het ultieme antwoord zou hebben maar ik hoopte dat ik met wat begeleiding en inzicht mijn kansen om de juiste man te vinden zou vergroten. En misschien zou ik anderen daarmee ook op weg kunnen helpen.

Het resultaat is geen zelfhulpboek of datinghandboek. Er hoeven geen vragenlijsten te worden ingevuld of 'regels' te worden toegepast. Ik heb geprobeerd op een eerlijke manier te onderzoeken hoe het komt dat onze zoektocht naar de juiste partner niet verloopt zoals we zouden willen en in hoeverre dat aan onszelf te wijten is. Vervolgens is het aan de lezer om te bepalen welke keuzes zij in de toekomst moet maken.

Een waarschuwing vooraf: ik denk niet dat alles wat de deskundigen over dit onderwerp te zeggen hebben bij iedereen in goede aarde valt. Ik heb me er zelf ook een tijdlang hevig tegen verzet en de feiten ontkend. Maar uiteindelijk drong het tot me door dat informatie macht geeft, en mijn onderzoek heeft mij en mijn houding naar mogelijke partners ingrijpend beïnvloed. Dat zou voor jou ook kunnen gelden.

Uiteindelijk ontdekte ik namelijk dat het erom gaat een man van vlees en bloed te vinden, dat is het ware liefdesverhaal.

# [Deel 1] Hoe heeft het zover kunnen komen?

# 1. De valkuilen van het liefdespad

Op een avond belde mijn vriendin Julia om te vertellen dat ze het had uitgemaakt met haar vriend Greg.

'Hij inspireerde me gewoon niet,' zei ze.

Toen Julia Greg twee jaar daarvoor leerde kennen, waren ze allebei 28 en werkten ze samen bij een non-profitorganisatie. Ze vond hem een schatje, hij was aardig en buitengewoon slim. Hoewel hij weinig stijl had – hij droeg van die slome ribfluwelen broeken met een hoge taille – was het zijn 'echtheid' die haar beviel, het feit dat hij zo 'onpretentieus' was en zo 'weinig materialistisch'. Bovendien voelde ze zich bij hem op haar gemak op een manier die ze bij eerdere vriendjes niet had meegemaakt. Julia had nog nooit iemand gehad die haar zo ondersteunde als Greg. Wat ze ook wilde ondernemen, hij stond klaar om haar te helpen. Deed iemand haar onrecht aan, dan nam hij het voor haar op. Voelde ze zich onzeker, dan gaf hij haar het gevoel dat ze mooi was. Je zou denken dat ze daarom extra veel van hem hield, en dat was ook zo – in het begin. Sinds Greg echter over trouwen was begonnen, was het averechts gaan werken.

'Greg gaf me het gevoel dat ik de meest fantastische vrouw ter wereld was,' zei ze. 'En toen dacht ik, als ik zo fantastisch ben, zou ik dan niet een *betere* partner moeten hebben?'

Met 'beter' bedoelde ze onder meer 'iemand met meer charisma'. Greg kon verlegen en een beetje onzeker zijn in gezelschap, Julia daarentegen was vlot en zelfverzekerd. Ze kon snel en geestig lik op stuk geven, terwijl Gregs humor wat subtieler was. Greg was van eenvoudiger komaf dan Julia, waardoor hij bepaalde verwijzingen in gesprekken met Julia's vrienden niet altijd goed oppikte.

Ondertussen was Julia dankzij Gregs aanmoediging opgeklommen op het werk en was ze uiteindelijk meer gaan verdienen dan hij. Niet heel veel meer, maar ze voelde zich er toch niet prettig bij.

'Ik wil wel graag werken,' zei Julia. 'Maar ik weet het niet. Het is niet wat ik me van het huwelijk had voorgesteld.'

Toen ik haar vroeg hoe ze het zich dan wel voorstelde, zuchtte ze enigszins gegeneerd.

'Wil je een eerlijk antwoord?' zei ze. 'Ik denk dat ik een echtgenoot wil die wat doortastender is.'

Ik zei tegen haar dat Greg liever was dan al haar eerdere vriendjes, inclusief haar laatste, een ambitieuze jurist die vaak 'vergat' te bellen als hij beloofd had dat te zullen doen. Greg was liefdevol en betrouwbaar. Hij was bevlogen bezig met zijn werk. De seks was geweldig. Ze hadden dezelfde interesses, wat vooral ook kwam doordat ze op hetzelfde terrein werkzaam waren. Ze hadden veel plezier samen.

'Maar hij inspireerde me niet genoeg,' herhaalde Julia. 'Hij is gewoon zo'n, je weet wel, zo'n aardige, normale man. Ik kreeg gedachten als: is dit het nou? Is dit de man naar wie ik mijn hele leven op zoek ben geweest? Ik ben bang dat ik het na verloop van tijd wel gezien heb, dat ik meer wil.'

'Meer van wat?' vroeg ik.

Het bleef lang stil aan de andere kant van de lijn.

'Meer van wat ik me had voorgesteld,' zei Julia. 'Hij is gewoon niet iemand om mee te trouwen.'

En daarmee was er weer een geweldige man afgeserveerd. Maar was dat wel zo? Wat wordt er tegenwoordig eigenlijk van een echtgenoot verwacht?

*Als hij maar niet saai is*

Niet lang na mijn gesprek met Julia ontmoette ik in een bar in Los Angeles vijf singles van in de twintig, aan wie ik vroeg waarom het zo moeilijk is om een man te vinden die geschikt is om mee te trouwen. Over één ding waren ze het eens: we willen wel een vent, maar we hebben hem niet echt nodig. Dus waarom zouden we genoegen nemen met minder?

'Ik ben liever alleen dan dat ik water bij de wijn doe,' zei Olivia, een 27-jarige webdesigner. 'Toen ik zo rond de twintig was had ik hele irritante huisgenoten, en ik kan me niet voorstellen elke avond te eten en in hetzelfde bed te slapen met een mannelijke huisgenoot die toevallig de echtgenoot is voor wie ik heb gekozen.'

De anderen knikten instemmend.

'Ik weet niet hoe het met jullie is,' vervolgde Olivia met een knipoog, 'maar ik zou wel héél intens van iemand moeten houden om bereid te zijn elke ochtend mijn tanden te poetsen terwijl hij een meter verderop zit te kakken.'

Ik gaf haar de tip dat je de badkamerdeur ook dicht kunt doen. Maar alle gekheid op een stokje, de kans om de man van je dromen te vinden doet zich niet zo vaak voor, en ik was benieuwd wat het volgens deze vrouwen inhield om water bij de wijn te doen. Betekende het dat je een man uitkoos die je op de zenuwen ging werken, of betekende het concessies doen wat betreft bepaalde gewenste eigenschappen, in ruil voor andere kwaliteiten, die belangrijker zijn? En wat waren dat dan voor kwaliteiten?

'Ook al is hij nog zo aardig en slim en aantrekkelijk, ik zou het niet bij iemand uithouden die saai is,' zei Nora, een radioproducer.

'Ik ook niet,' zei Claire, een doctoraalstudente. 'Je hebt jongens die heel slim zijn maar dan kom je er tot je verbazing achter dat ze ondanks al hun intelligentie toch niet zo boeiend zijn. Ze moeten slim zijn, maar wel op een interessante manier. Ze moeten *nieuwsgierig* zijn.'

'Nieuwsgierig, maar niet al te ernstig,' zei Nina, een marketingmanager. 'Ze moeten wel een beetje scherp zijn.'

'Maar ook weer niet té scherp,' zei Nora. 'Ze moeten aardig zijn. Als ze maar niet saai zijn.'

Ik vroeg aan de vrouwen wat ze onder saai verstonden en of ze er voorbeelden
van konden geven.

'Ze moeten gevoel voor humor hebben,' zei Nina. 'Het is niet genoeg als ze een beetje zitten te lachen als ik iets grappigs heb gezegd. Saaie jongens zijn niet grappig, die vinden jóú grappig.'

'Of andersom,' zei Claire. 'Ze denken dat een vrouw die om hún grapjes lacht gevoel voor humor heeft. Alleen iemand die saai is gelooft dat.'

'Of een narcist!' zei Lauren, die fondsen werft voor politieke doeleinden.

'Narcisten, die zijn pas saai!' zei Olivia, waarop iedereen in lachen uitbarstte.

Ik zei tegen deze vrouwen – allemaal redelijk aantrekkelijk maar niet adembenemend; allemaal interessant maar niet fascinerend – dat ze weleens eenzaam zouden kunnen worden als ze steeds maar bleven zoeken naar De Ideale Man, terwijl ze ook iets moois op zouden kunnen bouwen met Een Gewone Man.

'Ik ben nu ook eenzaam, maar ik ben liever eenzaam dan verveeld,' zei Lauren. Zij vindt haar vaste baan als fondsenwerver soms wel saai maar vaak ook heel boeiend, dus kiest ze niet voor wat haar werkelijk passie heeft – schilderen – omdat dat haar te riskant lijkt.

'Dus je doet wel concessies als het je werk betreft, maar niet als het om een partner gaat?' vroeg ik. 'Je bent bereid acht uur per dag een aardige baan te hebben, maar je wilt die niet opgeven voor je werkelijke liefde: de kunst?'

Hier moest Lauren even over nadenken.

'Dat is wat anders,' zei ze. 'Als het over het werk gaat, ben ik praktisch ingesteld, maar om nou praktisch te zijn over de liefde... Gevoelens kun je niet regelen, het lijkt me ook zo... onromantisch.'

Op dat moment liep er een best leuke, ongeveer dertigjarige man langs die zijn blik over de vrouwen liet gaan. Ze negeerden hem. Ik vroeg waarom.

'Te klein,' zei Olivia, die 1.60m lang is.

'En dan die bril!' zei Claire, die zelf een knots van een bril draagt.

Ik vroeg me af of ze open zouden staan voor een man met een klein postuur en een bril die al een jaar uit de mode was, als een aantal van hun overige wensen wel door hem vervuld werd: als hij bijvoorbeeld slim, grappig, een beetje scherp, aardig, succesvol en uiteraard niet saai zou zijn. Hoe belangrijk is een eerste indruk?

'Dat heb ik wel geprobeerd,' zei Nora, 'maar ik kan mezelf er niet toe dwingen iemand aantrekkelijk te gaan vinden. Dat moet er vanaf het begin zijn. Als je je bij de eerste ontmoeting lichamelijk niet tot iemand aangetrokken voelt, zul je je altijd geweld aan moeten doen en dat werkt niet.'

Aanvankelijk verbaasde het me hoe gemakkelijk deze twintigers die leuke man terzijde hadden geschoven zonder zelfs ook maar te overwegen een gesprekje met hem aan te knopen om meer over hem te weten te komen. Ik bedoel, ze zaten niet meer op school of de universiteit, waar de mogelijkheden om met iemand iets te beginnen gelijkelijk over het speelveld der seksen waren verdeeld. Dit was het echte leven, het leven waarin mensen koppels vormden en trouwden, waarin het reservoir aan beschikbare mannen steeds kleiner werd en je niet meer zo vanzelfsprekend gelijkgestemde geesten tegenkwam als in het verleden.

Maar toen zag ik mezelf voor me als twintiger en herinnerde ik me het opwindende gevoel dat de mogelijkheden nog onbegrensd leken, ook al waren ze dat niet.

Ach, wat een verschil tien jaar kunnen maken! Een paar avonden later ontmoette ik in dezelfde bar vijf singles van eind dertig, begin veertig en stelde ik ook hun de vraag waarom het zo moeilijk is om een goede man te vinden. Ik deed verslag van mijn gesprek met de jongere vrouwen over saaiheid en eenzaamheid.

'Praat over tien jaar nog maar eens met ze,' zei Stephanie, een aantrekkelijke 39-jarige kinderarts. 'Als ze wachten op de prins op het witte paard zal hun leven niet alleen saai maar ook eenzaam zijn. Het werk is niet meer zo opwindend, het borrelen met de meiden zal ook aan charme hebben ingeboet en de vakantie brengen ze door met hun getrouwde vrienden en hun kinderen, of met hun nichtjes en neven, en dat benadrukt alleen maar dat ze zelf geen gezin hebben, en dat is deprimerend.'

Ik gaf toe dat ik mezelf herkende in die jongere vrouwen die wel een relatie wilden maar heel specifieke eisen stelden voor ze met een man in zee zouden gaan. En nu ik ouder werd, legde ik uit, wordt mijn leven op dit gebied gekenmerkt door een dodelijke paradox: ik ben wanhopig maar kieskeurig. Ze wisten precies waar ik het over had.

'Dat is helemaal waar!' riep Liz, een 37-jarige scenarioschrijfster. 'Ik kan die jonge vrouwen wel door elkaar rammelen en zeggen dat de man die te hard lacht in het openbaar misschien wel moeite heeft met de manier waarop zij tijdens een dinertje rauwe worteltjes eten, maar voor hem loopt het daar niet op stuk.'

Deze vrouwen wisten nog precies waar relaties in het verleden voor hen op waren afgeketst en wat de redenen waren geweest waarom ze niet met iemand door waren gegaan. Dit vertelden ze me:

– 'Hij was heel lief voor me, maar niet romantisch genoeg. Voor Valentijnsdag had hij een bandje voor me gemaakt waar al mijn lievelingsnummers op stonden, en ik kreeg een massage van hem van een uur, maar telkens als ik die dag op m'n werk de bloemist binnen zag komen met bloemen voor mijn collega's dacht ik: waar blijven míjn bloemen? Ik wilde een man die me bloemen stuurt.'

– 'Hij nam wel bloemen voor me mee, maar ze waren niet mooi en getuigden van slechte smaak en dat gaf me het gevoel dat ik het niet waard was om moeite voor te doen.'

– 'Hij was niet opwindend genoeg. Ik had het gevoel dat we al getrouwd waren, wat op een bepaalde manier wel leuk was, maar we hadden nog maar net iets met elkaar.'

– 'Hij had van die lange neusharen, daar knapte ik helemaal op af, maar ik had niet de moed om hem te vragen ze af te knippen, dus ging ik niet meer met hem uit.'

– 'Hij huilde. De eerste keer was ik er al niet blij mee, maar goed. De tweede keer gaf ik er de brui aan. Ik had het gevoel dat hij te zwak voor mij was.'

– 'Hij was te voorspelbaar. Daarna ging ik uit met mannen die me steeds in spanning lieten en bij wie ik nooit wist waar ik aan toe was. Dat was vreselijk. Geef mij nu maar weer voorspelbaarheid.'

– 'Zijn stemgeluid bracht me in verlegenheid. Het gebeurde wel dat hij bij mij de telefoon opnam en mensen dachten dat ik het was, want ik heb nogal een lage stem. Maar verder was hij wel erg mannelijk. En een geweldige vent.'

– 'Hij was te optimistisch. Hij was zo opgewekt de hele tijd, zelfs 's ochtends als de wekker ging, en dat stoorde me. Hij zag altijd wel een zonnige kant – "Het fornuis is stuk, kom, we gaan uit eten!" – terwijl ik er dan mee zat dat ik een nieuw fornuis moest kopen. Ik wilde niet steeds alles van de zonnige kant bekijken. Daarna ging ik uit met een man die veel cynischer was en na een tijdje vond ik dat deprimerend. Dus toen probeerde ik het weer met die optimistische jongen aan te leggen, maar die vond mij te pessimistisch!'

– 'Hij was helemaal kaal, met alleen een krans van haar en

van voren een opstaand plukje. Daar knapte ik nogal op af, maar ik probeerde me daar overheen te zetten omdat ik hem echt erg leuk vond. Mijn vrienden zeiden: "Hij heeft een aardig gezicht en een goed lichaam en trouwens, de meeste mannen verliezen hun haar uiteindelijk toch." Maar hij was pas vijfendertig. Ik viel altijd op mannen met haar waar je met je vingers doorheen kon gaan. Nu ben ik al blij als ik een man tref die überhaupt haar op zijn hoofd heeft.'

– 'Hij dacht dat het grappig was om rare woorden te bedenken, zoals "fabulosa". Hij deed het heel vaak – en waar andere mensen bij waren. Eén keer zei hij op een feestje tegen iemand: "Het is echt niet zo fabulosa om dokter te zijn" en dat vond ik zo gênant. De volgende dag heb ik het uitgemaakt.'

– 'Hij hield te veel van me. Hij leek wel een puppy zoals hij steeds maar met die grote bewonderende ogen naar me zat te kijken. Ik wilde iemand die mannelijker was.'

– 'Ik vond hem geen man van de wereld. Hij kon niet overweg met de wijnkaart, wist niet wat hij moest bestellen. Hij had *Casablanca* niet gezien. Ik begreep niet hoe iemand van tweeëndertig die film gemist kon hebben.'

– 'Ik miste gewoon een bepaald gevoel – en nu vraag ik me af wat ik eigenlijk had moeten voelen. Want van alle mannen voor hem en na hem tot wie ik me sterk voelde aangetrokken was er niemand met wie ik zo graag optrok.'

Luisterend naar deze vrouwen dacht ik na over de redenen die ikzelf als jonge vrouw had gehad om mannen af te keuren, vaak zonder hen te hebben gezien. Van die mannen staat vooral Tom me nog helder voor de geest, een klant van mijn lesbische kapster. Zij had me verteld dat hij een knappe, charmante en zeer intelligente chemicus was en wilde een blind date voor ons organiseren.

'Hij is de enige man voor wie ik zou kunnen vallen,' zei ze, en dat betekende heel wat. Daarbij komt dat ik een bèta-achtergrond heb, en dat maakte deze man wel heel aanlokkelijk voor mij. Toch zei mijn 29-jarige vroegere zelf nee, want mijn kapster vertelde ook dat Tom rood haar had en ik dacht dat ik dat niet aantrekkelijk zou kunnen vinden. Ik wist gewoon dat rood haar voor mij niet zou werken. (Kennelijk lagen mijn maatstaven voor mannen hoger dan die van een lesbienne.)

En dan die enige, slimme en geestige jurist met wie ik een paar keer uitging tot ik er geen zin meer in had omdat hij alsmaar het woord 'super' gebruikte. Ik hoor me nog tegen een vriendin zeggen: 'Alles is super bij hem. Niet geweldig of fantastisch of interessant, niet eens cool. Alles is altijd super.' Ik probeerde dat aanwensel van hem op de koop toe te nemen, maar elke keer dat hij het zei, ergerde ik me weer dood. (Op de een of andere manier scheen het feit dat ik steeds "zeg maar" en "weet je wel" zei hém helemaal niet te ergeren.)

Toen ik begin dertig was ontmoette ik op een feestje een aanbiddelijke softwareontwikkelaar die me het telefoonnummer van zijn werk gaf en zei dat ik hem daar altijd kon bereiken omdat hij daar altijd was. Ik wilde geen relatie met een workaholic, dus ik belde hem niet. Het kwam niet in me op dat hij misschien altijd aan het werk was omdat hij bezig was een eigen bedrijf op te zetten, of dat hij misschien wel meer reden zou hebben om eerder naar huis te gaan als hij een vriendin had. Ik deed ook geen moeite om erachter te komen, want ik ging ervan uit dat zich wel weer andere kansen zouden voordoen, dat ik wel weer een man op een feestje zou ontmoeten of via internet. Zelfs rond mijn vijfendertigste, toen de beschikbare mannen en de gelegenheden om ze tegen te komen schaarser werden, ging ik alleen serieuze relaties aan met mannen die aan mijn hoge, en, achteraf gezien, oppervlakkige eisen voldeden. Ik had niet al die tijd op de ware gewacht om nu met minder genoegen te nemen, dat was mijn houding. Maar zou ik echt genoegen hebben genomen met de roodharige chemicus, de jurist die het woord 'super' graag gebruikte of de softwareman die tot middernacht aan het werk was om een eigen bedrijf op te zetten?

Ik zal het nooit weten.

Net als ik voelden de vrouwen die ik in de bar ontmoette gêne over de manier waarop ze mannen in het verleden hadden afgekeurd: iedereen was te dit of te dat of had te weinig van dit of van dat. Ze voldeden niet aan het beeld dat wij hadden van de man met wie we uiteindelijk door het leven wilden gaan, hetgeen ertoe leidde dat we uiteindelijk niemand hadden om mee door het leven te gaan.

Ik vroeg aan de groep of de dingen die ze genoemd hadden nu nog steeds een reden voor hen zouden zijn om iemand af te wijzen.

'Als ik nu een vent zou tegenkomen die *Casablanca* niet heeft gezien,' zei Kathy, een 38-jarige consultant, 'dan zou ik hem nog wel in aanmerking nemen, maar het zou wel steeds in mijn achterhoofd zitten. Ik kan niet zeggen dat ik er helemaal overheen zal stappen, omdat het iets zegt over iemands culturele bagage, of het gebrek daaraan. Maar over het algemeen zijn de onoverkomelijkheden voor mij wel veranderd.'

Waar zou het voor hen nu op afketsen? Iemand die verslaafd is, iemand met een opvliegend karakter, iemand die onaardig is, iemand die geen werk heeft, iemand die niet warm is en geen gulle inborst heeft, iemand die star is of onverantwoordelijk, iemand die oneerlijk is, iemand die geen goede vader zou kunnen zijn, iemand die zo oud is dat hij hun eigen vader zou kunnen zijn. Over al het andere valt te praten, denken de vrouwen, maar het zou weleens kunnen dat dit besef te laat is gekomen: ze merken dat de mannen die hen nu mee uit vragen de voor hen onoverkomelijke tekortkomingen hebben, terwijl de mannen die dat tien jaar geleden deden die niet hadden.

'In zekere zin ben ik nog steeds op zoek naar hetzelfde type man als toen ik 25 was, alleen wil ik nu ook nog dat hij bereid is een gezin te stichten en in staat is dat te onderhouden, en dat speelde vroeger geen rol,' zei Beth, een 37-jarige vertegenwoordigster van een farmaceutisch bedrijf. 'Dat waren juist de mannen met wie ik het vroeger uitmaakte.'

Amy, een 43-jarige binnenhuisarchitecte, was het daarmee eens. Ze vertelde dat ze tot haar negenendertigste altijd vriendjes had gehad, maar daarna plotseling alleen nog maar benaderd werd door mannen van vijftig en ouder.'

Toen ik vroeg waarom ze geen contact opnamen met de mannen die ze vroeger hadden afgekeurd maar die nu heel aantrekkelijk leken, riepen ze in koor: 'Die zijn allemaal getrouwd!'

### *Wat doet het ertoe of hij* Casablanca *heeft gezien?*

De vraag die zich aan mij opdrong was wie de vrouwen waren die met deze mannen waren getrouwd. Een week later ontmoette ik er een paar. Oppervlakkig gezien hadden ze veel weg van de vrouwen die hun mannen hadden afgedankt. Ze waren ongeveer van dezelfde leeftijd en verschilden ook qua uiterlijk en opleiding weinig. Ik kon me goed voorstellen dat ook deze vrouwen alleen waren gebleven, ware het niet dat ze in één opzicht van hun alleenstaande tegenhangers verschilden: ze hadden het vermogen gehad hun ideeën over liefdesrelaties bij te stellen.

Nancy, getrouwd met een 'voorspelbare man', legde het zo uit: 'Volgens mij is het verschil tussen een vrouw die trouwt en een vrouw die niet trouwt dat de laatstgenoemde niet in staat is af te stappen van het idee dat ze met Brad Britt zal trouwen, en het komt niet in haar op dat ze misschien wel nooit zal trouwen. Ze kunnen wel zeggen: "Ik kom nooit iemand tegen", maar dat is net zoiets als zeggen dat je dik bent terwijl je dat helemaal niet meent. Dat is gewoon iets wat vrouwen zeggen om zichzelf naar beneden te halen. Als je jong bent kom je steeds mannen tegen, dus diep in je hart geloof je dat de ware ineens je pad zal kruisen. Het komt niet in je op dat het misschien niet erg is als de ware niet op Brad Pitt lijkt, geen miljoenen verdient en je niet elke keer dat je samen bent de adem beneemt.

Nou ja, dat idee is in mij wel opgekomen, maar ook pas toen ik 35 was.'

Toen kwam ze haar voorspelbare man tegen.

'Veel vrouwen zeggen dat ze liever alleen zijn dan met minder genoegen te moeten nemen, maar als ze dan alleen zijn, zijn ze diep ongelukkig, en toch houden ze vast aan hun irreële maatstaven,' aldus Nancy. 'Ze gaan ervan uit dat hun soulmate uiteindelijk zal komen en dat ze dan beloond worden voor het wachten. Wanneer dat niet gebeurt zijn ze verbijsterd en geschokt. Maar dan is het te laat.'

Ze bedoelde: te laat voor het leven dat zij heeft met de voorspelbare man.

'Het ís voorspelbaar,' gaf Nancy toe. 'Maar het is heel wat beter dan je altijd af te vragen hoe het zou zijn met de mannen die nog opwindender zijn. Dat is geen liefde. Wat ik nu heb is liefde. Ik heb een geweldige man en twee fantastische kinderen. Ik kan me geen beter gezin wensen. En mijn man ís opwindend, alleen niet op de voor de hand liggende manier.'

De 42-jarige Sara, die getrouwd is met de half kale man (die, nu hij 43 is, helemaal kaal is maar nog steeds dat kuifje heeft), vertelde dat ze blij is dat ze op haar vierendertigste eindelijk zover was dat ze zich niet meer blindstaarde op dingen als de hoeveelheid haar die een man op zijn hoofd heeft.

'Een of twee jaar daarvoor had ik er niet over gepeinsd uit te gaan met een kale man,' vertelde ze me.

Ze is blij dat ze van gedachten is veranderd, zei ze, want anders had ze niet verliefd kunnen worden op haar huidige man en was ze waarschijnlijk altijd alleen gebleven.

'Ik ken niet één beschikbare man die net zo aantrekkelijk is als de mijne én nog met mij, op de leeftijd die ik nu heb, uit zou willen,' zei ze. 'Als ik nu single zou zijn, zou mijn man waarschijnlijk ook niet met mij uitgaan. Het zou gewoon niet in hem opkomen. Waarom zou een aardige, geslaagde, geestige man van 43 uitgaan met een 42-jarige vrouw als hij net zo makkelijk een even interessante 35-jarige vrouw voor zich zou kunnen winnen die er beter uitziet en nog kinderen kan krijgen?'

Ik zei tegen Sara dat veel vrouwen deze manier van denken beledigend vinden, maar daar haalde ze haar schouders over op.

'Wat ik wil zeggen,' zei ze, 'is dat het goed is dat ik mijn man op dat moment ontmoet heb. Als ik hem had laten lopen was hij nu getrouwd en zat ik me nog steeds af te vragen waar die paar goede mannen te vinden zouden zijn.'

## *Een paar goede mannen*

Dat vroeg ik me nou ook af. Waar waren die paar goede mannen? Toen ik een grote groep mensen een e-mail stuurde in de hoop alleenstaande mannen te vinden in de leeftijd van 25 tot 40 jaar, om voor dit boek te interviewen, kreeg ik vaak dit soort antwoorden: 'Ik ken geen enkele alleenstaande man maar wel een heleboel alleenstaande vrouwen. Dus als je die nodig hebt...'

Twee weken later kreeg ik wel het benodigde aantal relevante reacties, maar dat was pas toen ik mijn definitie van 'alleenstaand' verruimd had tot 'ongetrouwd, maar met een vaste relatie'. Op hun beurt waren deze mannen net zo verbouwereerd als de vrouwen toen ik hun in dezelfde bar de bekende vraag stelde: waarom beweren vrouwen dat ze geen goede man kunnen vinden?

David, een geestige 29-jarige hoogleraar, denkt dat het komt doordat ze er wel zijn, die goede mannen, maar niet als zodanig door vrouwen herkend worden. 'Er was een vrouw die het met mij uitmaakte omdat mijn kleren haar niet bevielen. Nu is ze smoorverliefd op een vent die zich goed kleedt maar haar niet belt.'

Hier moest zijn 32-jarige collega Dan om lachen – het klonk hem bekend in de oren. 'Vrouwen willen nooit iets wat ze kunnen krijgen,' zei hij. 'Als ze de volmaakte man op hun dertigste nog niet hebben gevonden, proberen ze iets nog beters te vinden. Maar ze leren er niet van. Zelfs als ze vijf jaar later nog steeds alleen zijn, worden ze alleen maar kieskeuriger. Als ze dan tegen de veertig lopen en de volmaakte man nog steeds niet hebben gevonden, krijgen ze spijt dat ze ons aan de kant hebben gezet, maar dan zijn wij niet meer geïnteresseerd.'

Kurt, 38 en verloofd, zei dat dat precies was wat zijn exen was overkomen. 'En die volmaakte mannen – als die al bestaan – willen misschien maar met één procent van de 30-jarige vrouwen uit. Alleen denkt elke 30-jarige vrouw die ik ken dat ze tot die top, die ene procent, behoort. Alle vrouwen willen een volmaakte man, maar zijn ze zelf eigenlijk wel volmaakt?'

Zijn vraag deed me denken aan iets wat mijn getrouwde vriendin Julie een keer zei: 'Onze cultuur schrijft voor dat het zoeken naar een partner net zoiets is als winkelen, maar bij het winkelen is er niemand die je op je eigen tekortkomingen wijst.'

Steven, die 35 jaar oud is en uitgaat met een juriste, heeft dat idee ook. 'Ik denk dat vrouwen een te positief beeld van zichzelf hebben doordat ze toen ze nog op school zaten die macht ook echt hadden, en ze denken dat dat altijd zo blijft. Zelfs als ze in de twintig zijn denken ze dat tot op zekere hoogte nog steeds, omdat ze nog zo gewild zijn. Een man geeft al zijn geld uit als hij haar het hof maakt, hij investeert in de relatie, en op een dag zegt zij opeens: "Weet je, je bent een geweldige vent maar ik heb gewoon niet het gevoel dat dit is wat ik wil". Als ze in de dertig zijn, krijg je het omgekeerde: het meisje geeft hem gratis seks in de veronderstelling dat ze investeert in een relatie die tot een huwelijk leidt, maar dan zegt de man opeens (hij is nu degene die in trek is): "Weet je, ik vind je geweldig maar ik wil niet met je trouwen". En dan zijn de vrouwen geschokt, want ze werden altijd door de mannen aanbeden, maar het machtsevenwicht is inmiddels veranderd. En ik moet toegeven dat ik me wel een beetje gerevancheerd voel als ik vrouwen die mij vijf jaar geleden hebben afgewezen nu hoor klagen dat ze niemand kunnen vinden.'

### *De getrouwde mannen*

Eric, een 38-jarige getrouwde schrijver met wie ik bevriend ben, gaat nog steeds goed om met de drie vriendinnen die hem aan de kant zetten voor hij degene tegenkwam met wie hij nu getrouwd is. Hij wil ooit een boek schrijven over de manier waarop vrouwen mannen analyseren.

'Ik heb al twee werktitels,' vertelde hij. 'De eerste is *Mijn vrouw is niet volmaakt (maar dat stoort me niet)* en de tweede is *Ik heb geen idee waarom ze me aan de kant heeft gezet (maar ik ben getrouwd en zij is nog steeds single).*'

Hij vertelde dat vrouwen tien vriendinnen bellen om puntsgewijs te bespreken hoe een man scoort op een heel scala aan eigenschappen en hebbelijkheden. Daar komen dan een aantal punten uit waaraan hij niet voldoet (hij is te slonzig, niet gevoelig genoeg, verdient te weinig). Vervolgens denken ze dat ze hem 'kunnen opknappen', hem kunnen 'trainen' zodat hij verandert in de man die ze willen. Volgens Eric weet een man dat een vrouw is zoals ze is, en accepteert hij dat.

'Als wij besluiten om met iemand te trouwen hebben we niet het idee dat we iets aan haar moeten doen, we proberen haar niet te veranderen,' zei hij. 'We maken geen spreadsheet waarop we alles tot in de finesses ontleden, zoals vrouwen doen. We willen bij haar zijn, of niet.'

Een andere getrouwde vriend van mij, de 36-jarige Henry, zei dat er weliswaar mannen bestaan die bindingsangst hebben, maar dat dat voor de meeste niet geldt. Zij verlangen ook naar een huwelijk, net als vrouwen. Vaak is het probleem gewoon dat een man niet echt op een vrouw valt, maar tegelijkertijd de voordelen van de relatie niet wil opgeven.

'Hij weet dat hij niet met haar zal trouwen,' zei Henry, 'daarom zegt hij: "Ik ben momenteel niet op zoek naar vastigheid" of "Ik weet niet zeker of ik kinderen wil" of "Ik ben nu vooral met mijn carrière bezig", waarmee hij haar denkt duidelijk te maken dat ze bij hem aan het verkeerde adres is als zij een relatie wil die tot een huwelijk leidt. Zij denkt echter dat hij nog niet precies weet wat hij wil, maar dat zij hem wel kan overtuigen, terwijl hij zijn besluit echt genomen heeft. Intussen,' vervolgde Henry, 'komen vrouwen zelf niet tot een besluit. Elke tekortkoming die ze kunnen ontdekken wordt maanden-, jarenlang geanalyseerd tot er uiteindelijk een vonnis uitkomt: of ze met hem wil trouwen, of niet. Mannen weten al in een vroeg stadium of ze de vrouw voor zich hebben met wie ze willen trouwen. Het is iets heel instinctiefs. Daarom zijn vrouwen altijd helemaal verbijsterd wanneer dat vriendje dat zo'n bindingsangst had een jaar later ineens met iemand anders trouwt.'

Vrouwen hebben het dan wel altijd over de romantische liefde, zei Henry, maar ze analyseren de situatie veel te veel. 'Ze zijn hypocriet,' legde hij uit. 'Ze zeggen dat ze op de ware liefde uit zijn maar je moet wel zo lang zijn en zoveel verdienen, een slecht humeur willen ze ook niet, je moet vooral geen man van vlees en bloed zijn.'

Wat dat overmatig analyseren betreft heeft hij waarschijnlijk gelijk. Twee maanden nadat mijn vriendin Julia het had uitgemaakt met haar 'niet inspirerende' vriendje Greg, kreeg ze kennis aan de spannende, ambitieuze chirurg Adam. Adam was alles wat haar non-profitvriendje niet was. Aan de andere kant was de rustige, behulpzame non-profitjongen alles wat haar nieuwe vlam niet was. Ze begon Greg te missen.

'Ik weet gewoon niet wat ik wil,' zuchtte ze toen ze op het punt stond naar Hawaï te vliegen voor een romantisch weekend met de chirurg.

Maar kan het echt niet anders? Is er geen middenweg tussen het koude, harde analyseren en intense hartstocht?

Toen ik de middenweg ter sprake bracht tijdens een gesprek met zes vriendinnen van mijn moeder die allemaal trouwden toen ze in de twintig waren, zeiden ze dat het probleem bij de generatie van hun kinderen is dat die middenweg voor hen niet bestaat.

'Ik hoor de vriendinnen van mijn dochter voortdurend zeggen dat ze willen dat mannen dezelfde gevoelens hebben als zij, maar mannen uiten hun emoties anders dan vrouwen,' aldus Susan, die twee dochters heeft van in de dertig. 'Jonge vrouwen willen een man die zacht en zorgzaam is en rijk en adembenemend – ze willen alles.'

Connie schudde haar hoofd. 'Je kunt wel wachten op de prins op het witte paard,' zei ze, 'maar zelfs de prins op het witte paard heeft gaten in zijn sokken. Ook al trouw je met de perfectste man op aarde, je zult nog steeds op problemen stuiten waar je iets op zult moeten vinden. Maar zodra jonge vrouwen die gaten zien, zijn ze niet meer geïnteresseerd.'

'Wij hadden andere verwachtingen,' zei Melinda. 'We verwachtten meningsverschillen. Je trouwde niet met het idee dat je wel weer zou scheiden als het niet beviel. Je had het gevoel dat je het samen moest zien te rooien. Tegenwoordig denken meisjes altijd dat ze nog iets beters tegen zullen komen.'

Er was niemand in deze groep moeders die geloofde dat jouw soulmate de enige man op de planeet is die voor jou bestemd is. Zij verstonden onder een soulmate iemand met wie je je diep verbonden voelt, iemand die je accepteert zoals je bent en er voor je is.

'Ik denk dat je je pas echt soulmates gaat voelen wanneer je samen moeilijke tijden doormaakt,' zei Kathryn. 'Als je met ziekte te maken krijgt, financiële problemen of ouders die sterven.'

'Men verwacht tegenwoordig niet meer dat je aan een relatie moet werken,' voegde June eraan toe. 'Er zijn periodes geweest in ons huwelijk waarin we allebei bepaalde behoeftes hadden, en dat liep soms hoog op. Maar ik heb het idee dat veel vrouwen van nu denken dat elke behoefte die ze hebben bevredigd zal worden en dat er iets mis is als dat niet gebeurt. Maar er is niets mis – het is eigen aan een relatie tussen twee mensen.'

Ik vroeg wat vrouwen moeten opgeven als ze een goede partner willen vinden.

'Ik weet niet of je iets moet opgeven. Begin vooral niet met een negatieve houding!' zei Diane. 'Tegenwoordig beginnen vrouwen met die instelling – ze hebben een lange lijst wensen en denken dat ze dingen door moeten strepen. Maar je kunt ook op zoek gaan naar iemand met wie je graag optrekt en dan kijken hoe het loopt. Begin optimistisch, wees niet zo gefocust op alle dingen die een man misschien mist.'

Kathryn was het hiermee eens. 'Ik heb een goede vriendin met dochters die nog single zijn,' zei ze. 'Een van die dochters wilde ik aan een jonge advocaat voorstellen, een slimme, geestige man die tijd vrijmaakt voor kinderen. Ze heeft hem gegoogeld, vond een foto en zei dat ze hem niet knap genoeg vond. Ze wilde hem niet eens ontmoeten. Meisjes zeggen tegenwoordig al nee voor een relatie ook maar een kans heeft gekregen zich te ontwikkelen. Ze hebben de romantische verwachting vanaf het eerste moment overrompeld te worden en dat die opwinding dan ook blijvend is, maar liefde komt langzaam tot bloei.'

Zo was het Connie vergaan. 'Ik vond mijn man niet eens leuk toen ik hem ontmoette,' zei ze. 'Ik werkte in de modewereld en hij was een slonzige hark. Een beetje een rare. Hij vroeg me mee uit en ik wilde niet. Maar hij drong aan en toen ik hem beter leerde kennen bleek hij niet alleen een ontzettend leuke man te zijn, maar ook de liefde van mijn leven.'

Hoe meer ik met mensen over relaties praatte – met jonge alleenstaande vrouwen, oudere alleenstaande vrouwen, getrouwde vrouwen, alleenstaande mannen, getrouwde mannen en vrouwen van mijn moeders generatie – hoe meer ik me begon af te vragen hoe het toch komt dat de zoektocht naar liefde zo verwarrend is geworden en of dit aspect van het moderne leven vrouwen eigenlijk wel gelukkig maakt.

# 2. De romantische komedie die mijn toekomst voorspelde

Toen ik als 20-jarige de film *Broadcast news* voor het eerst zag had ik er geen idee van dat ik naar mijn eigen toekomst zat te kijken. Holly Hunter speelt Jane, een alleenstaande journaliste bij het televisienieuws die dik bevriend is met haar begaafde en geestige collega Aaron, gespeeld door Albert Brooks. Ze bellen elkaar 's avonds laat, maken elkaars zinnen af, lachen om dezelfde dingen en begrijpen elkaar zoals niemand anders hen begrijpt. De slimme, grappige en aardige Aaron is verliefd op Jane, maar Jane valt voor Tom, een knappe maar oppervlakkige nieuwslezer, gespeeld door William Hurt. Tom, die alleen maar in uiterlijkheden is geïnteresseerd, belichaamt alles waar Jane fel tegen gekant is. Toch voelt ze zich tot hem aangetrokken. Uiteindelijk beseft Jane dat in een relatie met Tom haar principes te veel in het gedrang zouden komen, maar dat een keuze voor Aaron ook een te groot compromis zou zijn. Ze houdt zielsveel van hem, maar hij zet haar niet in vuur en vlam.

Klinkt ons dit niet allemaal bekend in de oren?

Janes dilemma – kies ik voor het vuur of voor de vriendschap – lijkt misschien zo oud als de wereld, maar is dat niet. De innerlijke strijd misschien wel, maar de vrijheid die vrouwen hebben, niet alleen om voor één van beide, maar ook voor géén van beide te kiezen, is van betrekkelijk recente datum. Jane kiest niet voor Tom en ook niet voor Aaron, maar besluit te wachten op de ware, die overigens nooit komt opdagen. Aan het eind van de film, als we deze figuren zeven jaar later tegenkomen, zegt Jane iets vaags over een man in haar leven, maar wat zegt dat? Hoe groot is de kans dat deze relatie wel zal slagen, als je bedenkt dat ze de afgelopen zeven jaar waarschijnlijk allerlei veelbelovende relaties heeft gehad die toch niet werden wat ze ervan gehoopt had. En trouwens, zou de man met wie ze nu is beter bij haar passen dan Aaron, haar emotionele en intellectuele zielsverwant? Intussen komen we te weten dat Aaron getrouwd is en een zoon heeft, en dat Tom verloofd is.

Het is een triest einde, maar toen ik twintig was twijfelde ik er geen moment aan dat Jane de juiste beslissing had genomen. Dat ze niet trouwt en geen kinderen krijgt schreef ik toe – let op – aan het feit dat de regisseur een vrouwenhater was! Ik maak geen grapje. Het schaamrood staat me op de kaken als ik er nu aan denk, maar ik voerde indertijd lange gesprekken met mijn vriendinnen over het feit dat ze er in Hollywood nog niet aan toe waren om een sterke vrouw neer te zetten die op haar strepen staat, zonder dat ze daar op een of andere manier voor gestraft moest worden. Het kwam niet in ons op dat het feit dat ze niet trouwt en geen kinderen krijgt eenvoudigweg *een logisch gevolg* was van de keuze die Jane had gemaakt. En velen van ons maakten als twintigers dezelfde keuze – alleen de ware, anders niet – en bleven alleen.

De voorstelling van zaken die mijn vriendinnen en ik aan vrouwenhaat toeschreven, bleek de realiteit te zijn.

Pas toen ik achter in de dertig was en de dvd nog eens bekeek, drong tot me door dat ik Jane was geworden. Ik had de Aarons van deze wereld aan mijn neus voorbij laten gaan en te laat beseft dat ik wat ik het belangrijkste vond in een partner juist bij een Aaron had kunnen vinden. Maar net als de Aaron in de film waren de jongens die mijn vriendinnen en ik hadden laten schieten inmiddels getrouwd.

Als twintigjarige, herinner ik me, vond ik het droevigste stukje van de film het moment waarop Aaron Jane bekent: 'En ik ben verliefd op je. Wat vind je daarvan? Ik heb het belangrijkste nieuws tot het laatst bewaard.' Mijn hart huilde voor Aaron.

Twintig jaar later vond ik het droevigste stukje van de film het moment waarop de intens verdrietige Aaron Jane voorspelt wat de gevolgen zullen zijn van haar keuze voor de charmante maar oppervlakkige Tom: 'Over zes jaar zit ik hier met mijn vrouw en twee kinderen. En dan zie ik jou en vraagt een van mijn kinderen: "Wie is dat, pap?" En dan zeg ik: "Het is niet beleefd om naar dikke, alleenstaande vrouwen te wijzen".' Nu huilde mijn hart voor Jane. Ik wist hoe dicht Aarons vlijmscherpe commentaar de waarheid benaderde.

*Een knappere Billy Crystal*

Een paar jaar na *Broadcast news* was *When Harry met Sally* in alle bioscopen te zien. In deze film werden de hechte vrienden wél verliefd op elkaar. De gedachte dat de man die je beste maatje was weleens veel meer zou kunnen zijn had iets buitengewoon romantisch. Maar als twintiger was ik nog steeds niet geïnteresseerd in de Billy Crystals van deze wereld. Stom genoeg vonden mijn vriendinnen en ik ook deze boodschap beledigend. Waarom zou iemand als Meg Ryan de lat láger moeten leggen? Zou iemand die zo mooi is als Sally in het echte leven ook voor iemand als Harry vallen? Waarschijnlijk niet. Hij valt voor haar en zij zegt dat ze gewoon vrienden met hem wil zijn.

Maar in ons scenario voor het 'echte leven' hadden we niet ingecalculeerd wat er vervolgens zou gebeuren: zij wijst hem af ten gunste van mannen die aantrekkelijker zijn dan hij en hij trouwt na een tijdje met een ander. Misschien vindt zij ook iemand, misschien niet. Of misschien vindt ze iemand met wie ze zich niet zo sterk verbonden voelt als met Harry, of ze vindt pas iemand als het te laat is om de kinderen te krijgen die ze zo graag wil.

Ik had hier geen flauw benul van toen ik 22 was en Sally's gezicht op het witte doek zag vertrekken als ze hoort dat haar ex-vriendje gaat trouwen. 'Ik ben bijna 40!' snikt ze. Waarop

Harry tegen haar zegt dat ze pas 32 is en nog acht jaar te gaan heeft voor het zover is, maar dan roept Sally uit: 'Maar het gaat gebeuren, het tekent zich al af, als een vreselijk eindpunt. Voor een man is dat anders. Charlie Chaplin kreeg op zijn drieënzeventigste nog kinderen.'

Dat je ooit 40 werd, of 32, leek destijds lichtjaren van mij verwijderd. Ik ging ervan uit dat ik tegen die tijd getrouwd zou zijn. Het kwam niet in me op dat mijn leven er zo zou uitzien als dat van Jane aan het eind van *Broadcast news*; ik verwachtte dat mijn leven meer gemeen zou hebben met dat van Sally: een heel romantisch verhaal over beste vrienden die verliefd worden, behalve dat het op mijn dertigste zou gebeuren en ik met een man zou trouwen die ik niet alleen als mijn beste vriend beschouwde, maar die ook ongelofelijk sexy zou zijn – een knappere uitvoering van Billy Crystal, een gladdere Albert Brooks. Dat was nogal wat, als je bedenkt dat Meg Ryan en ik niets gemeen hebben en ik zelfs op mijn beste momenten niet half zoveel charme bezit als Holly Hunter. Maar net als zoveel andere jonge vrouwen identificeerde ik me met Meg en Holly. Misleid als ik was, dacht ik als twintiger dat mijn vooruitzichten op het liefdespad vergelijkbaar waren met die van hen.

En dat dachten veel van mijn vriendinnen ook. We zouden het ongetwijfeld hebben ontkend, maar dan waren we niet eerlijk geweest. We beweerden dat we niet in het sprookje geloofden, maar als puntje bij paaltje kwam namen we geen genoegen met minder. We beweerden op zoek te zijn naar ware liefde, maar zochten de romance op en verwarden die met liefde. We wisten dat films verzinsels waren, maar onbewust beschouwden we ze als documentaires.

Allison, een 38-jarige alleenstaande vrouw uit Minneapolis schreef me: 'Als ik op mijn zevenentwintigste weleens een woordenwisseling had met mijn vriend – van wie ik echt hield – probeerde ik te reageren zoals ze in romantische komedies deden. Dat had ik niet moeten doen.' Ze gingen uit elkaar en daar heeft ze nu spijt van. Zonder zicht op een relatie is ze van plan zich kunstmatig te laten insemineren en in haar eentje een kind te krijgen.

## *Bridezilla*

Het komt natuurlijk niet alleen door de films. Er is een hele industrie ontstaan rond sprookjesachtige bruiloften (die trouwens in de mateloos populaire filmversie van *Sex and the city* tot conflicten leiden) en zelfs de berichtgeving over voorgenomen huwelijken in kranten, met overtrokken verhalen in de trant van 'tussen al die mensen kruisten onze blikken elkaar', wakkeren de fantasie aan over hoe de liefde zal zijn als we haar hebben gevonden. Maar net als de films geven deze krantenberichten – die door vrouwen gespeld worden zoals mannen de sportpagina's spellen – nooit een getrouw beeld van hoe het er in dat huwelijk werkelijk aan toegaat.

Als iemand hierover kan meepraten is het Elisa Albert. Haar bruiloft werd in de *New York Times* aangekondigd op een manier die ze beschrijft als 'één grote, zelfingenomen zucht van verlichting'. Daarna liep de relatie echter op een verschrikkelijke manier stuk. Binnen een jaar waren ze uit elkaar en kort daarop was de scheiding een feit.

In haar essay in *The modern Jewish girl's guide to guilt* beschrijft Albert de stormachtige romance die uitmondde in de aankondiging in de *Times*, de schitterende en ontroerende trouwplechtigheid en wat de realiteit was na de bruiloft, toen het tot haar en haar echtgenoot doordrong dat ze niet bij elkaar pasten – dat ook nooit hadden gedaan – en nooit met elkaar hadden moeten trouwen. Zoals het ook een goed idee zou zijn wanneer van bepaalde films een vervolg werd gemaakt waarin ons een kijkje wordt gegund in het huwelijk van het koppel, zo zou Albert willen dat kranten naast verhalen over huwelijken ook 'scheidingsberichten' zouden plaatsen, als vervolg op alle jaloersmakende romantische verhalen over nieuwe liefdes.

Dan pas, aldus Albert, krijgen singles een beter beeld van wat liefde is.

Daar zit wel wat in. Als twintiger en dertiger was ik voortdurend op zoek naar de ware liefde, maar hoe moest ik weten wat dat was? Getrouwde mensen praten zelden met hun alleenstaande vrienden over hoe hun huwelijk werkelijk is, en op het witte doek zijn de meeste 'liefdesgeschiedenissen' verhalen waarin het paar, na samen problemen te hebben overwonnen, elkaar in de armen sluit, als een collectief orgasme voor het publiek. Daarna zijn we niet meer zo in hen geïnteresseerd. Het verhaal is uit. De veronderstelling is dat het koppel nog lang en gelukkig leeft. Maar als het al zoveel moeite kost om een koppel te vormen, hoe komen we er dan bij dat het niet minstens zo moeilijk is dat te blijven? Je vraagt je waarschijnlijk af waarom dit aan de orde komt in een boek over het vinden van de juiste man. Je vraagt je waarschijnlijk ook af hoe ik erbij kom dat mensen die ook maar een beetje na kunnen denken zich in hun liefdeleven zouden laten beïnvloeden door films, televisieprogramma's, romannetjes, krantenverslagen of omslagen van bladen als *People.* Als je mij jaren geleden had gevraagd of dat soort dingen vat op mij hadden, zou ik mijn blik ten hemel hebben geslagen. Ik bedoel, we weten toch allemaal dat ook de grote sterren in het echt niet voldoen aan het ideaal dat ze op het witte doek verbeelden (denk maar aan Hugh Grant die Elizabeth Hurley met een prostituee bedroog en aan Brad Pitt die Jennifer Aniston verliet voor zijn tegenspeelster). Maar hoe komt het dan dat zovelen van ons mannen over het hoofd zien die niet voldoen aan het ideaal van het witte doek maar wel een fantastische levenspartner zouden zijn?

Dit deed me denken aan wat de inmiddels overleden psychologen Willard en Marguerite Beecher hebben geschreven over wat ze in hun boek *Beyond success and failure: ways to self-reliance and maturity* 'de infantiele houding ten opzichte van het huwelijk' noemden: 'We kunnen slechts gissen naar de vormen die dit aanneemt, gezien de hoeveelheid liefdesverhalen die elke maand verschijnen en verslonden worden in de vorm van boeken, tijdschriften, op radio en televisie, in films en dergelijke. De mensen zouden dat allemaal niet kopen als ze er niet in geloofden. Sprookjesboeken verkopen veel minder goed, hoewel die ook uit verzinsels bestaan.'

### *Het probleem dat geen probleem is*

Tegenwoordig zijn er in films, noch in het echte leven veel problemen buiten onszelf die moeten worden opgelost voordat twee mensen samen verder kunnen. Klasse, religie, geografische factoren of verschillen in normen en waarden spelen een veel kleinere rol dan het innerlijke conflict dat de vraag of deze persoon wel de ware is met zich meebrengt.

Met andere woorden: het zal niet gauw meer gebeuren dat je verliefd wordt op Romeo maar moet concluderen dat de relatie tot mislukken gedoemd is omdat hij een Montague is. Nee, je begint iets met Romeo zonder erbij stil te staan dat hij een Montague is, maar zodra hij te veel tijd aan videospelletjes besteedt of niet meer weet hoe je beste vriendin van de middelbare school heet, begin je je af te vragen of je niet moet uitkijken naar iemand die rijper en attenter is. In plaats van te vallen voor een man om vervolgens op een blijkbaar onoverkomelijk praktisch obstakel te stuiten (bijvoorbeeld dat er een burgeroorlog uitbreekt als je voor elkaar kiest) vallen we voor een man en zorgen we zelf voor onoverkomelijke obstakels die maken dat we niet met hem verder willen (hij is niet grappig genoeg; heeft de neiging in de stress te schieten als er een blauwe envelop op de mat valt). Vroeger wisten minnaars dat ze samen verder wilden, maar dat dat niet kon. Tegenwoordig kunnen minnaars samen zijn, maar weten ze niet zeker of ze dat wel willen. Vervolgens klagen we dat we geen geschikte partner kunnen vinden.

Het drong tot me door dat ik ondanks alles wat ik op een

rationeel niveau geloofde – ondanks de sterke en verstandige persoon voor wie ik mezelf altijd had aangezien – diep in mijn hart behept was met een klassiek assepoestercomplex. Als in het bekende liedje verwachtte ik dat mijn prins zou komen 'to thrill me for ever more'. Het was nooit in me opgekomen die onhandige glazen muiltjes in te ruilen voor schoenen waar je ook echt op kon lopen.

### *Die enige echte*

Als ik terugkijk op hoe mijn liefdeleven verliep toen ik in de twintig en begin dertig was, verbaast het me niet dat ik het heel normaal vond om in afwachting van de ideale partner alleen te blijven. Per slot van rekening deed vrijwel iedereen dat, niet alleen in werkelijkheid, ook als ik het knopje van de afstandsbediening indrukte zag ik niet anders. In de jaren waarin ik het actiefst was in het uitgaansleven waren er tijdens primetime op televisie tal van series te zien over aantrekkelijke, succesvolle singles die omringd waren door een surrogaatfamilie van even goedgebekte en ook naar liefde smachtende singles als zijzelf. Twee opvallende uitzonderingen waren *Everybody loves Raymond*, een serie over een huwelijk die, ironisch genoeg, niet erg interessant bleek te zijn voor jonge alleenstaande vrouwen op zoek naar een echtgenoot, en *Mad about you*, een hippe, snelle komedie over een jong stel dat nog aan de huwelijkse staat moet wennen. *Mad about you* was aanvankelijk een succes bij jonge alleenstaande vrouwen, maar toen er een baby zijn intrede deed in het verhaal haakten de kijkers af en werd de serie uit de lucht gehaald. Misschien iets te veel realiteit voor singles die dromen van dat lange, gelukkige leven?

Op series over alleenstaande meiden, zoals *Ally McBeal*, *Caroline in the city*, *Friends*, *Sex and the city*, *Grey's anatomy*, stemde je af om na een aflevering waarin een vrouw met een man uitgaat eindeloos met je vriendinnen te bespreken waarom hij niet de juiste man voor haar was en waarom ze misschien toch naar een ander moest uitkijken. Achter al die overwegingen ging de veronderstelling schuil dat ze uiteindelijk de ware liefde zou vinden, dat die ene, echte zielsverwant ergens rondliep en dat er dus één duidelijke, goede partnerkeuze bestond. De figuren uit deze series waren bang een fout te maken omdat ze maar één kans hadden de juiste te zullen treffen, dus moesten ze er wel heel zeker van zijn dat de man voor wie ze kozen ook de ware was. Over het idee dat een heleboel mannen 'de ware' zouden kunnen zijn, werd niet gerept. In het echte leven heeft elke partner natuurlijk zijn leuke en minder leuke kanten, maar het echte leven zien we zelden terug op het scherm.

### *'Reality'-tv*

In zogenoemde realityseries als *The bachelor* wordt de werkelijkheid het dichtst benaderd. Het is veelzeggend dat het kijkerspubliek ontzet was toen Brad, de vrijgezel van dat seizoen, zijn keuzemogelijkheden had teruggebracht tot twee vrouwen, voor DeAnna koos, maar voor hij haar ten huwelijk had gevraagd alweer van gedachten was veranderd.

De kijkers waren woedend: wat er mis was met DeAnna, wilden ze weten. Ze wilde graag een gezin, was slim en aantrekkelijk. Wie dacht Brad wel dat hij was om haar te laten lopen?

Maar Brad voelde 'het' gewoon niet voor haar. Wanneer een vrouw een heel acceptabele partner afwijst omdat ze 'het' gewoon niet voor hem voelt, krijgt ze onze steun en moedigen we haar aan om verder te zoeken naar 'de ware liefde'. We vinden haar beslissing een teken van mondigheid. Maar wanneer een man een heel acceptabele partner om deze reden afwijst, is hij een rotzak. Brad kreeg er in alle media, van talkshows tot weblogs, van langs omdat de kijkers vonden dat hij voor deze vrouw moest kiezen en als hij er dan niet meteen een goed gevoel over had, dan moest hij maar groeien in zijn rol als grote liefde. Dat hij wachtte op een betere kandidaat werd niet geaccepteerd.

DeAnna kwam in *The bachelorette* natuurlijk zelf aan bod, maar toen zij de gegadigden tot twee kandidaten had teruggebracht, verkoos ze de getikte sneeuwsurfer die nog niet zeker wist of hij wel toe was aan een huwelijk en kinderen boven de alleenstaande vader die haar aanbad en het huiselijke leven leidde waar zij zo naar beweerde te snakken. Het kijkerspubliek was het ermee eens dat ze beter voor romantiek kon kiezen dan zich te laten leiden door praktische overwegingen. Kennelijk vond men romantiek voor een vrouw belangrijker. Niemand maakte zich druk toen DeAnna de verloving later weer verbrak.

De boodschap over de liefde waarmee de media ons opzadelen is niet alleen tegenstrijdig maar werkt ook averechts. Als het doorsneeliefdesverhaal bestaat uit: jongen ontmoet meisje; jongen en meisje ergeren zich dood aan elkaar; jongen en meisje wisselen kwinkslagen uit; jongen en meisje beseffen schoorvoetend dat ze van elkaar houden; jongen en meisje leven nog lang en gelukkig (hoewel we van dat laatste nooit iets te zien krijgen) – wat voor boodschap krijgen we dan? Moeten we op zoek gaan naar iemand die ons meteen irriteert of gaan we af op degene tot wie we ons aangetrokken voelen? En als het zo is dat de liefde pas komt als je er helemaal niet op rekent, betekent dat dan dat het geen echte liefde kan zijn als we er actief naar op zoek zijn geweest? Dat we het zelfs niet moeten proberen omdat de echte liefde alleen op ons pad komt als we er niet naar op zoek zijn? Moet ons devies zijn 'Liefde laat zich niet dwingen' of 'Doe je best en ga ervoor'?

Hoewel ik in de war was, wist ik natuurlijk heel goed dat het niet door al die romantische komedies of realityprogramma's kwam dat ik nog steeds single was. Eerdere generaties vrouwen waren met vergelijkbare thema's opgegroeid, maar mijn generatie en de generaties na mij hebben daarnaast nog andere, ook tegenstrijdige boodschappen meegekregen waar we mee uit moeten zien te komen, zoals: wat betekent het om zelfstandig te zijn maar ook nog lang en gelukkig te willen leven? Met andere woorden: als het feminisme ons geleerd heeft dat we de prins op het witte paard niet echt nodig hebben, hoe valt dat dan te rijmen met het feit dat velen van ons graag een man en een gezin willen hebben?

Volgens het sprookje moeten we 'alles' willen hebben, maar wat houdt dat 'alles' eigenlijk in?

# 3. Hoe het feminisme mijn liefdeleven verpestte

Ik weet dat ik dit eigenlijk niet mag zeggen, maar het feminisme heeft mijn liefdeleven volledig verpest. Laat ik eerlijk zijn, niet zozeer het feminisme zelf – tenslotte is er nooit een feministisch datinghandboek verschenen – maar wat ik als 'de feministische benadering' beschouwde heeft me niet veel goeds gebracht. Niet dat ik de verworvenheden van het feminisme overboord zou willen gooien, integendeel. Ik heb alleen spijt van mijn pogingen de 'feministische idealen' – of wat ik daarvoor aanzag – in mijn liefdeleven toe te passen.

Toen ik jong was vonden mijn vriendinnen en ik het feminisme fantastisch. Voor ons betekende het vrijheid en de mogelijkheid op alle terreinen van ons leven eigen keuzes te maken. We konden een vak leren en carrière maken, de tijd nemen 'onszelf te vinden' voor we zouden trouwen, we konden ook besluiten helemaal niet te trouwen en voelden ons vrij ons op seksueel gebied uit te leven als we daar zin in hadden. Dat we voor een zinvol bestaan geen man nodig hadden gaf ons een gevoel van 'empowerment', van eigen kracht. Per slot van rekening wilden we niet doen wat onze moeders hadden gedaan: een man zoeken, trouwen, kinderen krijgen, en dat alles op een leeftijd waarop de meesten van ons nog niet eens promotie hadden gemaakt.

Maar toen we eind twintig, begin dertig waren en de ene relatie de andere opvolgde, of we gedurende lange periodes geen noemenswaardige relatie hadden, nam dat vertrouwen in onze eigen kracht af. Eigenlijk wilden we allemaal trouwen, maar geen van ons durfde te bekennen dat we daarnaar hunkerden omdat we bang waren zwak, behoeftig en – God verhoede! – onfeministisch over te komen. Wij behoorden tot de generatie vrouwen die verondersteld werd autonoom en onafhankelijk te zijn, maar we hadden geen flauw idee hoe we deze moderne manier van leven gestalte moesten geven zonder dat dit ten koste ging van een paar diepgewortelde behoeftes.

We wilden niet wéér een zondag brunchen met de meiden. We wilden een heel leven, met de ware.

Intussen werden we enerzijds geprezen omdat we zo ambitieus waren, anderzijds kregen we de boodschap dat die ambities ons ervan weerhielden op zoek te gaan naar een echtgenoot. Dat heb ik nooit goed begrepen. Ik geloof niet dat vrouwen zo opgaan in hun werk dat ze 'vergeten' zich om hun privéleven te bekommeren. Tenslotte gaat negentig procent van de gespreksstof van jonge ongetrouwde vrouwen – zelfs vrouwen die partner proberen te worden op een advocatenkantoor of zich suf werken als coassistent – over mannen: wie die knappe, nieuwe dokter is in het ziekenhuis, of ze wel of niet bij hun vriend in moeten trekken, waarom een man na vijf keer met haar uit te zijn geweest nu ineens niet meer belt. Werken in zo'n omgeving kan zelfs een voordeel opleveren, want het verhoogt de kans een interessante man te ontmoeten. Het harde werken of onze hoge aspiraties waren het probleem niet, maar wat dat dan wel was, daar kwamen we niet achter.

Pas toen ik tegen de veertig liep en nog steeds single was, begon het me te dagen. Misschien kwam het wel door het misverstand dat we dachten dat 'alles hebben' automatisch betekende dat we 'nog lang en gelukkig' zouden leven.

Alleen waren velen van ons helemaal niet zo gelukkig.

Ik begon een patroon te zien: we waren opgegroeid met de overtuiging dat we alles konden krijgen. Dat betekende dat we op geen enkel gebied concessies zouden doen, ook niet in ons liefdeleven. Dat we geen concessies deden betekende dat we hoge eisen stelden. Hoe hoger onze eisen, hoe zelfstandiger en sterker we waren.

Maar was dat eigenlijk wel zo?

Wat er werkelijk gebeurde was dit: in ons streven sterk en zelfstandig te zijn hebben we onze maatstaven onmogelijk hoog opgeschroefd en beseften we te weinig dat je in het echte leven niet alles kunt krijgen wat je wilt, op het moment waarop je het wilt en uitsluitend op jouw voorwaarden. En zo zijn velen van ons zo sterk en zelfstandig geworden dat we ons daarmee uit de huwelijksmarkt hebben geprezen.

*Ik had alles... toen ik 23 was*

Volgens de laatste officiële cijfers is een derde van de mannen en een kwart van de vrouwen tussen de 30 en de 34 nooit getrouwd geweest. Dat is vier keer zoveel als in 1970. Zo op het eerste gezicht zou je hier een positieve ontwikkeling in kunnen zien, namelijk dat mensen tegenwoordig trouwen op een leeftijd waarop ze volwassener zijn. Veel ongetrouwde vrouwen die ik heb gesproken, ervaren dit echter anders. Het lijkt misschien bevrijdend om naar de liefde te zoeken door met heel veel mannen uit te gaan (en heel veel keus te hebben) voor we de ware vinden, maar dat drukke uitgaansleven wordt op den duur heel vermoeiend en pijnlijk, om niet te zeggen verwarrend. De maatschappelijke druk om later (maar niet té laat!) te trouwen, doet vaak meer kwaad dan goed.

De 29-jarige Jessica, werkzaam als hoofd communicatie in een museum, vertelde me dat Dave, haar vriend sinds de middelbare school, haar zes jaar geleden op een avond ten huwelijk vroeg. Ze waren bijna 23 en woonden in Chicago. Hij studeerde medicijnen en zij solliciteerde naar haar eerste baan. Ze waren al vier jaar samen en Jessica was erg verliefd op Dave. Toch wees ze hem af, en wel om één enkele reden: ze had het gevoel dat ze te jong was om te trouwen.

'Ik dacht: een onafhankelijke vrouw trouwt toch niet voor ze haar eerste baan heeft? Dus zei ik tegen hem dat ik me nog verder wilde ontplooien en bang was dat dat niet zou kunnen als we zo vroeg trouwden. Ik vond ook dat ik niet moest trouwen met mijn allereerste serieuze vriendje. Ik moest ook ervaring opdoen met andere mannen, vond ik.'

Dave was er kapot van en wilde geen contact meer met haar. Jessica ging alles doen wat ze dacht dat nodig was om 'als mens te groeien'. Ze verhuisde naar een andere stad, leerde nieuwe mensen kennen, richtte zich op haar werk en ging met heel veel mannen uit. Maar Dave kon ze niet vergeten.

In de twee jaar die volgden kwam het regelmatig in haar op hem te bellen en te zeggen dat ze een grote fout had gemaakt, maar dan werd ze omgepraat door haar vriendinnen, die ook hadden gekozen voor het zogenaamd zelfstandige leven van een single.

'Steeds als ik overwoog hem te bellen,' zei ze, 'brachten zij me aan het twijfelen. "Wat? Je legt je toch nog niet vast op je vierentwintigste? Hoe moet dat dan verder met je leven?" Ik begon me af te vragen of het leven dat ik leidde eigenlijk wel zo geweldig was. Ik hield van mijn werk en van mijn vriendinnen, maar had een hekel aan uitgaan. Ik had een paar vriendjes die ik aanvankelijk erg opwindend vond, maar voor wie ik uiteindelijk niet voelde wat ik voor Dave had gevoeld. Met hen voelde ik me veel minder op mijn gemak. Ze raakten me niet zoals hij deed. Zij waren het niet voor mij, of ik niet voor hen, en ik bleef maar denken: waar ben ik toch naar op zoek? Ik weet allang met wie ik de rest van mijn leven wil delen.'

's Avonds laat googelde ze Dave soms stiekem, maar ze vond weinig informatie over hem, behalve dat hij nog steeds medicijnen studeerde.

'Dan zat ik daar 's avonds als een junkie achter de computer en vond ik mezelf zielig,' zei ze. 'Dit was niet het opwindende leven dat je als moderne, zelfstandige jonge vrouw in de grote stad verondersteld werd te hebben! Ik werd op geen enkele manier beter van al dat uitgaan en al die levenservaring die ik opdeed. Ik hield van mijn werk, maar ik had in Chicago net zo'n baan kunnen krijgen. In plaats van eten te laten komen voor mezelf of uit eten te gaan met een groep meiden, verlangde ik er naar om voor Dave te koken als hij dienst had.' Maar ze verstopte al deze gevoelens omdat ze zich geneerde.

Drie jaar nadat hij haar gevraagd had, wist Jessica uiteindelijk via de medische faculteit Daves telefoonnummer te achterhalen. Ze schraapte al haar moed bij elkaar en belde hem op. Haar hart bonkte toen ze zijn stem hoorde.

'Hij nam op,' zei ze, 'en het was net alsof ik thuiskwam. Ik was bijna in tranen.' Maar toen ze hem vertelde waarom ze belde, bleef het stil aan de andere kant. Nu was het Jessica's hart dat gebroken werd. Dave had meer dan twee jaar nodig gehad om over haar heen te komen en had eindelijk, ongeveer een half jaar geleden, iemand anders ontmoet. Ze hadden een relatie. Zij was 27, een jaar ouder dan Dave, volgde een specialistenopleiding in het ziekenhuis, en wilde graag trouwen.

Inmiddels is Dave met haar getrouwd en zijn ze allebei kinderarts. Van een gezamenlijke vriend van vroeger hoorde Jessica dat ze onlangs een zoon hebben gekregen.

Jessica's stem haperde toen ze zei: 'Ik heb hem opgegeven omdat het er bij mij was ingehamerd dat je eerst je eigen leven op poten moet zetten voor je het met iemand kunt delen. Dat je eerst je vleugels uitslaat en je dromen najaagt. Nou, ik droom nog steeds dat ik iemand tegen zal komen die aan Dave kan tippen.'

Ik herkende Jessica's verhaal wel. Ook ik groeide op met het idee dat je als twintiger moest experimenteren met werk en mannen tot je, alsof je er de klok op gelijk kon zetten, opeens oog in oog stond met de ware. Tussen mijn twintigste en vijfentwintigste – toen ik het meest in trek was bij de mannen – kwam het niet eens in me op om naar een serieuze partner uit te kijken. Het doel was je naar buiten te richten en vóór het huwelijk tot 'zelfverwezenlijking' te komen. Ik had nooit gedacht dat ik mezelf op een dag verwezenlijkt zou hebben, maar er toch niet blij mee zou zijn.

Dat gold ook voor Jessica. 'Ik had altijd gedacht dat de boodschap was: "Je kunt het allemaal hebben, maar niet op je drieëntwintigste",' zei ze. 'Maar nu ik 29 ben en ik alles zou móéten hebben, is dat niet zo. Ik had alles al op mijn drieëntwintigste! Het probleem is dat iedereen een oordeel over je heeft als je te vroeg trouwt, maar als je op je dertigste of vijfendertigste nog alleen bent, heeft iedereen daar ook weer een oordeel over.'

Ze heeft gelijk: als je niet lang genoeg wacht levert het je een stigma op, maar als je te lang wacht gebeurt hetzelfde. Mensen vonden het weliswaar 'moedig' dat ik in mijn eentje een baby kreeg toen mijn biologische klok begon te tikken, maar ze zeiden het altijd op een toon alsof ze het tegen een kankerpatiënt hadden. Het was me volkomen duidelijk dat veel mensen mij een beetje sneu vonden, of zelfs een voorbeeld dat geen navolging verdiende. Sommigen zouden het een nachtmerrie vinden als hun leven er zo uitzag als het mijne. Het is misschien heel cool wanneer een beroemdheid besluit in haar eentje een gezin te stichten, maar de meesten van ons doen dat niet om hip of tegendraads te zijn. Enerzijds willen we dan wel niet met ouderwetse denkbeelden geassocieerd worden, anderzijds willen we wel een traditioneel gezin. Het scheen de vrouwen met wie ik sprak – allemaal eind twintig of in de dertig – te verbazen dat de feministische ideeën waarmee ze waren opgegroeid niet noodzakelijkerwijs samenvielen met hun persoonlijke behoeften. Er leek een discrepantie te bestaan tussen wat ze verondersteld werden te willen en wat hun wensen in werkelijkheid waren.

En dat is de fuik waar velen van ons in zijn gelopen.

### *Uitgaan zonder verplichtingen*

De 26-jarige Brooke woont in Boston en studeert vrouwenstudies. Ik vertelde haar dat ik als fervent voorstander van zelfbeschikking – op seksueel, maar ook op ander gebied – ervan opkeek toen ik van veel jonge vrouwen hoorde dat een man concludeert dat je niet in hem geïnteresseerd bent als je de derde of vierde keer dat je met hem uitgaat nog steeds geen lichamelijke intimiteit met hem wilt, en dat hij dan met iemand anders uitgaat. Sinds wanneer, wilde ik weten, betekent het feit dat je nog geen fysieke toenadering hebt gezocht met iemand die je, zegge en schrijve, ácht uur kent, dat je niet geïnteresseerd zou zijn?

Wat ik vooral ook wilde weten was wat vrouwen hier voor plezier aan beleven. Zij hechten zich immers vaak aan de man met wie ze naar bed gaan en vinden vluchtige seks meestal niet zo bevredigend. Wat levert deze seksuele uitverkoop vrouwen eigenlijk op?

Brooke slaakte een vermoeide zucht, alsof ze me hopeloos ouderwets vond. 'Het geeft ons de keuzevrijheid die mannen ook hebben,' zei ze zakelijk.

'Oké,' zei ik. 'Maar ben je zelf uit op vluchtige seks?'

'Nee,' gaf ze toe. 'Maar ik wil wel dat vrouwen die dat wel willen de vrijheid hebben om zich uit te leven.'

Brooke woont al twee jaar samen met haar vriend en bekent dat ze overweegt bij hem weg te gaan als ze volgende maand 27 wordt. 'Ik ben aan een serieuze relatie toe,' zei ze.

Ik vroeg me af wat ze onder een serieuze relatie verstond. Ze woonde samen, dat was toch redelijk serieus, zou je zeggen.

'Iedereen woont samen,' antwoordde ze. 'Het stelt niet zoveel voor.' En inderdaad, door al die 'vrijheid' die we nu hebben, woont de helft van alle vrouwen tussen de 25 en de 30 samen met een man. Waarom brengen vrouwen die niet afkerig zijn van het huwelijk hun beste jaren door met een vriend en niet met een echtgenoot? Ik vroeg waarom Brooke bij haar vriend was ingetrokken als ze eigenlijk een huwelijk wilde.

Hier moest ze even over nadenken. 'Ik denk dat ik eigenlijk meer van het samenwonen verwacht had,' gaf ze toe. 'Als mensen gaan samenwonen hebben ze het er meestal niet over wat dat betekent voor de toekomst. Misschien wel een beetje, maar het is toch iets anders dan een verloving. Ze gaan samenwonen omdat ze verliefd zijn.'

Liefde, maar geen plannen voor de toekomst: leve de vrijheid! Maar maakte deze vrijheid ons gelukkiger?

### *Daten is uit*

Neem nou ons idee over romantiek. Singles praten erover alsof ze het over de Heilige Graal hebben, maar is er vandaag de dag nog wel sprake van romantiek? Maken we elkaar nog wel het hof? De vrouwen die ik sprak vonden het maar een ouderwetse uitdrukking; zij hebben het over onenightstands, 'party-dating' en 'friends with benefits'. Ik weet niet eens of 'daten' wel het juiste woord is voor het uitgaansleven van tegenwoordig. Het woord 'date' mag je niet zomaar meer gebruiken ('Het is geen date, we gaan gewoon koffiedrinken'). Ik heb echter geen idee wat een relatie inhoudt als mensen zeggen: 'We hebben geen relatie, we gaan alleen maar met elkaar uit', terwijl ze veel tijd samen doorbrengen en het bed met elkaar delen. Soms is daten iets heel vaags: een kennis nodigt je uit om, liefst met wat aantrekkelijke vriendinnen, naar een feestje te komen, of je wordt om negen uur 's avonds mobiel gebeld met de vraag of je bij hem langs wilt komen om een videootje te kijken, of hij belt je vlak na zijn basketbaltraining en vraagt of je ergens een kwartiertje koffie met hem komt drinken (wat betekent dat hij naar zweet stinkt en jou zijn koffie verkeerd laat betalen).

En vrouwen moeten dat allemaal maar leuk vinden. Het lijkt erop dat er een gebrek aan respect is in het uitgaansleven maar, zo zeggen deze vrouwen, we worden verondersteld onze verwachtingen over hoffelijkheid, de traditionele rolverdeling tussen man en vrouw en het idee van een eventueel huwelijk binnen afzienbare tijd op te geven, want die afstandelijkheid of onafhankelijkheid zou bevorderlijk zijn voor onze zelfstandigheid.

Er zijn zelfs vrouwen die zeggen deze 'dates die geen dates zijn' op prijs te stellen en ik moet toegeven dat ik vroeger ook tot die groep behoorde. Tot een oudere, getrouwde vriendin me de ogen opende.

'Waarom zou ik twee uur verspillen aan een etentje met iemand die ik nog niet ken?' vroeg ik eens aan haar. 'Ik kan ook even snel koffie met hem gaan drinken, want ik weet toch binnen een halve minuut wel of hij mijn type is.'

'Omdat je niet binnen een halve minuut kunt weten of hij iemand is die je gelukkig zou kunnen maken als je met hem getrouwd bent,' antwoordde ze.

En daarmee sloeg ze de spijker op zijn kop. Ik was zo druk doende 'alles te hebben' dat ik geen oog meer had voor wat mij gelukkig zou kunnen maken in een huwelijk. Vroeger was het huwelijk iets wat comfort en stabiliteit bood, en dat was goed. Maar sinds het huwelijk voor vrouwen geen economische noodzaak meer is, en je zelfs niet meer getrouwd hoeft te zijn om kinderen te kunnen krijgen, is het primaire doel van het huwelijk voor veel singles tegenwoordig dat het je meteen – en blijvend – gelukkig moet maken. We nemen niet meer de tijd om een relatie een kans te geven. Als het te veel moeite kost, besluiten we dat we er niet gelukkig van worden en zetten er een punt achter. De ware is nooit korzelig. De ware heeft altijd begrip voor ons. De ware wil niet even alleen zijn als hij thuiskomt van zijn werk en wij hem willen vertellen hoe onze dag is geweest.

Voor vrouwen van mijn moeders generatie betekende 'geluk' in het huwelijk dat je je gezin bij elkaar hield, gezelschap had, kameraadschap, stabiliteit en veiligheid. Vrouwen van nu zeggen ook zinderende harstocht te willen, ze willen gestimuleerd en geprikkeld worden en hebben nog vijftig andere wensen die onze moeders niet op hun lijstje hadden staan. En toch blijkt uit gegevens over geluk in het huwelijk die verzameld zijn door David Popenoe van het National Marriage Project van de Rutgers University dat vrouwen vroeger gelukkiger waren in hun huwelijk.

Doordat ik een vertekend beeld had van wat het betekende 'feministe' te zijn, had ik mijn prioriteiten hopeloos door elkaar gehaald.

### *Wat móéten vrouwen eigenlijk willen?*

Caroline, een 33-jarige mode-inkoopster, vertelde me dat ze zichzelf feministisch vindt, maar toch graag 'een echte man' wil.

Ze legde het zo uit: 'Hoewel ik geen man nodig heb om me te onderhouden, zou ik toch geen man willen die dat niet zou kunnen. Ik wil blijven werken als ik kinderen heb, maar ik wil wel de mogelijkheid hebben ermee te stoppen als ik van gedachten verander.' Opmerkelijk was dat ze over romantiek, hartstocht en chemie begon toen ik haar vroeg wat ze zocht in een relatie, in plaats van praktische aspecten te noemen die haar de mogelijkheid zouden geven te stoppen met werken.

Dan heb je ook nog vrouwen zoals veel van mijn voormalige studiegenoten, die beledigd waren als ze afgewezen werden door een man die op zoek was naar een vrouw die thuis wilde blijven met de kinderen. Dat het aantal geschikte mannen nog kleiner werd, was volgens hen te wijten aan deze modern aandoende mannen die toch een traditionele gezinssituatie beoogden. Tot hun eigen verbazing zijn deze vrouwen uiteindelijk toch heel gelukkige moeders geworden die niet, of parttime werkten. Ze waren niet zo progressief als ze hadden gedacht en waren blij dat niet van hen verwacht werd voor de helft van het inkomen te zorgen.

In 2006 schreef John Tierney in een column in de *New York Times* dat de aloude vraag van vroeger – 'Wat wil de vrouw?' – door het moderne feminisme veranderd is in: 'Wat móét de vrouw willen?' Vervolgens citeerde hij een onderzoek van Bradford Wilcox en Steven Nock, twee sociologen verbonden aan de universiteit van Virginia, die zich hebben verdiept in de vraag wat vrouwen van nu gelukkig maakt in hun huwelijk. Het onderzoek wees uit dat vrouwen die thuiszaten tevredener waren met hun man en hun huwelijk dan werkende vrouwen. Zelfs onder werkende vrouwen waren degenen wier man twee derde van het inkomen verdiende het gelukkigst.

'Vrouwen verwachten tegenwoordig meer hulp bij het huishouden en een grotere emotionele betrokkenheid van hun man,' zei Wilcox tegen Tierney. 'Maar ze willen nog steeds een man die hen onderhoudt en financiële zekerheid en vrijheid verschaft.'

En dat is niet zo vreemd. Na vijftien of twintig jaar gewerkt te hebben zijn de arbeidsomstandigheden voor veel vrouwen vaak helemaal niet meer bevredigend. De rigide werktijden, de machtsspelletjes op kantoor, de vijftigurige werkweken (om geen promotie mis te lopen), en, later, de jongere chefs die onmogelijke eisen stellen, maken werken op den duur niet alleen stomvervelend, maar ook onverenigbaar met het soort gezinsleven dat veel vrouwen willen.

Steven Nock, de andere socioloog die bij dit onderzoek betrokken was, vertelde Tierney: 'Vrouwen willen dat werk en privé billijk verdeeld worden, maar dat hoeft niet te betekenen dat die verdeling voor man en vrouw hetzelfde moet zijn.'

## *Hoe het komt dat mannen ons niet begrijpen*

Veel mannen die ik sprak zeggen dat dit alles invloed heeft op de manier waarop mannen en vrouwen met elkaar omgaan in het uitgaansleven.

'Ik heb een dochter en ik ben blij dat zij opgroeit in een tijd waarin een vrouw president kan worden,' zegt de 38-jarige Eric, die zeven jaar getrouwd is. 'Maar toen ik zelf op vrijersvoeten was, wilden de meeste vrouwen dat het mógelijk was om president te worden, zonder dat ze die baan ook echt ambieerden. Ze wilden alleen maar de mogelijkheid hebben.

Want als wij mannen nu zeggen: "Geweldig, moet je doen!" dan zeggen onze vrouwen dat ze parttime willen werken of minder uren. Ze willen wel dat we de helft van de zorg voor de kinderen op ons nemen en een deel van de was doen, maar ze willen niet voor de helft van het inkomen zorgen. Ik ben voorstander van het feminisme, maar vind het wel verwarrend allemaal.'

Mijn vriend Paul, een 30-jarige jurist, vertelde me dat hij weliswaar alleen maar met een intelligente vrouw uit wil, maar dat het er voor hem minder toe doet wat voor werk ze doet en of ze succesvol is dan hoe ze is als mens.

'Sommige ongetrouwde vrouwen met wie ik bevriend ben kunnen maar niet begrijpen waarom mannen hen niet onweerstaanbaar vinden terwijl ze toch op hun dertigste al partner op een advocatenkantoor zijn, of veel geld verdienen in een bedrijf dat ze zelf hebben opgericht,' legde hij uit. 'Maar dat een vrouw geslaagd is, is toch vooral voor haarzelf belangrijk, omdat ze daar voldoening uit put en ze zichzelf kan onderhouden. Het is niet zo dat ze daarmee mannen aantrekt, want wij weten dat we er niet op kunnen rekenen dat een vrouw het leeuwendeel van het inkomen in zal brengen, dus vinden wij het belangrijker wat voor partner een vrouw voor ons zou kunnen zijn. Is ze goed gezelschap? Is ze interessant? Zou ze een goede moeder zijn?'

Paul zei dat hij huiverig was om hierover te praten omdat hij bang was seksistisch over te komen. Toch voegde hij er nog aan toe: 'Ik zou niet achter een vrouw aan gaan alleen maar omdat ze heel succesvol is, maar ik ken veel vrouwen die een man soms aantrekkelijk vinden vanwege zijn succes of zijn geld, en die zichzelf niettemin toch feministisch noemen.'

Pauls collega Brandon, een 33-jarige vrijgezel, vertelde me dat de vrouwen die bij hem op het advocatenkantoor werken denken dat mannen het maar makkelijk hebben omdat de biologische klok voor hen niet doortikt. Dat is waar, zei hij, maar aan de andere kant is het wel zo dat wanneer hij en zijn vrienden aan trouwen toe zijn, de vrouwen onmogelijke eisen aan hen stellen.

'Het is niet genoeg om gelijkwaardig te zijn, je moet als man net even iets geslaagder zijn dan zij,' zei hij. 'Dat betekent dat de meesten van hun collega's niet in aanmerking komen, en over het algemeen veel mannen afvallen. Als je wél aan deze eis voldoet – je hebt een hogere positie op het advocatenkantoor – dan moet je ook nog lang en geestig genoeg zijn om zelfs ook maar voor een éérste afspraakje in aanmerking te komen.'

Paul, die 1.80m lang is en kaal begint te worden, vertelde me dat toen hij uitging met een verkoopster in een schoenenwinkel (ze leerden elkaar kennen toen hij loafers kocht), zijn vriendinnen klaagden dat mannelijke advocaten nooit met hun gelijken uitgingen.

Volgens Paul is dat niet waar. 'Ik ging om twee redenen met haar uit: ten eerste vond ik haar echt leuk en ten tweede wilde zij ook met mij uit! Vrouwen zeggen wel dat hun gelijken niet met hen uit willen, maar zíj zijn degenen die dat niet willen. Ze vinden zich heel autonoom, of hoe ze dat ook noemen, maar het komt erop neer dat ze de boot afhouden. En ik geloof niet dat ze erg gelukkig zijn.'

### *Autonoom of alleen?*

Paul zou weleens gelijk kunnen hebben. Ik ben opgegroeid met het idee dat feminisme met autonomie te maken heeft, met zelfbeschikking. Wij vrouwen moeten niet alleen sterk en onafhankelijk zijn – we moeten ons daar ook gelukkig bij voelen. We werden verondersteld ons op ons eigen leven te concentreren en kwam er een partner, dan was dat het toefje slagroom op de koffie, maar niet de hoofdzaak. Je kon pas gelukkig zijn in een relatie als je het ook alleen kon.

Jarenlang heb ik mij achter deze ideeën geschaard, maar diep in mijn hart wilde ik eigenlijk niet leren in mijn eentje gelukkig te zijn. Hoe vol mijn leven ook was (met werk en goede vrienden; later met een ongelofelijk kind, werk en goede vrienden): ik wilde altijd het liefst met een partner door het leven. En hoewel ik niet iemand was die plaatjes van bruidsjurken uit tijdschriften knipte of in detail over mijn bruiloft droomde, ging ik er toch van uit dat het er ooit van zou komen. Het kwam niet in me op dat mijn leven verstoken zou blijven van een echtgenoot en kinderen en een glijbaan in de achtertuin. Ik was dus absoluut niet bezig met 'pionieren' toen ik in mijn eentje een baby kreeg. Ik wilde eenvoudigweg moeder worden voor het te laat was.

Maar toen ik op mijn veertigste in een artikel in de *Atlantic* onthulde dat ik hunkerde naar een gewoon gezin en een aardige man aan mijn zijde, belandde ik volgens sommige mensen in de categorie vrouwen die veel te graag wilden. Er waren zelfs lezeressen die vonden dat ik de hele vrouwenbeweging te schande maakte. Ze schreven bijvoorbeeld:

'Hoe wanhopig kun je zijn?'
'Wat triest dat je niet genoeg hebt aan je zoon.'
'Ik vind het weerzinwekkend dat je een man nodig hebt.'
'Je bent gewoon een triest geval!'
'Zorg dat je wat zelfvertrouwen krijgt!'
'Dit is de afhankelijkheid ten top.'
'Ik heb met je te doen dat je zo'n allesoverheersende behoefte had om jezelf voort te planten. Nu heb ik ook met je te doen dat je een allesoverheersende behoefte hebt om te trouwen.'
'Vind je niet dat je het aan jezelf verplicht bent iets beter in je vel te zitten voor je op zoek gaat naar een partner?'
'Als je een andere houding aanneemt en niet zo behoeftig bent, vind je misschien de juiste partner.'
'Als mijn dochter later ook maar half zo naar een man verlangt als jij, weet ik dat ik iets fout heb gedaan in de opvoeding.'

Sinds we het Jane Austen-tijdperk achter ons hebben gelaten zijn we het ongepast gaan vinden wanneer een vrouw toegeeft dat ze eenzaam is en naar een traditioneel gezin verlangt. Waar haalt een moderne, goed opgeleide vrouw met een druk sociaal leven de tijd vandaan om eenzaam te zijn?

*Eenzaam? Ga toch eens leven! Maak promotie! Kies een hobby! Laat je haar knippen! Ga ervoor, meid!*

Ik herinner me dat ik op een ochtend een praatprogramma zag waarin een groep vrouwen het er met elkaar over had dat ze liever alleen zouden blijven dan een doorsneeman te hebben. Meenden ze dat echt? Zouden ze liever op hun veertigste nog met een groep vriendinnen aan de bar zitten en langs elkaar heen kijken in de hoop dat de ware Jakob het café binnen loopt? Geen van de vrouwen op tv had de glamour van een filmster, maar dat nam niet weg dat ze ervan overtuigd waren uiteindelijk met de prins op het witte paard te zullen trouwen. Er was zelfs iemand die zei dat ze liever alleen was, want je wist maar nooit wanneer de ware liefde op je pad zou komen – misschien pas in het bejaardenhuis. *In het bejaardenhuis!* Zou ze echt tot haar tachtigste single willen blijven? En als dat zo is, zou ze dan niet beseffen dat er onder bejaarden nog veel meer concurrentie zal zijn om die ene alleenstaande man (die waarschijnlijk alzheimer heeft) dan nu het geval is?

Mijn 29-jarige collega Haley vertelde me dat ze weliswaar graag met een partner door het leven zou gaan, maar geen zin heeft om voor wie dan ook te moeten veranderen. Is dat nou autonomie of starheid? Is verandering niet inherent aan een volwassen relatie waarin je nu eenmaal concessies moet doen? Heeft 'girlpower' egocentrische, belabberde partners van ons gemaakt?

Het is waarschijnlijk geen toeval dat veel vrouwen single zijn gebleven sinds we ervan overtuigd zijn geraakt dat we geen man meer nodig hebben. In een artikel dat in 2007 onder de titel 'Who needs a husband?' (eh, ik) in het tijdschrift *Time* verscheen, zegt Sarah Jessica Parker uit *Sex and the city* dat aangezien er voor vrouwen geen economische noodzaak meer is om een man te vinden, 'mijn vriendinnen op zoek zijn naar een relatie die even bevredigend, uitdagend en gezellig is als de relatie die ze met hun vriendinnen hebben'.

Wat een bespottelijk idee! Hoezeer ik ook geniet van mijn vriendschappen met vrouwen, ik zou geen huwelijk willen dat daar op lijkt, en ik betwijfel of er veel vrouwen zijn die dat wel willen. Denk alleen maar aan de emotionele behoeftes, de grillen en stemmingswisselingen van je vriendinnen en probeer je voor te stellen hoe 'bevredigend, uitdagend en gezellig' het zou zijn om daar de rest van je leven elke dag, zeven dagen per week mee om te moeten gaan. Zo'n vriendin is misschien bereid tot in het oneindige te luisteren naar hoe je dag is verlopen, maar is zij degene met wie je een gezin wilt stichten en een huishouden wilt voeren?

In datzelfde artikel in *Time* vertelt een 32-jarige mediaproducer dat ze na zeven jaar een punt had gezet achter haar relatie met haar vriend, een zakenbankier, omdat ze weliswaar 'gek op hem was' maar het gevoel had dat het leven met hem haar te veel zou beperken. Ze was niet gelukkig, verklaarde ze, omdat ze bang was dat ze 'in zou dutten'. Toch was ze zo gek op hem dat ze het zeven jaar met hem had uitgehouden. Wat zal ze van deze beslissing vinden als ze daar over tien jaar op terugkijkt?

Misschien zou ze er goed aan doen te luisteren naar wat een 49-jarige alleenstaande vrouw in het artikel zegt: 'Op een gegeven moment had ik het helemaal gehad met mannen. Ik heb ze niet allemaal even aardig behandeld, geloof ik. Af en toe komt het weleens in me op dat ik nu misschien door God gestraft word. Soms kijk ik terug en denk ik: had ik het toen maar anders aangepakt.'

Een andere vrouw zegt dat het haar als ongetrouwde vrouw geen moeite kost seksueel aan haar trekken te komen. Maar wat zou dat? Uit een in het artikel geciteerde enquête van *Time*/CNN blijkt dat vier procent van de ondervraagde vrouwen zegt seks het belangrijkste te vinden in een huwelijk, terwijl het voor vijfenzeventig procent in een huwelijk om het gezelschap draait. Zou ze op dát gebied buiten het huwelijk ook zo makkelijk aan haar trekken komen – elke dag, de rest van haar leven?

### *Alleen is maar alleen*

Of we het nu toegeven of niet, als single voel je je vaak eenzaam, vooral wanneer je de vijfendertig nadert en veel van je vriendinnen het druk hebben met hun gezin. Het gaat er niet om dat vrouwen zich niet compleet zouden voelen zonder man. Het gaat erom dat ook voor vrouwen geldt dat geen mens een eiland is. Wat voelde ik me eenzaam toen mijn zoontje er nog niet was en ik elke ochtend in een leeg huis wakker werd en in mijn eentje ontbeet, de krant las en de afwas deed.

Wat werd het vervelend om elke week weer een ellenlang verslag aan te moeten horen over de datingperikelen van een vriendin en haar op het hart te moeten drukken dat er niets mis was met haar, om haar dat een week later tegen mij te horen zeggen als ík aan de beurt was om verslag te doen van mijn laatste escapade met een man. Wat was het een ontmoedigend idee dat ik de korte tijdspanne die ik op aarde doorbracht zou verspillen aan een reeks vluchtige contacten als ik al mijn levenservaring ook zou kunnen delen met één toegewijd persoon. Hoe lang kon ik nog doorgaan met het analyseren van telefoongesprekken of e-mails, hoeveel uren zou ik nog verspillen aan gesprekken over een man die binnen drie dagen, drie weken of drie maanden weer uit mijn leven zou verdwijnen, om door iemand anders te worden vervangen, die op zijn beurt ook weer door iemand anders zou worden vervangen enzovoort, enzovoort?

Wat was het deprimerend om in m'n eentje naar een nieuwe flat te verhuizen, boodschappen te doen voor mij alleen, niemand te hebben om mee te praten op die intieme momenten vlak voor het slapengaan, behalve met een vriendin aan de telefoon te hangen en te kwebbelen over – jawel – mannen! Het was zo vervelend. We schreven mannen weliswaar af als 'vervelend', maar niets was zo vervelend als de eindeloze maalstroom van het leven als single.

Zodra je een kind om je heen hebt verandert je situatie drastisch – je bent nooit meer alleen, soms snak je zelfs naar een beetje eenzaamheid – maar je verlangt nog steeds naar een volwassen partner. Toen ik besloot een kind te krijgen deed ik dat niet omdat ik er de eenzaamheid mee hoopte te bestrijden. Ik deed het dat ik mijn zoektocht naar de ware daarna zou kunnen voortzetten zonder de tijdsdruk van de biologische klok te voelen. Ik was me er weliswaar voldoende van bewust dat een kind geen panacee kon zijn voor mijn gemis aan mannelijk gezelschap, ik was echter wel zo verbijsterend naïef om werkelijk te geloven dat ik de dingen in omgekeerde volgorde zou kunnen doen: eerst een kind krijgen, dan een soulmate vinden. Het was al moeilijk geweest om naar de ware te zoeken vóór ik moeder werd, maar wat ik me niet had gerealiseerd was dat je als alleenstaande moeder niet alleen in de eerste tien maanden na de bevalling tien jaar ouder wordt, maar dat je ook niet eens tijd hebt om rustig te douchen, te eten en te plassen, en het huis alleen nog verlaat om naar je werk te gaan, waar je al je tijd doorbrengt als je kind op de crèche is. Zo wordt de kans wel erg klein dat er zich een man – laat staan de ware – aandient die zin heeft om in jouw tredmolentje mee te komen draaien.

Een andere vraag is trouwens waar je nog vrijgezelle mannen tegenkomt als je een kind hebt. Niet op het verjaardagspartijtje van een peuter of in Disneyland, en als ik er al eens een tegenkom bij de supermarkt dan zal die niet staan te springen om een moeder aan te spreken die 'Un dun dip' staat te zingen om de kleuter in haar wagentje bezig te houden. (Waren de seksen omgedraaid dan zou er door winkelende vrouwen om zo'n alleenstaande pappa gevóchten worden.)

Ik was niet minder eenzaam toen ik een kind had gekregen;

de eenzaamheid was anders geworden en misschien zelfs complexer. Het was niet alleen de eenzaamheid van iemand die alleen is, maar ook de eenzaamheid die voortvloeide uit het feit dat ik de kleine momenten in het leven van mijn zoontje niet kon delen met iemand die net zo intens van hem hield als ik.

Maar als je dat hardop zegt, voelen mensen zich ongemakkelijk. Ik herinner me een e-mail van een alleenstaande moeder die me vertelde dat ze het op een discussieforum voor alleenstaande moeders over haar eenzaamheid had gehad en te verstaan had gekregen op te houden met haar zelfbeklag en eens 'een beetje te gaan leven'. Er was zelfs een vrouw die opperde dat ze haar kind maar in een pleeggezin moest laten opnemen als ze dan zo ongelukkig was.

'Ik kreeg ervan langs omdat ik me soms eenzaam voelde,' vertelde deze alleenstaande moeder. 'Maar niemand gaf die andere vrouw ervan langs toen ze zei dat ik mijn kind in een pleeggezin moest laten opnemen!'

Waarom is het zo moeilijk onze eenzaamheid en behoefte aan verbondenheid onder ogen te zien? Is er echt iets mis met onze eigendunk en onze waarden als we letterlijk en figuurlijk iemand naast ons willen in het leven? Eerst doen we heel veel moeite om niet 'gesetteld' te raken, maar uiteindelijk draait het erop uit dat we ongelukkig 'ongesetteld' in ons flatje zitten, waar we 's avonds voor de buis ons afhaaldiner opeten en maar hopen dat er een man zal komen met wie we ons kunnen 'settelen'.

Toen ik een aantal vrouwen vroeg wat feminisme inhield, bleek uit hun antwoorden dat het er voor hen vooral om ging dezelfde kansen te hebben als mannen. Maar hoe meer we erover praatten, hoe duidelijker het werd dat onze behoeften verschillen en dat we misschien niet dezelfde dingen willen. En als het gaat om het vinden van een partner dan hebben we zéker niet dezelfde kansen als mannen, en al helemaal niet als we ouder worden.

Dit is misschien voor iedereen duidelijk, toch dacht ik dat ik een kind zou kunnen krijgen en mijn uitgaansleven een jaar of twee op een laag pitje kon zetten om er daarna weer op volle kracht tegenaan te gaan. Dat was wat ik onder 'gelijkwaardigheid' en 'alles hebben' verstond.

Toen ik er klaar voor was om nieuwe mensen te ontmoeten, ging ik op een donderdag naar een speeddating-avond. Ik was inmiddels over de veertig en alles was veranderd. Ik zal je vertellen wat me die donderdagavond overkwam.

# 4. Het speeddating-fiasco

Het fenomeen speeddating was me al jaren bekend, maar het was de eerste keer dat ik er daadwerkelijk aan meedeed en telkens vijf minuten aan tafel ging zitten met iemand die ik nog nooit had gezien, om vervolgens op een kaart te noteren hoe ik hem vond. Het lijkt misschien een rare manier om potentiële partners te ontmoeten, maar ik dacht dat wat het aan inhoud miste zou worden gecompenseerd door het feit dat je in korte tijd veel mannen ziet en er dus sprake is van een zekere efficiëntie. Het komt erop neer dat je in een uur tijd tien heel korte blind dates hebt. Als je aan het eind van de avond bij iemand 'ja' hebt ingevuld en hij jou ook met 'ja' heeft gehonoreerd, krijg je elkaars adresgegevens en kun je het gesprek later voortzetten.

Ik koos voor een donderdagavondsessie voor singles van 40 tot 50 jaar. Als 41-jarige had ik me ook voor de groep van 30- tot 40-jarigen in kunnen schrijven – van de organisatie hoorde ik dat een uitloop van een jaar was toegestaan – maar het leek me beter me te beperken tot mannen van mijn eigen leeftijd.

Toen ik me in de kleren stak voor ik er naartoe ging, was ik wel een beetje opgewonden. Per slot van rekening zou ik tien nieuwe vrije mannen ontmoeten en dat waren er heel wat meer dan de nul vrije mannen die ik tijdens een gemiddelde werkdag thuis tegen het lijf liep. Ik had er wel zin in om weer eens iets mee te maken op dat gebied, zelfs al zou het niet echt tot iets leiden. Wat had ik te verliezen?

Om zeven uur 's avonds kwam ik aan bij een trendy restaurant vlak bij het strand, waar in een besloten gedeelte tafels in rijen waren opgesteld. Er zaten al negen vrouwen, van wie zeven me niet ouder leken dan 42. Zes vrouwen hadden een man tegenover zich, en dat was de eerste verrassing: dat er voor tien beschikbare vrouwen maar zes beschikbare mannen aanwezig waren.

Ik bekeek de zes mannen eens goed. Verrassing nummer twee: op één na waren ze zo te zien over de vijftig, en er was er een bij die er zo oud uitzag dat hij me sterk deed denken aan de vader van mijn beste vriendin. (Met die uitloop van een jaar namen ze het kennelijk niet zo nauw.) Daar zaten we dan: acht vrouwen van begin veertig, twee vrouwen van tegen de vijftig, een man van rond de vijfenveertig en vijf vijftigers. We kregen de opdracht kennis te maken met de persoon tegenover ons en zodra de bel ging schoven de mannen op naar het volgende tafeltje.

Iedereen kreeg een plaats toegewezen. De bel ging en het spel kon beginnen.

Man 1 heette Sam. Hij was kaal, had rimpels en droeg een geruit colbertje met elleboogstukken. We hadden maar vijf minuten de tijd, maar al na de eerste minuut vroeg ik me af hoe ik de resterende vier door zou moeten komen. Het begon allemaal heel onschuldig. 'Kom je uit Los Angeles?' vroeg hij. Met een glimlach antwoordde ik dat ik inderdaad uit de buurt kwam en ik vroeg waar hij vandaan kwam. New York.

'O,' zei ik, en ik probeerde er het beste van te maken met deze man die me deed denken aan een opa uit Las Vegas. 'En hoe ben je zo aan de westkust beland?'

'Met een vliegtuig,' antwoordde hij, en het lukte hem nauwelijks niet breed te gaan grijnzen, alsof hij de eerste was die dit grapje maakte. Ik lachte flauwtjes. Er viel een lange stilte.

'Om eerlijk te zijn is het nogal een lang verhaal,' vervolgde hij, hoewel wat we aan het doen waren 'speeddating' werd genoemd. Hij had ook kunnen volstaan met 'Het weer bevalt me hier beter' of 'Ik ben hier gekomen voor een studie' of 'Ik kon hier een baan krijgen'. Nee, hij begon me te vertellen dat hij niet met zijn familie overweg kon en daarom zo ver mogelijk van ze vandaan wilde zijn; dat hij nog niet gepromoveerd was omdat zijn promotor een hartaanval had gehad; dat hij vergeefs geprobeerd had op een andere universiteit te komen; dat hij bij een vrouw was ingetrokken met wie hij dacht te zullen trouwen, ware het niet dat ze ervandoor was gegaan met een ander; dat hij nu voor een uitzendbureau werkte en dat hem dat niet beviel want... tring. Goddank moest hij door naar het volgende tafeltje.

Man 2 heette Paul. Ook Paul had iets van een opa (kalend, grijs haar, lubberkin). Toen ik hem vroeg wat voor werk hij deed, antwoordde hij dat hij in een 'overgangsfase' zat. Ik vroeg wat hij gedaan had en wat zijn plannen waren. Hij antwoordde dat hij als leraar had gewerkt, wat hij heerlijk vond, alleen had hij een hekel gekregen aan de machtsspelletjes dus nu speelde hij heel vaak golf. Hij zou graag weg willen uit zijn huurwoning, een eenkamerflat, maar iets groters kon hij niet betalen omdat hij geen werk had. Hij wilde iets anders gaan doen, maar dat was moeilijk op je vijfenvijftigste, aangezien werkgevers tegenwoordig liever 'jongeren' inhuren. Midden in een tirade over het hoofd van zijn school ging tot mijn opluchting de bel. De volgende nam plaats.

Man 3 heette Sandy. Hij zag er leuk uit en was de jongste, ik schatte hem zo halverwege de veertig. 'Iedereen vraagt me waar Sandy een afkorting van is,' zei hij meteen toen we oogcontact maakten, ook al had ik hem dat helemaal niet gevraagd. 'Het komt van Sanford, weet je wel, net als Sandy Koufax. De honkballer? Die heette ook Sanford. Sanford Koufax.'

Hij glimlachte trots. Sandy was een speeddating-veteraan. Hij zei dat hij het al jaren deed, en zijn grapjes klonken ook alsof hij ze al jaren vertelde. Er deugde niets van zijn grammatica en steeds als hij een fout maakte, vroeg hij aan mij wat het juiste woord was – 'nou ja, omdat jij tenslotte schrijfster bent'. Hij was best lief, zoals kleine jongetjes lief zijn, maar we hadden helemaal niets met elkaar gemeen en na vijf minuten had ik het wel gehad en verlangde ik naar de bel.

Man 4 heette Roger. Hij was knap zoals oudere mannen knap kunnen zijn, een beetje Bill Clinton-achtig. Na wat gekeuvel vertelde Roger dat hij in 1973 naar Los Angeles was verhuisd. 'Weet je nog dat de benzine schaars was en er rijen voor de tankstations stonden?' vroeg hij. *Hallo, ik was toen zes*, wilde ik zeggen, maar ik lachte welwillend en vroeg wat hij deed voor de kost. Hij was eigenaar van een uitzendbureau, maar de zaken gingen slecht. Hij vroeg wat voor werk ik deed en ik vertelde hem dat ik schreef.

Roger leunde naar voren. 'Ben je op zoek naar een baan?'

Ik dacht dat hij een grapje maakte, dus ik zei: 'Momenteel niet, maar ik zal het je laten weten als daar verandering in komt. Wie weet kun je me dan helpen.'

Het grapje ontging hem. 'Je moet niet wachten met zoeken tot je geen werk hebt. Je moet het ijzer smeden als het heet is.'

'Bedankt,' zei ik, om het hem naar de zin te maken. 'Dat zal ik onthouden.'

'Schrijvers hebben het zo makkelijk,' vervolgde hij. 'Wat doen jullie nou de hele dag, rondhangen in je pyjama?'

'Eh, nou nee,' zei ik.

'Oprah?'

'Pardon?' vroeg ik.

'Kijken jullie elke dag naar Oprah? Alle schrijvers met wie ik gewerkt heb – ze voeren niets uit.'

De bel klonk. Roger gaf me zijn kaartje. 'Heus, ik kan je helpen,' zei hij, en schoof door naar het volgende tafeltje.

Ik wist niet of ik moest lachen of huilen.

Man 5 bleef uit, aangezien de aantallen mannen en vrouwen niet goed op elkaar waren afgestemd zaten er steeds vier vrouwen alleen. De coördinator van het gebeuren kwam tegenover me zitten om me te helpen de tijd door te komen. Het was een leuke vent, begin dertig, geestig. Ik zei tegen hem dat ik dit voor het eerst deed en was het niet de bedoeling dat de mensen in deze groep tussen de veertig en de vijftig waren?

'Ja,' zei hij met klem. 'We vertrouwen erop dat deelnemers zich daaraan houden, maar dit gebeurt elke keer. Mannelijke veertigers komen niet naar deze avonden omdat ze jongere vrouwen willen, dertigers. We hebben wel overwogen strenger op de leeftijdsgrens toe te zien, maar als we geen mannen van in de veertig meer toelaten tot de avonden met jongere vrouwen, verliezen we al onze klanten.' Waarop de leuke coördinator een andere partnerloze vrouwelijke veertiger gezelschap ging houden.

Tijdens de zesde ronde zat ik eveneens alleen. Ik knoopte een gesprek aan met de vrouw naast me, die ook zat te wachten. Ze was een rijzige, blonde tandarts en droeg een geraffineerde suède jurk. Ze was grappig, slim en vlot. We ontdekten dat we in hetzelfde park jogden en kort daarvoor hetzelfde boek hadden gelezen. Vijf minuten later kon ik me helemaal voorstellen dat we bevriend zouden raken. Voor het eerst die avond baalde ik toen de bel ging.

Eindelijk kwam man 5 tegenover me zitten. Hij heette Kevin en had een bedrijf in waterfiltersystemen. Toevallig was ik op zoek naar een manier om water te filteren en ik vroeg hem of je met zijn systemen ook fluoride uit het water kon halen.

'Die tandarts die daar zit vroeg me precies hetzelfde!' riep hij stomverbaasd. 'Is dat niet bizar?'

Zo bizar vond ik het niet dat een tandarts over fluoride begint en ook bij een vrouw met een klein kind ligt dat voor de hand, maar hij herhaalde het zeker drie keer. Na een reeks uitroepen over hoe bizar het allemaal was, antwoordde hij: 'Ik weet het niet zeker. Is fluoride een chemische verbinding?' Ik vroeg me af hoe het mogelijk was een bedrijf in waterfiltersystemen te hebben en zoiets basaals niet te weten. Gefluorideerd water zou geen mysterie moeten zijn voor iemand die de kost verdient met het zuiveren van water. Het grootste deel van onze nationale watervoorziening is gefluorideerd.

Intussen was hij erachter gekomen dat ik journaliste was en probeerde hij me op een vrij agressieve manier over te halen een artikel over zijn bedrijf te schrijven. Ik probeerde eronderuit te komen door te zeggen dat ik niet over het bedrijfsleven schrijf en deed een paar pogingen het gesprek een andere wending te geven door hem te vragen wat hij deed in zijn vrije tijd. De hints kwamen echter niet aan en de resterende drie minuten bleef hij op me inpraten over dat artikel. Wanhopig stond ik op het punt hem te vertellen dat ik helemaal geen journaliste ben – *Grapje! Ha ha! – ik ben accountant. Mijn werk heeft niets met schrijven te maken, laat staan schrijven over water...* Maar het hoefde niet, want gelukkig klonk de bel.

Man 6 nam plaats aan mijn tafeltje. Zijn naam was Robert. Hij was weduwnaar. Hij was slim. Hij was lief. Hij was jurist. En dertig jaar geleden was hij waarschijnlijk ontzettend knap geweest. Hij had nog nooit aan speeddaten gedaan. Hij zei – 'om open kaart te spelen' – dat hij 60 was, maar dat er voor mensen van zijn leeftijd geen speeddating-avonden zijn. Daar had ik nooit bij stilgestaan. Wat doen mensen van boven de 50 of 55 die geen partner hebben? Stel dat ik dan nog steeds alleen ben? Waar kom ik dan nog mannen tegen?

Toen ik eerder op de avond had zitten wachten had ik om me heen gekeken en gezien dat de twee oudere vrouwen – de vrouwen die vermoedelijk tegen de vijftig waren – helemaal aan Roberts lip hingen. Robert maakte zelf weinig oogcontact met hen. Hij was werktuiglijk bezig zijn gesprekjes te voeren, maar deze vrouwen waren echt met hem aan het flirten. Ze zagen hem helemaal zitten. Ze waren zo... gretig. Maar ze maakten geen enkele kans. Zo zit ik er over tien jaar ook bij, dacht ik. Toen besefte ik ineens dat dat nu al het geval was. Ik ben hier ook, ik zit tegenover dezelfde mannen als zij. Dit is nu ook mijn leven.

De paar minuten dat ik met Robert zat te kletsen vond ik hem boeiend en aardig. Hij bekende dat het niet zijn idee was geweest om dit te doen, maar dat zijn 34-jarige dochter hem ertoe had aangezet. Ik dacht: zijn dochter is 34! Ik vroeg of zij zelf weleens naar een speeddating-avond was geweest. 'Nee, ze is getrouwd,' zei hij lachend. 'Ik ben zojuist opnieuw opa geworden!'

'Opnieuw?' vroeg ik met haperende stem, terwijl ik mijn best deed niet ter plekke in tranen uit te barsten. 'Heeft ze twee kinderen?'

'Nee, mijn zoon heeft er ook een,' antwoordde Robert. 'Die van hem is twee.' Ik was sprakeloos. Deze man had kinderen die getrouwd waren en kinderen hadden. Mijn zoon was zo oud als zijn kleinzoon. Ik staarde naar het tafelblad, waarop Robert de stilte doorbrak met de vraag: 'Maar vertel eens iets over jezelf. Ben jij ooit getrouwd geweest?' Nee, dacht ik, en als het zo doorgaat zal dat ook nooit gebeuren. Ik wist me voldoende te herstellen om te zeggen: 'Nog niet, nee.' En na wat een eeuwigheid leek klonk eindelijk de bel.

Aangezien ik de zes aanwezige mannen allemaal gesproken had, zat ik de laatste twee rondes alleen en vulde ik mijn kaart in. Bij alle mannen kruiste ik het hokje 'nee' aan.

### *Evaluatie*

Dat was het – de avond was voorbij. De leuke coördinator liet ons voor onszelf applaudisseren ('Gefeliciteerd! Jullie hebben je er goed doorheen geslagen!') en vroeg ons de kaarten in te leveren. Terwijl de jongere vrouwen hun tassen pakten, zag de coördinator onze geschokte gezichten. 'Probeer het gewoon nog een keer,' zei hij tegen ons. 'Misschien pakt het dan anders uit,' voegde hij er zonder veel overtuiging aan toe.

Toen ik naar buiten liep, passeerde ik de bar van het restaurant. Het was er druk met stijlvolle, glimlachende jonge mannen en vrouwen die met elkaar praatten. Zo te zien was niemand ouder dan dertig.

In de auto op weg naar huis berekende ik wat deze mislukte avond me gekost had. Deelname: 25 dollar. Oppas: 40 dollar. Parkeergeld: 8 dollar. De tijd die het gekost had om te douchen, benen te scheren, haar te drogen, make-up aan te brengen en kleren uit te kiezen: anderhalf uur. Rijtijd heen en terug in de spits: een uur. Een hele avond die ik met mijn geliefde zoon had kunnen doorbrengen: niet in geld uit te drukken.

Ik gaf de speeddating-organisatie niet de schuld van het fiasco. Ik gaf mezelf de schuld. Ergens besefte ik dat dit het gevolg was van verkeerde beslissingen in mijn vroegere liefdeleven. Ik wist dat heel veel mensen iemand ontmoetten via dit soort avonden. Ik kende zelfs iemand die op haar negenendertigste naar een avond voor 25- tot 35-jarigen was gegaan en er haar latere echtgenoot, die 32 was, had leren kennen. Ze was drie keer geweest en alle drie de keren waren er evenveel mannen als vrouwen. Er waren altijd wel een paar harken bij, maar de meeste mannen waren best leuk om mee te praten. Ze hadden nog niet zoveel meegemaakt en staken geen zielige verhalen af. Als ze al in een te kleine flat woonden, hadden ze in elk geval een veelbelovende carrière. Ze deden de vrouwen niet denken aan de vaders van hun vriendinnen. Later vroeg ik aan een veertigjarige vriendin naar haar ervaringen met speeddating. Was het uitzonderlijk wat ik had meegemaakt?

'Helemaal niet,' antwoordde ze. 'Zo gaan die avonden voor veertigers en vijftigers meestal.' Ze vertelde dat ze toen ze 38 en 39 was een paar keer naar een avond voor 30- tot 40-jarigen was geweest, en hoewel de mannen veel aantrekkelijker waren – ze had bij een aantal de 'ja' aangekruist op haar kaart – waren ze alleen geïnteresseerd in de vrouwen die nog het dichtst bij de dertig waren.

Ik had wel altijd gehoord dat het met de jaren moeilijker werd om een man te vinden, maar ik had me nooit gerealiseerd dat het echt waar is dat één foute beslissing in het verleden – bijvoorbeeld het afwijzen van een goede partner omdat je iets bij hem miste – gevolgen kon hebben voor de rest van je leven. Als twintiger en dertiger had ik nooit contact met vrouwen van in de veertig en in de vijftig en wist ik niet dat sommigen van hen er eeuwig spijt van hadden dat ze een ontzettend leuke vent om onnozele redenen hadden laten schieten en nu, zoals een 48-jarige ontwerpster die altijd veel vriendjes had gehad me vertelde '...een manloos bestaan had met een sociaal leven dat louter uit vrouwen bestaat'.

Ik moest denken aan mijn 30-jarige vriendin Julia die het had uitgemaakt met Greg, de non-profitjongen, en nu uitging met Adam, de charmante chirurg, en niet kon kiezen tussen de twee. Ik wilde haar opbellen om te zeggen dat ze goed over haar prioriteiten moest nadenken zodat ze wist welke concessies ze bereid was te doen, want als ze deze twee mannen zou laten schieten, zouden zíj over tien jaar niet als veertiger of vijftiger op een speeddating-avond verschijnen. Maar Julia misschien wel.

Maar ik deed het niet. Ik belde Rachel Greenwald, een deskundige op datinggebied die alleenstaande vrouwen van boven de vijfendertig coacht, omdat ik benieuwd was of ze mij advies zou kunnen geven.

Ik bedoel, ik was wel 41 maar ik was nog niet dood. Ik had behoefte aan iets hoopvols.

# [Deel 2] Van de fantasie naar de realiteit

*'De verdienste van illusies is dat ze ons onlustgevoelens besparen en in plaats daarvan van bevredigingen laten genieten. Daarom moeten wij ons er zonder klagen bij neerleggen dat ze op zekere dag met een deel van de werkelijkheid botsen en erop stuklopen.'*

Sigmund Freud

# 5. Ouder, en hopelijk wijzer

Rachel Greenwald zou je een verstandige optimist kunnen noemen. Haar e-mails staan vol uitroeptekens en ik kon ze ook horen in haar enthousiaste stem toen ik naar Denver belde, waar ze woont. Ze wil dat mensen liefde vinden, want dat is haar passie. In haar eerste boek, de bestseller *Find a husband after 35: Using what I learned at Harvard Business School* komt ze misschien wat al te heftig uit de hoek met haar vraag: 'Zou je, afgezien van iets illegaals of immoreels, álles doen om een man te vinden?' Maar dat komt alleen doordat ze de realiteit kent: zodra je over de dertig bent, verandert je liefdeleven.

*Newsweek* is een paar jaar geleden teruggekomen op een artikel uit de jaren tachtig waarin beweerd werd dat vrouwen van boven de veertig een grotere kans hadden bij een terroristische aanslag om het leven te komen dan aan de man te raken; de kans op dat laatste werd nu geschat op maar liefst veertig procent. Dit werd gebracht als geruststellend nieuws, maar bedenk wel dat dit betekent dat nog niet de helft van alle vrouwen van boven de veertig ooit zal trouwen. Bovendien trouwt een deel van deze vrouwen niet op tijd om nog kinderen te kunnen krijgen, en is de kans groot dat ze met iemand trouwen die gescheiden is en al kinderen heeft.

Greenwald zei tegen mij dat ik in de eerste plaats moet beseffen dat ik niet de enige ben die op zoek is naar een partner. 'Jij bent misschien wel fantastisch, maar er zijn zoveel fantastische vrouwen die net als jij op zoek zijn, terwijl er minder beschikbare mannen zijn. Er is een omgekeerde evenredigheid waar je rekening mee moet houden als je ouder wordt.'

In haar boek verwijst ze naar het statistische gegeven dat er in de VS 28 miljoen alleenstaande vrouwen zijn tegenover 18 miljoen dito mannen. Toen ik me verder verdiepte in de officiele cijfers voor singles in de leeftijdsgroep 30-44, zag ik dat er tegenover elke 100 vrouwen 107 mannen staan, maar dat er in de leeftijdsgroep 45 tot 65 voor elke 100 vrouwen maar 72 mannen beschikbaar zijn. Alsof deze aantallen al niet deprimerend genoeg waren, voegde Greenwald er nog aan toe dat de vooruitzichten voor vrouwen van mijn leeftijd in werkelijkheid nog slechter zijn. Waarom? Omdat veel mannen met een jongere vrouw willen (en kunnen) trouwen, en omdat de mannen die zich graag willen binden en een gezin willen stichten na hun vijfendertigste meestal niet meer beschikbaar zijn. Vrouwen van in de dertig zullen dus waarschijnlijk vaker mannen treffen met een gecompliceerd verleden en meer problemen – wat tegen die tijd voor henzelf ook geldt.

'Neem twee geweldige vrouwen van 25,' zei Greenwald. 'Ze zijn even aantrekkelijk. Vervolgens maken ze tien jaar lang een heel verschillende ontwikkeling door – de een trouwt en de ander blijft single. Wanneer je ze tien jaar later, als ze allebei 35 zijn, weer naast elkaar zet, heb je twee totaal verschillende vrouwen. Degene die tien jaar gelukkig getrouwd is, heeft een optimistische kijk op de wereld en de vrouw die alleen is gebleven is cynisch en somber, en zo is het voor mannen ook. Als je twee mannen hebt waarvan de een gelukkig getrouwd is en de ander de maalstroom van het uitgaansleven en een reeks stukgelopen relaties achter zich heeft, heb je twee verschillende mannen. Dat maakt het uitgaan met oudere mensen zo anders. Vaak zien ze het niet meer zo zitten. Ze zijn niet meer zo hoopvol en aantrekkelijk als jongere singles meestal zijn.'

Tien jaar geleden nam ik deze factoren helemaal niet in aanmerking, zei ik tegen Greenwald. Ik wachtte gewoon tot de ware mijn leven zou binnen wandelen. Hoe langer ik wachtte, hoe beter de man zou zijn voor wie ik uiteindelijk zou gaan, meende ik. Maar die redenering klopt volgens Greenwald niet, want hoe langer je wacht, hoe kleiner de kans dat je nog iemand tegenkomt die beter is dan de mannen die je al hebt ontmoet.

*De checklist van een 25-jarige*

Het is niet zo dat alle beschikbare oudere mannen 'losers' zijn, zoals veel vrouwen die met hen uitgaan misschien beweren. Ze voldoen alleen niet aan het beeld dat je je sinds je tienertijd hebt gevormd van de man met wie je door het leven wilt gaan. Als je zo iemand gekend had toen hij 27 was, leek hij waarschijnlijk veel meer op de man met wie je je voorstelde ooit te zullen trouwen. Maar dezelfde man op zijn vijfenveertigste – zelfs al ziet hij er middelbaar uit en heeft hij een ex-vrouw en twee kinderen, en teleurstellingen te verduren gekregen – kan toch een geweldige echtgenoot zijn. Het gaat erom, zei Greenwald, dat je beseft dat het geen schande is om realistisch te zijn.

'Het doel is met iemand te trouwen van wie je oprecht houdt, iemand die je goed behandelt en je gelukkig maakt,' zei Greenwald. 'En dat heeft niets te maken met hoe oud hij is of hoeveel haar hij nog heeft – alle dingen die een 25-jarige op haar lijstje heeft staan. Als je veertig bent en je beeld van de ware Jakob niet bijstelt, kom je van een koude kermis thuis.'

Volgens Greenwald denken veel vrouwen die op zoek zijn als volgt: ik ben veertig en ik wil een kind en de man die ik zoek moet minstens 1.75m zijn en jonger dan 45, want ik ben nog heel actief en zie er jong uit. Ik ben joods, dus hij moet ook joods zijn. Ik heb het liefst iemand zonder kinderen maar als hij die wel heeft, heb ik liever dat ze wat ouder zijn en niet bij hem wonen. En zo gaan ze nog een hele tijd door.

Ik was blij dat het een telefoongesprek was en Greenwald niet kon zien dat ik knalrood was geworden, want wat voelde ik me aangesproken! Ik bedoel, wat was er eigenlijk mis mee om die dingen te willen? Zou ze tegen een oudere, alleenstaande man zeggen: hé, herinner je je al die vrouwen waar je je als twintiger niet toe aangetrokken voelde of niet in geïnteresseerd was? Nou, geloof het of niet: die zijn nog steeds beschikbaar en sommigen zijn gescheiden en waarom probeer je je niet wat meer open te stellen?

'Helemaal niet!' zei Greenwald met klem. 'Ik zeg niet dat je genoegen moet nemen met een saaie, lelijke vent, maar sommige vrouwen zijn zó selectief dat ze zelfs geen man goed genoeg vinden om mee uit gaan! Ik bedoel helemaal niet dat vrouwen met weinig genoegen moeten nemen. Natuurlijk moet het echt klikken, maar hoe kom je daar ooit achter als je een man niet eens de kans geeft omdat zijn leeftijd of lengte je niet bevalt? Misschien heeft hij heel veel compassie of humor, of andere eigenschappen die niet direct in het oog springen.'

Een groot probleem, legde Greenwald uit, is dat we op ons vijfendertigste nog steeds dezelfde maatstaven hanteren als we op ons vijfentwintigste deden, maar dat de dingen die we indertijd belangrijk vonden tien jaar later niet meer zo relevant zijn voor ons leven. We zouden meer moeten letten op aspecten als geduld of evenwichtigheid, en er niet zo op gefocust moeten zijn of we meteen vlinders in onze buik voelen.

Daar zouden we op ons vijfentwintigste eigenlijk al op moeten letten, om te voorkomen dat we er tien jaar later achter komen dat de man met wie we getrouwd zijn de eigenschappen mist die essentieel zijn voor een goed huwelijk.

'Ik geef vrouwen van 25 hetzelfde advies als ik jou geef,' zei ze. 'Maar ze luisteren niet naar me.'

### *Onzelfzuchtigheid en nederigheid*

Greenwalds advies is eenvoudig: streep alle 'objectieve' eisen door (leeftijd, lengte, waar hij gestudeerd heeft, wat voor werk hij doet, hoeveel haar hij heeft, of hij kinderen en een ex heeft) en richt je op wat 'subjectief' is (volwassenheid, vriendelijkheid, gevoel voor humor, fijngevoeligheid, vermogen zich te binden).

Ik antwoordde dat zij makkelijk praten had, zij was tenslotte zeventien jaar geleden getrouwd, op haar achtentwintigste. Hoe zou zij het vinden als ze nu, als veertiger, nog single zou zijn en te horen kreeg dat ze die objectieve criteria maar overboord moest gooien?

Hier moest Greenwald om lachen, maar alleen omdat het haar ook bijna was overkomen. Ze vertelde dat ze haar man bijna was misgelopen omdat ze zo gefocust was op de objectieve criteria. Tijdens haar studie bedrijfskunde had ze regelmatig zakelijke telefoongesprekken met haar man gevoerd, en van die gesprekken had ze altijd erg genoten. Maar toen ze zijn foto in een gids had opgezocht (en niet onder de indruk was) schreef ze hem af als potentiële partner. Pas toen ze hem op een feestje tegenkwam en hem leerde kennen begon ze hem leuk te vinden en werd het meer.

'Toen ik nog single was en op zoek,' zei ze, 'wilde ik alles! Ik wilde een lange, knappe, slimme, geestige man. Mijn eisen waren zeer specifiek, ik wilde zelfs golvend haar.' Hoewel ze een deel van wat ze wilde (maar niet alles) gekregen heeft, voegde ze er haastig aan toe dat heel andere factoren haar huwelijk tot een succes hebben gemaakt.

'Onzelfzuchtigheid en nederigheid, twee eigenschappen waar ik vroeger helemaal niet bij stilstond, blijken nu cruciaal te zijn voor ons huwelijk,' legde ze uit. 'Er zijn ontelbaar veel momenten in een huwelijk waarop je moet besluiten of je het geluk van je partner of dat van jezelf centraal stelt, en mijn man kiest op dat soort momenten heel vaak voor mijn geluk. Als we elkaar het hof maken, zien we romantiek aan voor onzelfzuchtigheid, maar dat is een vergissing. Een romantisch gebaar als iemand bloemen sturen is iets heel anders dan midden in de nacht wakker worden en je om de baby bekommeren zodat de ander door kan slapen.'

'Nederigheid is ook heel belangrijk,' vervolgde ze, 'dat je in staat bent te zeggen dat het er niet echt toe doet wie er gelijk heeft en dat het ook best is om ergens van mening over te verschillen. Daarom vraag ik altijd aan mensen hoe hoog eigenschappen als onzelfzuchtigheid en nederigheid op hun lijstje staan wanneer ze iemand afwijzen op grond van leeftijd of lengte.'

John Gottman, werkzaam aan de universiteit van Washington en auteur van de bestseller *The seven principles for making marriage work*, heeft aangetoond dat hij het succes van een huwelijk in 91 procent van de gevallen kan voorspellen aan de hand van basiseigenschappen als het vermogen concessies te doen, verdraagzaamheid en de manier van communiceren.

Greenwald neemt de wensen die velen van ons hebben wel degelijk serieus. Maar ze zegt ook dat we, hoewel we natuurlijk 'alles' in een man hopen te vinden, onze maatstaven tíjdig moeten herzien als we de juiste partner willen vinden voordat het steeds moeilijker wordt.

Als ze het met vrouwen van boven de vijfendertig over hun liefdeleven heeft, vertelde Greenwald, zijn dat vaak verhalen in de trant van 'Ik heb drie jaar een relatie gehad die niet klopte, en daarna nog een, die vijf jaar duurde.' Of: 'Ik nam steeds de draad weer op met mijn ex-vriend, en ben niet op zoek gegaan naar iemand die beter bij mij paste.' Of: 'Na een half jaar of een jaar wist ik al dat het niets zou worden, maar ik bleef toch bij hem in de hoop dat het beter zou worden.' Wat had moeten veranderen was de manier waarop ze hun partner uitkozen.

Volgens Greenwald hebben deze vrouwen hun beste jaren verkwanseld.

'De mannen tot wie ze zich aangetrokken voelden, boden in de meeste gevallen precies het tegenovergestelde van wat ze op de lange termijn juist nodig hadden: stabiliteit, verantwoordelijkheidsgevoel, compassie, evenwichtigheid, volwassenheid, een kinderwens,' aldus Greenwald. 'Bedenk dat je geen tijd moet verspillen aan een man, alleen maar omdat je zo verkikkerd op hem bent.'

Eh, o. Wat voelde ik me weer aangesproken! Ik moest denken aan het vriendje dat me met liefdesbetuigingen overlaadde, om zich vervolgens plotseling terug te trekken met een slap verhaal dat erop neerkwam dat hij bang was geworden. Toch ben ik met hem doorgegaan, maar liefst tweeënhalf jaar. Ook waren er een paar buitengewoon opwindende en zo op het oog romantische jongens geweest, die echter eerder verliefd op zichzelf waren dan op mij. Toen ik jonger was dacht ik altijd dat alles wel vanzelf zou gaan en deed ik geen moeite om te bespreken hoe we onze toekomst zagen, maar volgens Greenwald is het minstens zo belangrijk om meteen proactief te zijn, voordat je het gevoel hebt dat de tijd gaat dringen.

'Vrouwen die willen trouwen en een gezin willen stichten moeten bedenken wat echt belangrijk is – en die criteria toepassen bij hun keuze van de mannen met wie ze uitgaan – omdat ze anders halverwege de dertig nog steeds alleen zullen zijn,' zei Greenwald. 'Ik wil geen paniek zaaien, maar ik vind het altijd zo jammer dat de mensen die bij mij komen zich hiervan pas rekenschap geven als het zoveel moeilijker is geworden dan het was geweest als ze er tien jaar eerder anders tegenaan hadden gekeken. Stel, je bent 33 en je bent al elf jaar op zoek, sinds je studietijd, en nu wil je een gezin. Nou, ik kan je nog wel helpen aan een geweldige veertiger die ook aan een gezin toe is. Maar op die leeftijd is het wel veel moeilijker. Op hun vijfendertigste zijn vrouwen al een eind op weg naar hun uiterste houdbaarheidsdatum. Die bereiken ze op hun veertigste. Als je op je veertigste aan internetdating doet, zal geen man die kinderen wil nog in je geïnteresseerd zijn. Gescheiden mannen met kinderen zullen wel met een veertigjarige vrouw willen afspreken, maar velen van hen zijn gesteriliseerd.'

Als Greenwald dit tegen me had gezegd toen ik dertig was, had ik gedacht dat ze overdreef, in elk geval had ik mezelf gezien als de uitzondering op deze regel die voor veel oudere vrouwen geldt. En nog steeds dacht ik vaak: ik ben best nog aantrekkelijk, of: ik ben jong van geest, of: ik zie er veel jonger uit dan ik ben. Maar alles wat ze zei klopte met wat ik om me heen zag. Van al mijn vriendinnen, getrouwd of ongetrouwd, kende bijna niemand ongebonden mannen van mijn leeftijd, en de enkeling die ze wel kenden was niet bereid uit te gaan met een vrouw van boven de veertig.

Ik kon kiezen: ik kon me fel verzetten tegen het lot van alleenstaande vrouwen die op zoek zijn naar liefde, maar ik kon ook proberen mijn voordeel te doen met deze informatie. Want volgens Greenwald was er ook góéd nieuws: ik had de kans met een schone lei te beginnen en nu wel het gewenste effect te bereiken door met mannen uit te gaan die het in zich hadden mij op de lange termijn gelukkig te maken.

Die lange termijn, daar leek Greenwald zich vooral op te richten. De afgelopen tien jaar had ze een paar honderd huwelijken tot stand gebracht. En hoewel veel vrouwen er aanvankelijk niet voor voelden in een grotere vijver te gaan vissen en zich op de subjectieve criteria te concentreren, was voor zover Greenwald wist geen van deze huwelijken op een scheiding uitgelopen.

Dus misschien zat er wel wat in.

### *Gelukkig met een doorsneeman*

In gesprekken met gelukkig getrouwde vrouwen over wat ze belangrijk vonden nu ze ouder werden, kwamen dezelfde thema's aan de orde: het gaat erom dat je de juiste *partner* vindt, niet de juiste *persoon*. Je hoeft de lat niet lager te leggen, het gaat erom dat je volwassen wordt en realistische verwachtingen hebt. Een goede echtgenoot moet aan andere eisen voldoen dan een goed vriendje. In de loop van je leven worden stabiliteit en betrouwbaarheid belangrijker dan vuurwerk en een vlotte babbel.

Mijn studievriendin Amanda, die inmiddels 39 is en twaalf jaar getrouwd, vertelde dat ze nog wist hoe groot de druk was die de samenleving in het algemeen, maar met name haar sociale omgeving op haar uitoefende om toch vooral met de juiste man uit te gaan.

'Ik herinner me dat een hoogleraar uit mijn studietijd, een alleenstaande, ongelukkige vrouw, toen ze hoorde dat ik iets met Barry had tegen een gemeenschappelijke vriendin van ons zei dat ik toch wel "iets beters" had kunnen krijgen. Ik herinner me dat ik dacht dat ze geen idee had waar ze het over had, dat niemand slimmer, aardiger en veelbelovender was dan Barry. En ik heb gelijk gekregen. Barry kleedt zich misschien niet altijd zoals ik zou willen en hij kijkt liever naar voetbal dan dat hij steeds klaarstaat om klusjes in en om het huis te doen, maar hij heeft alles voor me over. Als ik griep heb maakt hij echte kippensoep voor me, zonder zout vanwege mijn bloeddruk. Dat noem ik liefde en dat is wat ik onder een geweldig huwelijk versta.'

Toen ze nog single was, vertelde Amanda, was haar grootste misvatting dat iemand die consequent was automatisch saai zou zijn en dat concessies uit den boze waren. Ze hoopt dat haar dochter haar prioriteiten te zijner tijd beter op orde heeft. 'Ik was nooit met Barry getrouwd – of met wie dan ook – als ik indertijd een punt had gemaakt van de dingen waar jonge vrouwen tegenwoordig een punt van maken en op basis waarvan ze mannen afwijzen.'

Elise, die acht jaar getrouwd is en twee kinderen heeft, beschrijft haar relatie met haar man als volgt: 'Toen ik net 35 was, werd ik gedumpt door een man die in mijn ogen alles had wat ik wilde, en ik was er kapot van. Een paar maanden later kwam ik mijn huidige echtgenoot tegen, en die bezat maar een paar van die eigenschappen. De vonk sprong niet meteen over. Maar hij bleek andere kwaliteiten te hebben die ik echt nodig had: hij was volkomen integer, goudeerlijk, bereid de juiste keuzes te maken ook als dat moeilijk was, hij bood stabiliteit en, het allerbelangrijkste, liefde en begrip. Dat ik de ware Jakob niet eerder ontmoet had kwam doordat ik een verkeerd beeld had gehad van de eisen waar de ware Jakob aan moest voldoen!'

De 30-jarige Suzanne, die in Austin woont en een leidinggevende marketingbaan heeft, zou het daar wel mee eens zijn. Ze vertelde me dat ze eerst trouwde met de man die de ware jakob léék, maar nu met de wérkelijke ware Jakob getrouwd is. Ze moet lachen als ze denkt aan de fouten die ze maakte toen ze haar eerste man uitkoos en die ze bij haar tweede man bijna herhaalde.

'Waar het voor mij uiteindelijk om draaide,' legde ze uit, 'was dat ik me moest richten op de dingen die voor mij echt cruciaal waren en dat ik de franje overboord gooide.' Nadat ze voor de derde keer een interessante man had laten schieten omdat hij sandalen droeg en een kat had, vertelde ze, 'zag ik het licht, en daarmee bedoel ik dat ik bereid was het niet meer op zulke stomme dingen te laten afketsen. En wat denk je, inmiddels heb ik de man gevonden met wie ik oud wil worden.'

Natuurlijk weet iedereen die actief is in het uitgaansleven dat de eigenschappen die Greenwald 'subjectief' noemt belangrijk zijn. Het probleem is dat we er vaak evenveel waarde aan hechten als aan de objectieve aspecten, en je vindt niet zo gauw een man van vlees en bloed die beide soorten eigenschappen in gelijke mate bezit. Als een man meer subjectieve eigenschappen heeft dan objectieve, wijzen we hem af. Maar wanneer de objectieve aspecten in orde zijn, is het moeilijker om hem af te wijzen omdat die veel gemakkelijker te meten zijn en we ervan uitgaan dat de subjectieve eigenschappen – die niet zo duidelijk waarneembaar zijn – wel aanwezig zullen zijn, alleen springen ze minder in het oog. Maar dat gaat natuurlijk lang niet altijd op.

Lynn, een gescheiden vrouw van 42, is zonder twijfel anders tegen de dingen aan gaan kijken. 'Ik had een knappe man met brede kaken,' legde ze uit. 'Toen hij me voor de derde keer bedroog en we gingen scheiden, begon het me te dagen dat de oppervlakkige dingen er op de langere termijn niet toe doen. Waar het om gaat is iemand te vinden die inhoud heeft. Jammer genoeg komen sommigen van ons daar pas na schade en schande achter.'

Lynn vertelde me over twee ontzettend leuke mannen op haar kantoor voor wie het heel moeilijk was om een vrouw te vinden. Een van hen, Brad, is gedrongen en kalend maar, aldus Lynn, 'als je hem wat beter leert kennen, kom je erachter dat hij geestig is, fatsoenlijk, vrolijk, intelligent en ronduit aanbiddelijk'. Maar veel vrouwen haakten af bij het zien van zijn kalende hoofd en zijn onvolmaakte lichaam, zodat Brad pas trouwde toen hij 38 was.

'Een man hoeft er echt niet uit te zien als Ken van Barbie om de moeite waard te zijn,' zegt ze. 'Mijn vriend Brad is absoluut de moeite waard, en het meisje dat nu met hem getrouwd is, mag zich gelukkig prijzen.'

Lynn heeft nog een andere collega, Mitch, die 30 is en een van de leukste mannen die ze kent. Hij is verlegen, zei Lynn, maar als je hem beter leert kennen, kun je ontzettend veel plezier met hem hebben.

'Hij heeft geen trendy kapsel,' zei ze. 'Hij is niet lelijk, maar hij is gewoon een doorsneeman om te zien. Hij heeft heel veel leuke kanten maar het lijkt wel alsof vrouwen van zijn leeftijd hem niet eens een blik waardig keuren. Dat vind ik triest. Nu ik 42 ben is me duidelijk geworden dat er veel jongere mannen rondlopen die echt op zoek zijn naar liefde, zich willen binden, getrouwd willen zijn, kinderen willen. En zij worden vaak over het hoofd gezien door vrouwen van 25 tot 35 die álles willen.

### *Iemand die me de ogen opent*

Ik wist dat Rachel Greenwald gelijk had. Ik moest mijn liefdeleven anders aanpakken. Maar ook al probeerde ik me meer op die subjectieve aspecten te richten, ik zat nog met een ander probleem: ik kwam nauwelijks mannen tegen.

Ik overwoog een huwelijksmakelaar in de arm te nemen.

Dit was een grote stap voor mij. Het was nog nooit in me opgekomen een huwelijksmakelaar in te huren, want toen ik jonger was ging ik er altijd van uit dat ik op eigen kracht wel de juiste man tegen zou komen. Hij zou naast me zitten in het vliegtuig, of achter me staan in de rij bij de stomerij, ik zou hem op het werk ontmoeten, op een feestje of op de kruk naast me in een koffiebar.

Het kwam opeens belachelijk op me over, toen ik bedacht hoe klein de kans is dat je op die manier iemand vindt. Per slot van rekening laten we andere belangrijke keuzes in ons leven ook niet louter aan het toeval over. Als je een baan zoekt, ga je niet in de hal van een kantoorgebouw rondhangen in de hoop dat een werkgever een gesprek met je aanknoopt. Ben je op zoek naar een huis, dan dwaal je ook niet doelloos rond in een buurt in de hoop zomaar op een huis van jouw gading te stuiten dat te koop staat en ook nog het benodigde aantal slaap- en badkamers heeft. Dat is veel te onsystematisch. Als dat je strategie is om een huis te vinden, zul je waarschijnlijk dakloos worden. Daarom huur je een makelaar in die je huizen laat zien die aan jouw wensen voldoen. Waarom zouden we dan geen huwelijksmakelaar inhuren die ons op potentiële partners wijst?

Het idee een kamer vol mensen binnen te komen en de ware in één oogopslag in het vizier te krijgen sprak me nog steeds meer aan, maar in welke kamer zou ik deze charmante vreemde kunnen ontmoeten? In mijn werkkamer, waar slechts één persoon aanwezig was, ondergetekende? In mijn huiskamer of keuken, waar ik was als ik niet in mijn werkkamer zat? In een bar? Dat is nou niet bepaald de plaats waar de leukste mannen zich ophouden.

De alleenstaande vrouwen met wie ik sprak klaagden over hetzelfde probleem: waar in godsnaam moest een drukbezette, moderne vrouw zomaar ineens de ware tegen het lijf lopen? Door de week ziet de agenda van veel singles er zo uit: wakker worden, naar het werk rijden, de hele dag werken, even naar de sportschool of de – enkel uit vrouwen bestaande – leesclub, avondeten opwarmen in de magnetron, beetje tv-kijken, e-mails beantwoorden, naar bed. En in het weekend? Lunchen met een vriendin, alle boodschappen doen waar je door de week geen tijd voor hebt, rekeningen betalen, post afhandelen, gymmen en dan zaterdagavond weer naar een feestje of bar in de hoop die onweerstaanbare vreemde in de ogen te zullen kijken. Ik zeg niet dat het onmogelijk is. Sterker nog, ik heb zelf een paar keer een tijdje iets met zo'n onweerstaanbare vreemde gehad, maar daar is nooit een huwelijk uit voortgekomen. Dus ik wilde niet langer alles van Het Lot of De Voorzienigheid laten afhangen.

Ik wilde de hulp van een huwelijksmakelaar, maar ik wilde niet dat zij al mijn objectieve criteria in de wind zou slaan. Ik had gewoon behoefte aan iemand die me hielp bij mijn zoektocht door er wat gezond verstand en toekomstperspectief aan toe te voegen, zoals Greenwald me ook had aangeraden. Ik wilde iemand die tegen me zou zeggen: 'Weet je, hij lijkt misschien niet jouw type, maar vertrouw nou maar even op mij.' Ik wilde dat zij me eraan zou herinneren wat belangrijk is, zodat ik het patroon zou doorbreken waardoor ik steeds goede mannen om de verkeerde redenen afwees.

Ik pakte de telefoon en belde Wendy, een huwelijksmakelaar bij mij in de buurt, en we maakten een afspraak om koffie te drinken. Een week later zaten we aan de dampende *caffè latte* en gaf ik haar een overzicht van de mannen die de revue waren gepasseerd: de musicus met wie ik als twintiger had samengewoond (een schat, slim en creatief, maar toen we samenwoonden bleek de theorie dat de uitersten elkaar aantrekken in ons geval niet op te gaan); daarna kwam de jurist (een schat, slim, geestig en geslaagd, maar hij werd zo bezitterig dat zelfs mijn meest ruimdenkende vrienden hem een engerd vonden); de briljante ondernemer (een schat, geestig en geslaagd maar ook gekmakend onbetrouwbaar en egoïstisch); de schrijver die bij de tv werkte maar niet toe was aan een relatie in primetime (ook een schat, slim, geestig en creatief maar niet bereid zich aan mij te binden); de charmante zakenbankier die me versierde tijdens een feestje waar hij, zoals ik later ontdekte, eigenlijk met iemand anders had afgesproken (dat had al mijn argwaan moeten wekken, nietwaar?); de journalist die ver weg woonde (een schat, slim, geestig, creatief en de leukste man op aarde, maar we waren het nooit eens geworden over waar we zouden gaan wonen en voor wat voor soort gezinsleven we zouden kiezen); de politiek adviseur met wie ik veel interesses deelde en die meestal heel leuk leek, behalve wanneer hij tegen me loog of met zijn antidepressiva stopte of geen medicijnen tegen de angsten meer slikte (een schat, slim en begaafd, maar met een gespleten persoonlijkheid); de zwoele cineast die ik via Match.com had leren kennen (slim, geestig, maar geen geschikte vader voor mijn kinderen).

Op papier hadden al deze mannen aantrekkelijk geleken, zei ik tegen Wendy, maar het was duidelijk dat ik geneigd was verkeerde keuzes te maken. Zou zij me kunnen helpen?

Wendy dacht van wel. Sterker nog, ze had al iemand in gedachten.

# 6. 3500 dollar voor de liefde

Ik ben er niet trots op, maar het scheelde weinig of ik had de eerste man die Wendy voor me had uitgezocht afgewezen. En dat terwijl ik hem nog niet eens had ontmoet en nog geen foto van hem had gezien. Bovendien moet ik zeggen dat wat Wendy aanvankelijk over hem vertelde me het gevoel gaf dat hij het soort man was waar ik naar op zoek was. Hij was vier jaar ouder dan ik (dus geen vijftiger, zoals de mannen op de speeddating-avond). Hij was eerder getrouwd geweest (en wilde wel weer trouwen). Hij was vader (en dol op kinderen). Hij was hoogopgeleid (maar stond wel met beide benen op de grond). Hij verzamelde eerste drukken (en las ze ook). Hij had een vast inkomen (en hield van zijn werk).

Niettemin, toen ik hoorde dat hij 1) een jaar eerder nog in de put had gezeten over zijn scheiding (ik was onlangs met een aantal mannen uit geweest die me de hele avond hadden doorgezaagd over hun mislukte huwelijk); 2) hij vier kinderen had ('Als we allemaal bij elkaar zijn, zijn we met vijf kinderen,' zei ik tegen Wendy. 'Dat is geen gezin, dat is een crèche!'); 3) hij gek was van sport (iets waar ik op afknap); en 4) hij was opgegroeid in een buurt die ik associeer met plat pratende bierdrinkers, terwijl ik op verfijnde intellectuelen viel. Ik wilde weten of ze nog iemand anders voor me had.

Ze hoorde mijn bezwaren aan, maar vroeg of ik er toch nog even over na wilde denken. Er verstreken een paar dagen waarin we heen en weer mailden. Ze verzekerde me dat hij geen enkele overeenkomst vertoonde met 'boerende, vuilgebekte sportfanaten uit de Bronx'. Nee, deze man had aan een uitstekende universiteit gestudeerd en had de verfijning van een chique advocaat. Toen ik informeerde naar zijn haargrens, lengte en gevoel voor humor, antwoordde ze dat hij 'haar, hoogte en humor' had.

Wendy wond er geen doekjes om. 'Je kunt muggenziften tot je een ons weegt (hij mag wel uit Manhattan komen, maar niet uit de Bronx; twee kinderen is goed, vier is te veel; hij mag van sport houden, maar met mate).' Maar met mijn extreem analytische brein, schreef ze, liep ik het risico mezelf buiten de realiteit te plaatsen.

Ik vertrouwde Wendy. Ze was niet het soort huwelijksmakelaar dat aan een opdringerige, tweedehandsautoverkoper doet denken, zo iemand die alleen maar uit is op je geld en een man stuurt die ze met een minimum aan tijd en moeite voor me heeft opgeduikeld. Ze was ook geen onpersoonlijke instantie die zomaar iedereen inschreef, maar ging met persoonlijke aandacht te werk. Ook vertoonde ze geen enkele overeenkomst met de clichématige, vaak geparodieerde ongetrouwde vrouw van middelbare leeftijd die in een oosters gewaad je aura leest en beweert over een 'zesde zintuig' te beschikken.

Ze was een scherpzinnige, moderne, gelukkig getrouwde moeder van in de dertig die met succes in haar vriendenkring enig koppelwerk had verricht. Van het een kwam het ander en inmiddels had ze zich ontwikkeld tot plaatselijke huwelijksmakelaar. Ze maakte geen reclame. Ze werkte alleen met mensen die door vrienden en kennissen naar haar werden doorverwezen. De afgelopen paar jaar had ze de hand gehad in zes huwelijken en onlangs hadden twee mensen die zij bij elkaar had gebracht zich verloofd. En ze dacht dat deze man en ik wel mensen voor elkaar waren.

Uiteindelijk verklaarde ik me bereid hem te ontmoeten.

'Richt je op het positieve,' schreef ze, en gaf me zijn naam, voor als hij zou bellen.

Toen ik bij mezelf constateerde dat ik teleurgesteld was over zijn náám, drong het tot me door dat ik wel heel ver heen was.

Ik weet dat het idioot klinkt, maar het was zo'n naam van een wereldvreemde bijfiguur in een film, een naam waar kinderen mee gepest worden op het schoolplein. Ik moest denken aan de scène in *When Harry met Sally* waarin Sally beweert dat ze geweldige seks heeft gehad met ene Sheldon, en Harry antwoordt: 'Sheldon? Sorry hoor, maar jij hebt geen geweldige seks gehad met Sheldon. Een Sheldon is iemand die de belastingen voor je doet. Als je een wortelkanaalbehandeling nodig hebt, bel je Sheldon. Maar tussen de lakens komt hij echt niet tot zijn recht.'

Om nou te zeggen dat ik me openstelde, nee. Ik had niet alleen de achtergrond van deze man aan een intensieve analyse onderworpen, ik had bovendien ook nog een oordeel over iets wat er helemaal niet toe deed: zijn naam. Maar dat was nog niet alles. Ik googelde die slome naam, vond zijn foto op het net en dacht: 'Hm, wat een pafferig gezicht.'

Laten we alles even op een rijtje zetten. Deze man, die ik van nu af aan 'Sheldon' zal noemen, klonk interessant, slim, geestig, aardig, was dol op kinderen en wilde een serieuze relatie – en ik zat over zijn naam te emmeren en me af te vragen of hij tien kilo zou kunnen afvallen. Gelukkig kwam ik bij zinnen en verzweeg ik dit alles voor Wendy. Tegen de tijd dat ik naar bed ging besefte ik dat er in lange tijd niet zo'n interessante potentiële partner voorbij was gekomen, en ik keek dan ook met enige opwinding uit naar onze ontmoeting. Ik wachtte in spanning op zijn telefoontje, dat de volgende dag kwam toen ik weg was. Hij sprak een aardige boodschap in. Ik belde hem terug en liet een boodschap bij hem achter. Toen was het weekend en hoorde ik niks meer van hem.

Dinsdag belde Wendy me met slecht nieuws. Sheldon had haar maandagavond gebeld. Gedurende de zes dagen waarin ik met mijn gemengde gevoelens had geworsteld was hij kennelijk een paar keer met iemand anders uit geweest (buiten Wendy om), en in het weekend was alles in een stroomversnelling geraakt en waren ze met elkaar naar bed geweest. Hij wilde eerst weten hoe deze prille relatie zich zou ontwikkelen voor hij in contact trad met een nieuw iemand. Sheldon was niet meer beschikbaar.

Fantastisch.

Mijn vriendinnen reageerden vol onbegrip toen ik hun dit verhaal vertelde. 'Wacht even, hij heeft deze vrouw dus nét leren kennen,' zei een vriendin. 'Dan kan hij toch ook wel met jou afspreken?'

'Wat een belachelijke tactiek,' zei een andere vriendin. 'Hij kent haar een week. Hoe weet hij nou dat hij jou niet leuker vindt?'

Ik wilde me wel door de reacties van mijn vriendinnen gerust laten stellen, maar ik ging Sheldon er juist meer door respecteren: de gedachte aan 'iets beters' kwam kennelijk niet in hem op. Hij had juist helemaal geen tactiek. Hij was een integere man die niet met de ene vrouw naar bed ging en tegelijkertijd een blind date met iemand anders had. Sheldon pakte de dingen op een heel gezonde manier aan. De vrouw die nu met hem uitging had hem waarschijnlijk ook niet dood geanalyseerd, zoals ik. Ik betwijfelde of zij zich blindstaarde op zijn te grote interesse voor sport of dat hij een paar kilo zou moeten afvallen, een beetje wereldvreemd is of te veel kinderen heeft.

Vrouwen zoals ik, die al heel lang single zijn, doen dat vaak wel. Relaties zijn te vergelijken met een stoelendans: als je te lang rond blijft lopen zijn alle stoelen bezet.

En dat is eigenlijk wat er gebeurde. Wendy probeerde iemand anders voor me te vinden, maar voor een 41-jarige alleenstaande moeder vind je niet zomaar iemand. Wekenlang was ze bezig iets voor me te regelen met een slimme, geestige, aantrekkelijke officier van justitie – gescheiden, zonder kinderen –, maar naarmate ze hem beter leerde kennen werd het haar steeds duidelijker dat hij niet de flexibiliteit zou hebben voor het levensritme van een moeder met een klein kind; hij had eenvoudigweg geen idee wat het opvoeden van een kind inhield.

Ze vroeg of ik openstond voor mannen met een andere religieuze achtergrond, en hoewel ik een sterke voorkeur had voor een joodse man, zei ik toch maar ja. Echter, in haar contact met een mogelijke kandidaat kwam steeds meer aan het licht dat het voor hém een punt zou zijn. Ze zocht verder in haar omgeving, maar niemand in haar kleine netwerk die voldeed aan het profiel 'veertiger, gescheiden met kinderen' was beschikbaar en geïnteresseerd. Ze zou in een wijdere cirkel verder moeten gaan zoeken.

Als ik er nu aan terugdenk, wil ik graag geloven dat mijn kieskeurige houding tegenover Sheldon te maken had met het feit dat ik 500 dollar had betaald voor twee kandidaten – 250 dollar per afspraak – en dat het bij die prijs niet zo gek was dat ik de twee beste wilde hebben. Maar hoe bepaal je wie de beste zijn? Het viel voor Wendy niet te voorspellen hoe de wisselwerking tussen mij en Sheldon zou uitpakken en objectief gezien was hij een veelbelovende kandidaat.

Als ik echt eerlijk ben, denk ik dat mijn aarzeling om Sheldon te ontmoeten meer te maken had met iets wat ik zelf nog niet onder ogen zag: ik was nog steeds niet in het reine gekomen met wat het betekende om op mijn leeftijd nog single te zijn, en ook nooit getrouwd geweest te zijn. Op een of ander instinctief niveau was ik er nog niet klaar voor om het idee te laten varen dat ik iemands eerste en enige wederhelft zou kunnen zijn, iemands Ware Liefde, en de exclusiviteit van een eigen gezin zou kunnen genieten.

Ik verlangde naar iets conventionelers dan een situatie waarin ingewikkelde voogdijregelingen een rol speelden, onderhandelingen over waar de vakantie wordt doorgebracht en toestanden met een ex-vrouw. Maar welke ongebonden man van de juiste leeftijd en zonder ex en kinderen zou iets zien in een vrouw die te oud is om zijn kinderen te baren en wier tijd en energie hoofdzakelijk gericht zijn op haar eigen jonge kind? Het had er alle schijn van dat ik het zou moeten hebben van een gescheiden man met kinderen, en dit moest ik niet alleen accepteren, ik moest me er ook voor inzetten.

Als ik als twintiger en toen ik begin dertig was allerlei prima mannen over het hoofd zag, stond ik er nooit bij stil dat het vinden van een man op latere leeftijd een heel complexe aangelegenheid wordt. Je moet je namelijk bedenken dat je in een veel kleinere vijver vist, want niet alleen zijn er minder beschikbare mannen, er zijn ook minder beschikbare mannen die jou interesseren en minder beschikbare mannen die zin hebben om met iemand van jouw leeftijd uit te gaan, en we dragen allemaal logistieke bagage met ons mee naarmate we ouder worden. Het begon me nu te dagen. Maar pas toen een andere vrouw mij voor was geweest bij Sheldon en ik achter het net viste, drong het eindelijk tot me door hoe beperkt mijn mogelijkheden feitelijk waren.

Zelfs de plaatselijke huwelijksmakelaar slaagde er niet in nog een kandidaat voor mij te vinden.

### *Doe wat ik zeg, niet wat ik doe*

Terwijl Wendy op zoek ging naar een nieuwe kandidaat voor mij, moest ik zorgen dat ik meer mannen zou ontmoeten. Maar hoe? Een onafhankelijke huwelijksmakelaar biedt weliswaar het advies en het perspectief dat bij internetdating ontbreekt, het grootste nadeel ervan leek mij de geringe omvang van haar persoonlijke netwerk. Aan de andere kant leek kleiner me toch ook beter – als dat vanaf het begin maar duidelijk was. Als ik meteen had ingezien dat Sheldon mijn enige kans was, dan was ik er, met reserves en al, op ingegaan en had ik het erop gewaagd. Maar ik had nog steeds de mentaliteit van het internetdaten: als er iets is wat je niet bevalt aan een man, dan zijn er toch talloze anderen die je kunt proberen? Een wat groter bedrijf dat dit soort diensten aanbood leek me een goed alternatief – meer mogelijkheden dan een onafhankelijke huwelijksmakelaar en meer begeleiding dan je op het wilde web kreeg.

Ik ging eens kijken in het telefoonboek. Bureaus die zich leken te richten op het vinden van mooie vrouwen voor rijke mannen (een heette zelfs 'Beautiful Women – Successful Men' – een mooie samenvatting van onze oerverlangens) vielen af, evenals bureaus die groot en onpersoonlijk overkwamen, met vestigingen in het hele land. Mijn keus viel op Make me a match, een bureau dat gerund werd door twee zussen. Ik zocht hun website op, vulde een korte vragenlijst in – naam, telefoonnummer, geslacht, hoe ik hun bureau kende – en wachtte tot ik iets zou horen.

Een paar uur later belde Kathy Moore, een van de zussen, me op. Ze begon met een kort verkooppraatje: 550 bruiloften, persoonlijke dienstverlening, door ervaring opgedane kennis over hoe het werkt. Ze klonk kordaat en professioneel. Toen richtte ze haar aandacht op mij.

'Vertel eens iets over jezelf,' zei ze.

Ik legde uit dat ik journaliste was, 41 jaar oud, nooit getrouwd geweest, alleenstaande moeder...

'Hoe heb je dat aangepakt, ben je naar een spermabank gegaan?' viel ze me in de rede.

Ik reageerde niet meteen. Het kwam een beetje erg voortvarend over dat ze dit vroeg aan iemand die ze pas drie minuten aan de lijn had. 'Eh, ja,' zei ik.

'Wat goed, zeg!' antwoordde Moore. 'Dat had ik ook moeten doen.'

Pardon?

Ik bleek te maken te hebben met een alleenstaande 45-jarige vrouw die er spijt van had dat ze geen kinderen had gekregen toen ze nog vruchtbaar was. Ik vroeg me af hoe dit mogelijk was: hoe kon zij echtgenoten vinden voor honderden mensen als ze daar zelf niet eens in geslaagd was?

'Je hoeft niet ziek te zijn om een goeie dokter te zijn,' zei ze, maar dat ging er bij mij niet in. De vergelijking klopte niet eens: Moore was geen gezonde dokter die zieke patiënten beter maakte. Ze was eerder een zieke dokter die zichzelf niet van de kwaal af kon helpen die ze tot haar specialiteit had gemaakt: single-itis. Het klopte niet. Toen ik haar hiermee confronteerde, zei ze: 'Nou, ik ga ook niet uit met mijn cliënten.'

Oké, dacht ik, daar kan ik me iets bij voorstellen. Maar waarom ging ze niet online, of huurde ze niet een andere huwelijksmakelaar in om iemand voor haar te vinden?

Ze leek overal een antwoord op te hebben. 'De mensen weten wie ik ben,' zei ze, en ik denk dat ze daarmee bedoelde dat ze wisten wat ze voor de kost deed. 'Dat brengt mannen die met mij uitgaan in verlegenheid.'

Ik vond de hele situatie een beetje maf. Moest ik nou aan een eenzame ziel vragen op zoek te gaan naar een man, terwijl ze die zelf niet kon vinden? Tegelijkertijd kwam ik er achter dat we niet altijd de aangewezen persoon zijn om voor onszelf een partner te vinden; dat we soms de frisse blik van een buitenstaander nodig hebben om onze fantasieën over de ideale man te ontzenuwen.

Ik vroeg aan haar wat voor soort mannen bij haar kwamen. Wat voor soort mannen wenden zich tot een huwelijksmakelaar? Moore gaf toe dat ze veel meer vrouwelijke cliënten had dan mannelijke, maar dat ze toch geloofde dat ze iemand voor mij zou kunnen vinden. Als ze in haar eigen bestand geen goede match vond, riep ze de hulp in van andere huwelijksmakelaars. Ook stroopte ze datingsites af en wanneer iemand haar interessant leek, maakte ze zelf een afspraak met hem om te kijken of hij voldeed. Dat sprak me wel aan: iemand die voor mij het koren van het kaf scheidde zodat mij een eindeloze reeks koffieafspraken met mogelijke kandidaten werd bespaard.

De volgende stap was dat ik naar hun kantoor zou komen en Kathy en haar zuster zouden kunnen zien wat voor iemand bij mij paste. Het leek me wel een poging waard, maar toen kwam het. Ik vroeg wat het ging kosten, waarop ze ontwijkend antwoordde dat we het daar wel over zouden hebben als we elkaar zagen. Ik drong aan, want ik wilde van tevoren weten waar ik aan toe was, en na nog een paar minuten om de hete brij heen te hebben gedraaid gaf ze zich gewonnen: voor zes afspraken in een jaar vroegen ze 3500 dollar. Ik pakte mijn rekenmachine en kwam uit op 583 dollar per date! Naar hun website te oordelen richtten ze zich op gewone mensen, niet alleen op de puissant rijken onder ons. 583 dollar is wel een héél dure date. En zij wilde meteen voor zes keer betaald worden!

'Ik weet het, het is even schrikken,' zei Moore. 'Maar je krijgt waar voor je geld. Je kunt ervan uitgaan dat onze eerste kennismaking hier minstens drie uur duurt. En elke keer dat je via ons met iemand uitgaat, volgt uitvoerige feedback. Misschien is het de eerste keer meteen raak, maar het kan ook dat de afstemming wat meer tijd kost. Aan die persoonlijke begeleiding hangt een prijskaartje.' Ik zei dat ik wel belangstelling had, maar dat ik het gewoon niet kon betalen.

'Wat vind je van drie dates voor duizend dollar?' vroeg ik. Ik kende het protocol niet en wist niet of het gebruikelijk was om bij een huwelijksmakelaar af te dingen.

'Voor het werk dat wij eraan hebben is duizend dollar echt te weinig,' antwoordde ze. 'Dan loont het voor ons de moeite niet.' Ik merkte dat ze het gesprek wilde beëindigen. Op de achtergrond hoorde ik steeds een telefoon rinkelen en ik stelde me zo voor dat ze genoeg vrouwelijke cliënten had die geen probleem hadden met het tarief.

'Weet je wat ik mensen zoals jij altijd aanraad?' zei ze, op een toon die me deed vermoeden dat het niet de eerste keer was dat ze met 'mensen zoals ik' van doen had. 'Probeer Jdate eens.' Ze doelde op een datingsite voor singles van joodse afkomst.

Ik antwoordde dat ik dat al gedaan had, en dat ik mijn laatste vriendje via een site ontmoet had, maar dat ik de hulp van een huwelijksmakelaar nodig had om een goede keus te kunnen maken. Dat laatste vriendje was slim en sexy en geestig, maar een rampzalige partner en vader. Ik geloofde niet meer dat ik zelf in staat was via internet een goede keus te kunnen maken en had assistentie nodig.

'Nou, wat ik dan zou doen is dit,' zei Moore. 'Maak een potje.

Ik wil je niet je laatste spaarcenten ontfutselen, maar ik zou toch iets apart zetten. Ga niet op reis, zie af van die dure schoenen en zet dat geld opzij voor je liefdeleven. Geef je liefdeleven prioriteit.'

Ze leek niet te begrijpen dat er bij mij geen sprake was van een keuze tussen op vakantie gaan (dat was nooit meer gebeurd sinds ik een kind had), Manolo's kopen (waar ik toch al nooit op heb gelopen) of mijn liefdesleven. De realiteit van wat gewone mensen te besteden hebben leek niet tot haar door te dringen. Toen ik dit probeerde uit te leggen, antwoordde ze: 'We nemen alleen cliënten aan die financieel stabiel zijn.' Haar definitie van wat dat inhield kwam duidelijk niet overeen met de mijne.

Toen ik had opgehangen voelde ik me intens gefrustreerd. Als ik een man was geweest had ze vast haar tarief verlaagd of het hem zelfs kwijtgescholden, alleen maar omdat hij een aanwinst zou zijn voor haar bestand. Ik daarentegen was voor haar van weinig waarde. Het deed me denken aan culturen waarin bruidschatten een rol spelen en waarbij je heel veel geld moet hebben om je dochter te kunnen uithuwelijken. Was dit dan de moderne Amerikaanse variant daarvan, dat vrouwen van boven de 35 heel veel geld moeten hebben om zichzélf te kunnen uithuwelijken?

Het trieste was dat Make me a match toch in mijn achterhoofd bleef zitten, hoewel ik niet met ze in zee ben gegaan. Ik zinde op manieren om 'een potje te maken'. Ik ben ervan overtuigd dat Kathy wist dat dat zou gebeuren. Ze ziet zichzelf misschien niet als iemand die aast op kwetsbare vrouwen die er alles voor over hebben om een goede man te vinden, maar ik denk dat sommige vrouwen die wel voor dat drie uur durende gesprek naar haar kantoor komen niet weggaan zonder een cheque te hebben uitgeschreven en een contract te hebben getekend, ook al zullen ook zij geschokt zijn door de hoge kosten. Ik denk ook dat vrouwen zoals ik, die nee zeggen aan de telefoon, uiteindelijk bij haar terugkomen – ze lenen geld van hun ouders of plunderen hun creditcard – omdat Kathy hun een onmogelijke vraag heeft voorgelegd: *wat heb je over voor de liefde?*

Na een week, een maand of een jaar van vruchteloos uitgaan of, als ze geluk hebben, een stukgelopen relatie, zouden deze vrouwen weleens tot de slotsom kunnen komen dat Kathy Moore geen exorbitante tarieven hanteert, maar dat ze iets verkoopt waarvan de waarde niet in geld is uit te drukken: de hoop niet altijd alleen te zullen blijven.

### *Lessen in de huwelijksmakelaardij*

Lisa Clampitt is mede-eigenares van het Matchmaking Institute in New York, de enige plaats in het hele land waar huwelijksmakelaars een opleiding kunnen volgen en een diploma kunnen halen. Ik belde haar op en vroeg hoe het kwam dat deze diensten zo duur zijn. Wat weten huwelijksmakelaars over de geheimen van de liefde dat de singles die hun hulp inroepen niet weten?

Clampitt bleek dit werk niet altijd gedaan te hebben. Ze was eerst maatschappelijk werkster geweest op de kinderafdeling van het Bellevue Hospital. Ze werkte graag met mensen, maar na zich dertien jaar bezig te hebben gehouden met ziekte en trauma's, kreeg ze een burn-out. Intussen had ze met enig succes enkele vrienden weten te koppelen en op een dag raakte ze geïnspireerd toen ze iets over huwelijksmakelaars in de krant las. Het was nog nooit in haar opgekomen een professionele koppelaar te worden – ze wist zelfs niet eens dat ze nog bestonden – maar het idee sprak haar aan en ze dacht zich op deze manier vooral op 'de leuke kanten van het maatschappelijk werk' te kunnen richten.

Als je een 'gediplomeerd huwelijksmakelaar' wilt worden, legde ze uit, moet je het volgende doen: je schaft een studiepakket aan via de website. Daarin staat alles wat je moet weten over het beroep, zoals hoe je cliënten screent voor je ze aanneemt, hoe je gesprekken met ze voert, wat coaching inhoudt, hoe je een zaak opzet en contracten opstelt. Dan leg je online een examen af. Als je dat haalt, kun je op het instituut een opleiding van een dag doen, of zes telefonische sessies houden. Daarna dien je een businessplan in en voilà, je bent gediplomeerd.

Dus daar betalen cliënten 3500 dollar voor? Hoe weet een onbekende die een cursus van een dag heeft gevolgd nu wie bij mij past?

Clampitt antwoordde dat haar beroep geen hogere wiskunde is.

'In Hollywoodfilms wordt altijd gedaan alsof het zo moeilijk is om iemand te vinden,' zei ze. 'Maar het moeilijkste is de relatie zelf. Vanmorgen had ik met mijn man nog een woordenwisseling over hoe laat hij naar zijn werk ging.'

Vrouwen maken de zoektocht zoveel moeilijker dan nodig is, en ze maken zich er ook veel te druk over. Clampitt gelooft dat schoonheid weliswaar niet onbelangrijk is, maar dat vrouwen veel te veel tijd aan hun uiterlijk verspillen terwijl het grootste obstakel is dat ze op jongere leeftijd niet realistisch genoeg waren en nu ze ouder zijn nóg onrealistischer in het leven staan.

'Veel vrouwen komen bij mij op het moment waarop plotseling tot hen doordringt dat ze iets aan hun aanpak moeten veranderen omdat ze 37 zijn en nog steeds geen man hebben,' legde ze uit. 'Dan vertellen ze me wat ze willen en omdat ze me betalen denken ze dat ze de man zullen krijgen waar ze in het gesprek om vragen. Maar zo werkt het niet.'

*Dit is een goeie deal, ik ga erop in.*

Clampitt, zelf veertiger, spreekt uit ervaring. Ze had haar eigen man niet ontmoet als ze niet realistisch was geweest. 'Mijn man is een schat, maar stond ik in vuur en vlam toen ik hem voor het eerst zag? Nee. Hij was buitengewoon aardig, wilde graag een relatie, was gepromoveerd, een hoogleraar. Ik vind geld minder belangrijk dan intelligentie. Dus ik dacht: dit is een goeie deal, ik ga erop in.'

'Deal' is een woord dat Clampitt vaak gebruikt, wat misschien vreemd overkomt als je het over je echtgenoot hebt. Maar ze is van mening dat het er bij de keuze van degene met wie je je leven wilt delen gaat om de vraag welk pakket – welke deal – het best bij je past en bij wat je van het leven verwacht.

'Iedereen heeft zijn goede en slechte kanten,' zei ze, en dat is de les die ze na twee heel verschillende huwelijken geleerd heeft.

Haar eerste huwelijk was een klassiek verhaal. Ze leerde haar eerste man via vrienden kennen toen ze allebei in de twintig waren. Ze hadden allebei gestudeerd en ze vond hem, een slimme vent werkzaam in de financiële sector, knap en trouw. Alleen had hij geen 'levenskracht'. Hij bruiste niet.

Na twee jaar huwelijk ging ze bij hem weg.

Was het een goede beslissing om te scheiden van een geweldige man, alleen maar omdat hij iets vaags als 'levenskracht' miste? Iets waarvan het maar helemaal de vraag was of ze het bij een ander wel zou vinden? Vragen die niet te beantwoorden zijn.

'Ik denk dat ik er een succes van had kunnen maken als ik iets volwassener was geweest,' zei ze. 'Ik was toen nog niet zo bezig met kinderen, maar nu denk ik dat hij een geweldige vader was geweest, en hij had een fantastische familie. Ik wist niet hoe ik hem in zijn waarde moest laten, ik vond hem saai. Maar er gaat toch niets boven iemand die een heel trouwe partner is? En een uitstekende vader voor je kinderen? Je kunt ook je best doen om het samen leuk te hebben. Maar ik probeerde het niet eens! Ik staarde me blind op de mogelijkheid dat ik elders iets beters zou kunnen krijgen. Dat is wat er gebeurt als je jong bent en nog geen levenservaring hebt.'

En dat gebeurt ook, zei ze, met vrouwen van achter in de dertig die ze ontmoet en die mannen afwijzen zonder hen een kans te geven.

Het lijkt er misschien op dat Clampitts verhaal een happy ending kreeg – toen ze 39 was ontmoette ze haar toekomstige man, die wél bruiste en over levenskracht beschikte – maar er was ook een keerzijde: ze moest concessies doen die in haar eerste huwelijk niet nodig waren geweest. Een daarvan was dat ze geen eigen kind zou krijgen. Zij en haar man probeerden jarenlang vergeefs een kind te krijgen, en maakten daarbij gebruik van dure vruchtbaarheidsbehandelingen, iets wat waarschijnlijk tien jaar eerder niet had gehoeven. Ze zijn van plan een jongetje te adopteren. Ook financieel is haar huidige situatie anders: iemand die in de financiële sector werkt verdient nu eenmaal veel meer dan een hoogleraar. En ten slotte ís haar man inderdaad bruisend, iets wat meestal heel fijn is, maar soms ook wat veel van het goede.

'Mijn man is een onruststoker,' zei ze, 'en daar val ik ook op. Maar ik ben er nog niet helemaal uit hoe ik met hem moet communiceren als hij zo'n wilde bui heeft en we iets samen proberen te plannen en hij vergeet de rekeningen te betalen. Dan moet ik zeggen: "Kom op, hou je hoofd er even bij." Zoiets was in mijn eerste huwelijk ondenkbaar.'

Ze wil niet klagen over haar man, zegt ze, waar het om gaat is dat de volmaakte man niet bestaat. 'Er lopen een heleboel mannen rond met wie een goed leven mogelijk is, en als je dat niet gelooft, loop je het risico dat je je bezorgd blijft afvragen of je je nog wel zult settelen. Veel mensen weten achteraf hoe het had gemoeten en nemen honderd verschillende dingen in overweging. Ik ben bijvoorbeeld constant omringd door rijke mannen en ik zou kunnen denken: dat had ik ook kunnen hebben! Mijn man kan ook zulke gedachten hebben over andere vrouwen. Je moet allebei het gevoel hebben dat je een goeie deal hebt. Dat je je op de lange termijn met elkaar verbonden voelt heeft te maken met respect, gedeelde waarden en samen iets opbouwen, niet met het oordeel over wat er aan iemand niet deugt.'

### *Het kraanwaterincident*

Als huwelijksmakelaar maakt Clampitt zulke oordelen voortdurend mee. Neem het kraanwaterincident.

'Ik had een vrouw in contact gebracht met een erg leuke man. Ze gingen uit en hij bestelde geen mineraalwater, maar zei dat kraanwater ook goed was,' vertelde Clampitt. 'Naderhand brengt de vrouw verslag uit en zegt tegen mij: "Hij bestelde kraanwater. Hij kwam met de metro naar de plaats waar we hadden afgesproken. Hij neemt 's avonds niet eens een taxi. Zo iemand vind ik armoedig." Terwijl hij lang, knap en welgesteld was, dus ik zei: "Misschien geeft hij niets om mineraalwater of taxi's, maar als jij die dingen wel belangrijk vindt, heeft hij daar misschien wel begrip voor. Daar moet je samen uit zien te komen, het zijn dingen die je met elkaar bespreekt als je elkaar aardig gaat vinden. Ik zou op zijn minst nog een keer met hem uitgaan." Maar dat viel niet goed bij haar. Ze had er geen zin meer in.'

Ik zei dat ik Meneer Kraanwater graag wilde ontmoeten, maar Clampitt antwoordde dat ze al iemand anders voor hem had gevonden en dat ze enthousiast over elkaar waren. De vrouw die hem goedkoop vond, zei ze, was nog steeds single.

Clampitt combineert mensen op grond van een aantal overwegingen. 'Ten eerste kijk ik of twee mensen hetzelfde nastreven in een relatie. Vervolgens kijk ik naar bepaalde waarden, zoals onafhankelijkheid, familiebanden, religieuze achtergrond, trouw. Ten derde vraag ik me af wat de belangrijkste eigenschappen zijn die de persoon in kwestie nodig heeft. Niet meer dan vijf. Dingen als: hij moet heel intelligent zijn. Ten vierde onderzoek ik of er gedeelde interesses zijn. Dat is belangrijk want interesses scheppen een band en het is leuk om ze te delen, maar de andere punten zijn op de lange termijn belangrijker. Daarom noem ik de interesses als laatste.'

Ik zei tegen Clampitt dat gedeelde interesses voor mij altijd op de eerste plaats komen. Uiteindelijk natuurlijk niet, maar ik voel me in eerste instantie tot iemand aangetrokken omdat we een bepaalde belangstelling delen.

'En wat heeft dat je opgeleverd?' vroeg ze droog.

Ik vroeg me af hoe het zou zijn om met een man te trouwen die slim, geestig, trouw, volwassen en op het gezin gericht was, maar volkomen andere interesses had.

Stel dat hij van videospelletjes of van oldtimers houdt, terwijl ik warmloop voor literatuur en wandelen? Stel dat we geen enkele interesse gemeen hebben? Aan de andere kant hebben veel van mijn beste vrienden totaal andere hobby's dan ik, houden we niet van dezelfde films en boeken maar hebben we nooit gebrek aan gespreksstof.

'Twee slimme, geestige mensen met een verschillende achtergrond die dezelfde dingen willen, ontdekken vaak dat ze wel iets gemeen hebben,' zei Clampitt. 'Als je allebei wilt trouwen en samen een gezin wilt stichten denk ik dat die videospelletjes of dat wandelen niet meer zo'n probleem zijn.'

Plotseling drong het tot me door dat ik de twee belangrijkste en fundamenteelste punten van overeenstemming die ik met een toekomstige partner zou moeten hebben over het hoofd had gezien: de behoefte aan een gezinsleven en het opvoeden van kinderen. Ik wist wel dat dat belangrijk was, maar toch stonden op mijn lijstje de oppervlakkige dingen die je ook op een Facebook-pagina vindt.

Ik vroeg aan Clampitt wat voor soort man ze voor mij zou uitzoeken. Ik bedoelde, wat was eigenlijk realistisch? Ze antwoordde dat dat iemand zou zijn 'die er misschien niet fantastisch uit zou zien, niet zo lang was, wat ouder, met kinderen'.

'Je bent wel een uitdaging voor een huwelijksmakelaar,' zei ze. 'Maar er is echt wel iemand te vinden voor jou.'

Ik wilde toch realisme? Nou dan. In de diepe stilte aan de andere kant van de lijn kon Clampitt mijn teleurstelling horen ruisen.

'Luister,' zei ze. 'Wat ik nu tegen je ga zeggen, zeg ik ook tegen jongere vrouwen en die willen dat niet horen. Ik zeg: "Als je op de oude voet doorgaat, wat verandert er dan? Nu ben je dertig, maar voor je het weet ben je vijfenveertig en vraag je je af wat je met je leven gedaan hebt." Zoals je weet, wordt het er niet makkelijker op.'

Dat wist ik. Toch had ik nog steeds moeite met die niet zo lange, oudere man met kinderen die er niet zo fantastisch uitzag. Niet omdat ik mezelf zo flitsend vind (tenslotte ben ik ook niet lang, wat ouder, heb ik een kind en zie ik er niet fantastisch uit) maar omdat het zo moeilijk is om als vrouw van het diepgewortelde denkbeeld af te komen dat je, hoe gewoontjes je er ook uitziet, op de een of andere manier toch 'recht hebt' op het neusje van de zalm. Kijk maar wat er op websites voor vrouwen en in vrouwenbladen over dating geschreven wordt, sla er op alleenstaande vrouwen gerichte adviesboeken op na en je leest dingen als 'Je verdient het met een man te zijn die betaalt' en 'Je verdient een man die jou altijd op de eerste plaats laat komen' en 'Je verdient het dat hij elke avond je voeten masseert'. En natuurlijk hebben we het hier over een lange, donkere en aantrekkelijke man.

Krijgen mannen ook dit soort adviezen? 'Je verdient het een fotomodel aan je zijde te hebben', 'Je verdient het om elke dag gepijpt te worden', 'Je verdient het dat je vrouw met je meegaat naar voetbalwedstrijden in het hele land'. Ik dacht het niet.

Voor vrouwen lijkt het echter zo te zijn dat als ze iets willen, ze er meteen ook recht op hebben. En hoewel er dus niets mis is met 'niet zo lang, wat ouder, met kinderen', dacht ik toch dat ik iets beters verdiende.

### *Pietluttigheid troef*

'Ze zou net zo goed kreupel kunnen zijn,' zei Julie Ferman, de oprichtster van Cupid's Coach, een van de bekendste bureaus voor huwelijksbemiddeling in Los Angeles, over een potentiele cliënte die die ochtend bij haar langs was geweest. 'Ik neem geen mensen aan die zo kieskeurig zijn.'

Ik had Ferman gevraagd een boekje open te doen over bemiddeling voor vrouwen als ik, die er moeite mee hebben om met mannen uit te gaan die niet ons type zijn.

'Wat ik ook zei, deze vrouw had overal kritiek op,' vervolgde Ferman. 'Kwam ik met een paar heren voor haar ter overweging, dan was dit niet goed en dat niet goed. Laten we maar zeggen dat ze nogal onredelijk was.'

Ferman, die twintig jaar getrouwd is en twintig jaar dit werk doet, is het tegendeel van het soort vrouw dat je met Los Angeles associeert. Ze is van de oude stempel, met goede manieren, van middelbare leeftijd en afkomstig uit het Midden-Westen. Ze gebruikt woorden als 'heren' in plaats van 'mannen' en eufemismen als 'onredelijk' voor 'onmogelijk'. Met een uitgestreken gezicht verklaart ze: 'Ons doel is mensen ervoor te behoeden dat ze buiten de boot vallen omdat ze te pietluttig zijn.'

Evenals Lisa Clampitt van het Matchmaking Institute geeft Ferman volmondig toe dat haar man aanvankelijk niet beantwoordde aan haar beeld van de ideale man. En ze was wel degelijk naar hem op zoek. Ze naderde de dertig, had een goede baan in de horeca in St. Louis, had de nodige blind dates achter de rug en was, geeft ze toe, aan het eind van haar Latijn.

Uiteindelijk schreef ze zich in bij een datingbureau, Great Expectations genaamd, en daar ontmoette ze haar toekomstige echtgenoot en de vader van haar twee zoons. Gil was haar matchmaker en werd haar match. Dit klinkt misschien als een sprookje, maar Ferman helpt me snel uit de droom.

'Ik heb wel water bij de wijn moeten doen,' vertelde ze me. 'Hij was veertien jaar ouder dan ik en joods. Ik ben van katholieke huize. Hij had een rommelig baardje, waar ik een hekel aan heb, en droeg sjofele kleren. Mijn moeder zei altijd: "Je weet dat het goed zit als je elkaar respecteert en je je op je gemak voelt bij hem." Ik had dat nooit serieus genomen. Toen kwam ik Gil tegen en hoewel ik hem helemaal niet opwindend vond, gaf hij me een heel goed gevoel toen hij mijn bemiddelaar was.'

Dat ging zo ver dat terwijl hij op zoek ging naar mogelijke partners voor haar, Ferman zich afvroeg waarom hij haar niet mee uit vroeg. Op een dag zette ze hem voor het blok en vroeg waarom hij zelf niet op de lijst stond. Hij antwoordde: 'Ik ga niet uit met mijn klanten'. Waarop Ferman zei: 'En als een klant jou mee uit vraagt?' Dit leidde tot een lang, levendig gesprek in een naburig café.

Hun tweede afspraak verliep minder goed. 'Het was mat,' zei Ferman. 'Ik dacht, o nee, hij is toch niet de ware.' Toch maakte ze een derde afspraak met hem, die 'gezellig was, maar zonder vonk'. Dit had het einde kunnen zijn, ware het niet dat Ferman een week wegging en zij en Gil elke avond met elkaar belden, en zo werden ze vrienden. Toen begonnen de vlinders zich in Fermans buik te roeren. Ze vertelt dat ze een lijstje had van vijf belangrijke criteria waaraan een huwelijkspartner moest voldoen: hij moest een gezinsman zijn, er moest wederzijds respect zijn, hij moest voor haar in het geweer komen, katholiek zijn en net als zij waarde hechten aan persoonlijke groei.

Op de laatste twee punten heeft ze concessies gedaan. 'Ik wilde me wel iets soepeler opstellen op het religieuze vlak, dus onze kinderen hebben een joodse opvoeding gehad,' zei ze. En aangezien Gil er niets voor voelde met haar van hot naar haar te reizen om lezingen van goeroes bij te wonen, besloot Ferman het wat dichter bij huis te zoeken – door yoga en meditatie – en met een minder expansief programma genoegen te nemen.

Maar hoe zat het met de lichamelijke aantrekkingskracht? Fermans beschrijving van Gil was tenslotte niet bepaald rooskleurig geweest, met dat onprettige baardje en die sjofele kleren. Ferman antwoordde dat ze onmiddellijke fysieke chemie van haar lijstje had geschrapt toen ze besefte dat ze iemand, als hij over een zekere basale aantrekkingskracht beschikte, op de lange termijn heel aantrekkelijk kon gaan vinden.

'Die moeilijke vrouw van vanmorgen,' zei Ferman, 'overkomt het nooit dat ze pas na een tijdje verliefd wordt.' (Ik dacht bij mezelf dat ze mij om dezelfde reden waarschijnlijk ook 'moeilijk' zou vinden.) Ferman vertelde dat ze een andere cliënte had die 1.75m lang was en niet uit wilde met kleine, kalende mannen of mannen die niet protestant waren. Ze wees de meeste mannen af die Ferman voor haar uitzocht en uiteindelijk gaf Ferman het op, ze kon eenvoudigweg niemand vinden die voldeed. Toen verhuisde die vrouw naar Washington en werd verliefd op een collega, een kalende, niet protestante man met een lengte van 1.70m. Ze trouwde met hem. Hij beantwoordde niet aan het beeld dat ze op papier had gezet, maar bleek wel degene te zijn naar wie ze in werkelijkheid op zoek was geweest.

### *Gezocht: 30-jarige alleenstaande vrouwen*

Als je je bij Ferman inschrijft – haar starttarief is 2900 dollar voor drie dates in drie maanden, waarna de kosten tot 15.000 dollar kunnen stijgen – zal ze zich eerst in je verdiepen (cv, persoonlijk gesprek, foto's), waarna ze de vijf geschiktste kandidaten voor je uitzoekt. Ze benadrukt dat het maatwerk is: ze baseert haar keuze op wie jij bent, wie je hoopt te ontmoeten, wie er op dat moment beschikbaar is en – let op – op wie zij denkt dat jij valt. Ze laat haar klanten ook wel zelf in haar bestand naar een potentiële partner zoeken, maar zíj heeft daarin het laatste woord.

'Het kan best dat jij iemand in het bestand aantreft die je geweldig vindt, Neil bijvoorbeeld, en je denkt, die is het helemaal voor mij,' zei ze, en ze doelde op een man die heel populair is bij haar cliënten. 'Maar ik weet naar wat voor vrouw híj op zoek is, en daar beantwoord jij niet aan. Dus dan ga ik die afspraak niet voor jou maken.'

De 42-jarige Neil is op zoek naar een jongere vrouw, maar Ferman heeft niet veel vrouwen van begin dertig in haar bestand. En de vrouwen die ze heeft, zijn meestal door hun moeder opgegeven, zoals de 33-jarige arts die steeds maar nee zegt op alle mannen die Ferman aan haar voorstelt.

'Ze zegt dat ze het te druk heeft, of dat de man waar ik mee kom niet lang genoeg is. De dertigers willen wel iemand vinden, maar ze zijn zo ontzettend kieskeurig omdat ze nog steeds denken dat het op een of andere manier wel vanzelf zal gaan. Ze zegt dat ze wil trouwen. Ze wil kinderen. Nou, dan mag ze weleens opschieten!'

De meeste vrouwen wenden zich tot Ferman als ze tegen de veertig lopen; haar cliënten zijn in meerderheid veertigers en vijftigers. Vooral vrouwen van in de veertig zijn problematisch omdat ze inmiddels een geschiedenis hebben – ze hebben veel vriendjes gehad of een paar langere relaties, en dan moet je je afvragen hoe dat komt. Zijn ze soms altijd op zoek naar wat níét deugt, in plaats van zich te richten op het positieve? Dit zijn de vrouwen die Ferman liever had zien komen toen ze 29 waren.

Vrouwen van alle leeftijden raadt Ferman aan aandacht te schenken aan de mannen die zich al tot hen aangetrokken voelen, en niet als ze een kamer binnen komen alleen maar op zoek te gaan naar de aantrekkelijkste man. 'Het gaat om de mannen bij wie je al iets losmaakt, daar moet je iets mee doen,' zei ze. 'En dat zijn dus juist de mannen die ze links laten liggen.'

Ze vertelde over een andere cliënte, een 38-jarige vrouw die op zoek is naar een lange, succesvolle man met haar op zijn hoofd. Elke man waar Ferman mee kwam deugde niet. 'Toen heb ik gezegd: "Oké, ik ga iemand zoeken die lang en succesvol is, maar dat haar kan ik je niet beloven."' Hetzelfde doet zich voor als een vrouw opleidingsniveau boven aan haar lijstje heeft staan, dat is prima, maar dan moet ze een man niet afwijzen omdat hij zich niet goed kleedt. Dit roept vaak weerstand op.

‘Soms moeten ze er echt genoeg van krijgen, of heel verdrietig worden voor ze zich ook maar een beetje flexibel opstellen,’ zei ze. ‘Vanmorgen belde er een vrouw van 47. Ze was net zo pietluttig en kieskeurig als een andere vrouw, van 37, die vandaag langskwam. De mogelijkheden veranderen drastisch als deze vrouw 50 wordt, en dat geldt ook voor de 37-jarige als zij 40 wordt. Tegen deze vrouwen zeg ik: “Ben je bereid je criteria te heroverwegen?” Als ze ja zeggen, hebben ze veel meer kans een man te vinden die ze als echtgenoot zien zitten. Als ze nee blijven zeggen, kan ik ze niet echt helpen.’

Er zijn huwelijksmakelaars die het over romantiek hebben, maar Ferman neemt dat woord liever niet in de mond. Zij gelooft in de geleidelijke groei van een liefdesrelatie, zoals dat haar in haar huwelijk ook is overkomen. De ontdekking hoe verrassend iemand kan zijn was voor haar het opwindendste aspect van haar huwelijk. Een man die aanvankelijk helemaal geen opwindende indruk maakt, kan op de langere termijn iets te bieden hebben wat nog veel opwindender is: een bijzondere kijk op de wereld; het vermogen je aan het lachen te maken na een lange dag werken; een liefdevolle manier om je te prikkelen het beste uit jezelf te halen; geweldig met de kinderen te zijn. De man van je dromen? Absoluut. Hij ziet er alleen niet uit zoals je je hem in je dagdromen had voorgesteld.

‘Veel vrouwen die bij me komen zeggen dat ze geen concessies willen doen,’ zei Ferman. ‘En dan zeg ik: “Dat vraag ik ook niet van je. Ik vraag je alleen de horizon van je fantasie te verbreden.”’

## *Een persoonlijke liefdescoach*

De dagen daarna waren de mannen met wie Ferman en Clampitt getrouwd waren steeds in mijn gedachten. Zo te horen waren dat mannen die ik niet eens in overweging zou nemen als een huwelijksmakelaar met ze aankwam, maar ze maakten hun vrouw heel gelukkig. Wanneer deze huwelijksmakelaars hun cliëntes vragen iemand in overweging te nemen die misschien niet-genoeg-dit of te-veel-dat is, zeggen ze eigenlijk iets heel simpels: je kunt rigide verwachtingen hebben en iemand proberen te vinden die daaraan voldoet, je kunt ook je vooropgezette ideeën laten varen en op zoek gaan naar iemand op wie je verliefd kunt worden.

Na mijn ervaring met Sheldon had ik het gevoel dat ik meer nodig had dan een huwelijksmakelaar. Ik moest de hulp van Evan Marc Katz inroepen, een bekende datingcoach die zichzelf 'uw persoonlijke trainer in de liefde' noemt. Ik zou heel veel moeten leren in korte tijd, en hij zou mij niet alleen vanuit een mannelijk standpunt kunnen laten zien hoe ik het moest aanpakken maar ook wist ik dat Evan als geen ander mij op het juiste pad zou kunnen brengen.

# 7. Waar gaat het nu eigenlijk om?

Toen Evan op een warme najaarsdag bij me langskwam voor mijn eerste sessie wist mijn oppas niet wat ze zag. Evan is namelijk nogal een stuk. Hij droeg shorts, had zijn gebruinde torso in een T-shirt gehuld en zijn dikke, golvende haar glansde vochtig, alsof hij net uit de douche was gestapt. Hij was 35, maar kon met gemak voor tien jaar jonger doorgaan. Ik weet zeker dat mijn oppas zich afvroeg hoe het me gelukt was het met zo'n spetter aan te leggen. Maar Evan ging over twee maanden trouwen.

En dat was precies de reden dat ik zijn hulp had ingeroepen, want hij had ook moeten leren hoe je op een realistische manier gelukkig kunt zijn. Hij ging trouwen met een schat van een vrouw die echter totaal anders was dan de vrouwen met wie hij altijd was uitgegaan. Ze was 39 en dat kon je aan haar zien. Ze blonk eigenlijk nergens in uit, had geen ontwapenend gevoel voor humor en was niet iemand die erg opviel tijdens een etentje. Objectief gezien was ze nogal gewoontjes. Evan was echter smoorverliefd op haar.

Dat fascineerde me. Ik kende Evan al een paar jaar, en hoewel hij bekendstond als een heel geslaagde, wijze en nuchtere datingcoach, had ik altijd een beetje moeten lachen om zijn beroepskeuze. In mijn ogen was hij een speelse jongen die altijd als ik hem tegenkwam weer een andere vrouw bij zich had. Hij werd zelfs door CNN een 'serial dater' genoemd. Maar toen ik hem bij een lezing tegenkwam, kort voor ik hem belde, bleek de vrouw aan wie hij mij voorstelde geen zoveelste vriendin te zijn, maar zijn verloofde.

Zelfs Evan, de verstokte vrijgezel, ging trouwen.

Tijdens het telefoongesprek, een week voor mijn eerste sessie, bekende Evan dat hij zijn verloofde nooit gemaild zou hebben als hij haar op het internet was tegengekomen, en als zij hem had gemaild, had hij geantwoord met een vriendelijk 'nee, dank je'. Ze was zijn type niet. Ze was te oud, niet intellectueel en had een andere religieuze achtergrond dan hij.

'Maar de mensen tot wie ik me in het verleden het meest voelde aangetrokken pasten op de lange termijn niet bij mij,' legde Evan uit. 'Ik besefte dat ik de ware nooit zou vinden als ik me op dat ene type bleef richten. De definitie van krankzinnigheid is dat je hetzelfde blijft doen en steeds een ander resultaat verwacht.'

Toen kwam hij zijn verloofde tegen op een feestje. Hij wilde geen serieuze relatie met haar, maar ze begonnen met elkaar op te trekken en hoe meer tijd ze samen doorbrachten, hoe meer Evan van haar gezelschap ging genieten. Ze was warm, aardig, behulpzaam en flexibel. Ze liet niet over zich lopen, maar hij hoefde ook geen prins op het witte paard te zijn. Ze was niet, zegt Evan, 'steeds maar met me bezig, liet me niet steeds weten wat ik allemaal moest veranderen'. Ze was niet veeleisend, stond niet op haar strepen zoals de vriendin om wie Evan zo getreurd had toen hij door haar gedumpt was, ook al had ze hem 'als stront' behandeld toen ze nog met elkaar gingen. Evan en zijn verloofde waren in staat compromissen te sluiten en hun verschillen te overbruggen. Ze hadden hetzelfde idee over de toekomst en hadden veel plezier samen. Hij was van nature geestiger dan zij, maar zij was veel ordelijker en minder intens in het dagelijks leven. Ze vulden elkaar aan.

Toch was geen van beiden wat de ander zich bij de ware had voorgesteld.

'Ik ben een eigenwijze joodse jongen die veel klaagt over de kleine dingetjes van het leven,' zei hij. 'Ik steek veel te veel tijd in mijn werk, maar dat betekent ook dat ik een sterk arbeidsethos heb. Ik wil graag een gezin, ik wil een geweldige vader zijn. Ik ben trouw en gezellig om mee om te gaan, als ik tenminste niet zit te klagen. Ik ben introspectief en probeer een goed mens te zijn. Dus mijn verloofde zou zich kunnen beklagen dat ik geen optimist ben, of geen atleet, of dat ik niet het soort baan heb waarbij ik om de haverklap een leuk reisje kan maken, want zij houdt erg van reizen. Haar ideale man was misschien langer, minder neurotisch en katholiek geweest, maar we hebben allebei ingezien dat wat wij voor ideaal hielden niet datgene is wat ons gelukkig maakt.'

Ik zei tegen Evan dat ik ook probeerde me niet door mijn ideaalbeeld in de luren te laten leggen, maar dat ik niet goed wist op welke punten ik water bij de wijn moest doen. Uiterlijke verschijning? Gevoel voor humor? Smaak? Op al deze punten? Hoe kon ik weten of ik te kieskeurig of juist niet kieskeurig genoeg was?

'Je moet naar de percentages kijken,' antwoordde Evan. 'Ik had net een cliënte aan de telefoon die me dezelfde vraag stelde. Deze vrouw is 35. Ze zei dat ze bereid was concessies te doen, maar naarmate het gesprek vorderde werd steeds duidelijker dat ze een vastomlijnd beeld heeft van de man die ze zoekt. Hij moet minstens 1.80m lang zijn. Zij is 1.65m. Toen zei ik tegen haar dat ongeveer vijftien procent van de mannen langer is dan 1.80m en dat tachtig procent van de vrouwen zo'n lange man wil. Van die vrouwen zijn de meeste niet bereid concessies te doen. Reken maar uit! Tachtig procent van de vrouwen moet het doen met vijftien procent van de mannen!'

Hij stelde me voor het ook eens te proberen. 'Schrijf de eigenschappen op waar je naar op zoek bent en reken dan uit hoe hoog het percentage mannen is dat aan jouw criteria voldoet.'

We deden het samen, aan de telefoon. We maakten een rekensom en schatten het percentage mannen dat in voldoende mate slim, verfijnd, op het gezin gericht, succesvol, aardig en aantrekkelijk is (dat wil zeggen: met haar op zijn hoofd, in goede lichamelijke conditie, in staat vlinders in mijn buik wakker te maken), daarbij moesten de mannen momenteel single zijn, kindvriendelijk, emotioneel beschikbaar, ongeveer van mijn leeftijd en woonachtig in Los Angeles. We kwamen uit op *vijf procent* van de mannelijke bevolking in mijn regio.

We maakten nog een berekening. Zelfs als vijf procent aan mijn eisen voldoet, hoe groot is dan de kans dat ik ook bij hén in de smaak val? Hoeveel van die mannen zijn op zoek naar een 41-jarige vrouw? Plotseling slonk mijn percentage 'haalbare mannen' tot ongeveer één procent. O, en als ik iemand wil met de dezelfde religieuze achtergrond als ik? Volgens Evan vormen joodse mannen ongeveer twee procent van de Amerikaanse bevolking en zes procent van de bevolking van Los Angeles. Dat zou ik dan moeten incalculeren in die miezerige één procent die voor mij was overgebleven. Einduitkomst: 0,01 procent.

Wauw. Was ik echt zo kieskeurig? Waren andere vrouwen dat ook?

Kennelijk. Evan vertelde me dat hij vrouwen had meegemaakt wier criteria nóg specifieker waren dan de mijne, waardoor het percentage nóg lager werd. Dingen als: ik ben een echt hondenmens en de man die ik zoek moet net zo'n dierenliefhebber zijn als ik.

'Om eerlijk te zijn,' zei hij, 'denk ik dat je al heel veel geluk hebt als je iemand vindt die met jouw obsessie kan leven.' Hij vindt het tot daar aan toe dat je van een partner verwacht dat hij jouw liefhebberijen accepteert, maar het gaat wel ver om van iemand te eisen dat hij jouw gevoelens ook déélt. En hoe meer eisen je stelt, hoe lager de percentages.

Geen wonder dat ik het gevoel had dat er nauwelijks beschikbare mannen zijn. Al mijn criteria in aanmerking genomen was dat ook zo.

De berekening van de percentages was misschien niet wetenschappelijk onderbouwd, maar het zei wel iets. Ervan uitgaande dat ik iemand zocht die niet alleen slim was maar ook belezen, niet alleen leuk om te zien maar ook met haar op zijn hoofd, niet alleen van de juiste leeftijd, maar er ook niet ouder uitzag dan 42, dan leek een score van één op de tienduizend mannen die iets in mij zouden zien me niet zo gek.

'Als je je eisen niet een beetje versoepelt zal het heel moeilijk worden om iemand te vinden,' zei Evan. 'Hoe meer je versoepelt, hoe meer mannen er door jouw filter heen komen.'

'Maar ik heb dat filter toch niet voor niets?' zei ik. 'Ik kan toch niet met iedereen uitgaan?'

'Misschien laat je filter te weinig door,' zei Evan. 'Met hoeveel mannen ben je de laatste tijd uitgeweest?'

Ik hoefde niet te antwoorden. Ik wist dat hij gelijk had. Het punt is niet dat er op elke tienduizend mannen maar één van mijn gading zou zijn. Het punt is dat er mannen zijn die dat percentage hoger zouden kunnen maken, maar die ik niet zie staan.

De vijf weken voor Evan ging trouwen zou hij mij helpen mijn filter te verruimen. We spraken af elkaar elke maandag rond het middaguur te treffen, maar eerst wilde hij weten of ik nog afspraken had staan. Als hij me ging coachen, moesten we zorgen dat ik meer mannen zou ontmoeten.

Ik vertelde hem dat Wendy, de huwelijksmakelaar, nog geen nieuwe kandidaat voor me gevonden had.

'Geen probleem,' lachte Evan. Hij zou mijn gids zijn in het doolhof van het internetdaten.

## *Minder is meer*

Eerlijk gezegd ben ik nooit goed geweest in internetdaten. Of ik wees mannen af op basis van één aspect (omdat ze te enthousiast waren over punkmuziek bijvoorbeeld), of ik probeerde me 'open te stellen' om vervolgens, als we begonnen te corresponderen, te ontdekken dat ik voor geen van de mannen warmliep. Het draaide er altijd op uit dat ik bleef zoeken naar de eigenschappen waar ik altijd naar gezocht had, wat er echter nooit toe geleid had dat ik de man vond met wie ik de rest van mijn leven wilde doorbrengen. Ik begon me af te vragen of ik eigenlijk wel wist wat ik wilde.

Een paar weken voor ik Evan belde had ik een gesprek gehad met Dan Ariely, die als gedragseconoom werkzaam is aan het Massachusetts Institute of Technology. Hij schreef het boek *Predictably irrational: the hidden forces that shape our decisions.* Ik beschreef hem mijn situatie. Hij zei dat hij mijn verhaal herkende, sterker nog: hij had er een studie van gemaakt.

'Het idee dat mensen weten wat ze willen is tamelijk bespottelijk,' zei hij zonder enige aarzeling. Volgens Ariely zijn we niet alleen verward over wat we op een bepaald moment willen, maar houden we er ook geen rekening mee dat onze wensen in de loop van ons leven veranderen door levensomstandigheden als ziekte, financiële kwesties of het krijgen van kinderen.

Als daten al moeilijk is als we niet weten wat we willen, dan is internetdaten dat helemaal. Per slot van rekening geven internetprofielen je het gevoel dat wat je zoekt objectief is vast te stellen (want gebaseerd op de gegevens van het profiel), terwijl de werkelijkheid van mens tot mens uiterst subjectief is.

Het is de illusie van de objectiviteit die ons de das om doet.

'Hoe minder je bij de eerste ontmoeting weet over een potentiële partner, hoe beter,' zei Ariely. 'Dan heeft je fantasie minder materiaal om een beeld mee te vormen. Wanneer je iemand via een datingsite hebt leren kennen en je elkaar dan uiteindelijk ontmoet, heb je al zoveel informatie over de ander dat je nauwelijks meer verrast kan worden. En zodra je iets in de ander ziet wat je niet bevalt, is de fantasie verstoord. In plaats van de ander een kans te geven, ga je naar huis om op je computer iemand anders te vinden wiens gegevens er op papier goed uitzien.'

Bij het internetdaten, zei ik tegen Ariely, wilde ik altijd van tevoren zoveel mogelijk informatie hebben om te voorkomen dat ik mijn tijd zou verdoen. Ik reageerde zelfs niet op profielen die niet genoeg informatie boden. Had ik het helemaal fout aangepakt?

Ja, zei Ariely. Als je te veel van iemand weet die je nog nooit hebt gezien, is het moeilijker in hem geïnteresseerd te raken. Er is een onderzoek geweest waarin mensen die via internet op zoek waren naar een potentiële partner gegevens kregen zoals je die op een datingsite krijgt. De deelnemers die een lange lijst eigenschappen hadden opgekregen, zagen de beschreven persoon als minder verwant aan henzelf dan degenen die maar een kort lijstje hadden gekregen. Hoe meer je weet, hoe meer grond je denkt te hebben om iemand uit te sluiten.

Minder is meer, noemt Ariely dit effect: als je jezelf op een manier beschrijft die ruimte laat voor interpretatie, zul je eerder in de smaak vallen.

'Als je schrijft dat je van muziek houdt en ik lees jouw profiel, dan ga ik er onmiddellijk van uit dat je mijn muzikale smaak deelt,' zei hij. 'Maar als je er bij zet welke muziek je mooi vindt, kan het zijn dat we daarin verschillen en dat is minder aantrekkelijk voor mij.'

## *Jongleren op het net*

Niet alleen door een teveel aan informatie is internetdaten verwarrend, je hebt ook te veel keus. Je vindt immers elke dag vijf nieuwe 'matches' in je inbox, en zelfs al is er niet één bij die je ook maar in de verste verte interesseert, je hoopt toch dat er bij de volgende vijf iemand zit die jouw leven zal veranderen.

Het viel me op dat Match.com moeite doet om mensen ertoe te bewegen zoveel mogelijk ijzers in het vuur te houden. Zodra je een e-mail naar een potentiële partner hebt gestuurd, flitst de volgende boodschap over je scherm: 'Er zijn nog meer leden met een profiel als [naam van de persoon die je net gemaild hebt]', en dan krijg je nóg meer namen op van mensen die jou misschien interesseren. Voordat de eerste persoon die je benadert jouw mail heeft ontvangen, heb je alweer een lijst nieuwe mogelijkheden op je scherm.

Op die manier, zei Ariely, doen we mensen tekort, iets wat niet zou gebeuren als we minder mogelijkheden zouden hebben. In een onderzoek waarbij Ariely en zijn collega's gegevens hadden gekregen van een datingsite, keken ze naar mensen die ze 'jongleurs' noemden – degenen die vijftien of meer contacten tegelijkertijd onderhielden.

'De jongleurs schreven heel slechte e-mails aan elkaar,' aldus Ariely. 'Maar als jij twintig e-mails moest schrijven, hoe goed zouden die dan nog zijn? Door die gehaaste, slecht geschreven mailtjes kwamen ze waarschijnlijk niet erg interessant over op de mensen aan wie ze gericht waren.'

Aan de andere kant, zei Ariely, laten we mensen ook minder gemakkelijk gaan, juist omdat het niet zo nauw luistert. Als je alleen maar een e-mail hoeft te schrijven om het lijntje met iemand vast te houden, waarom zou je de correspondentie met die persoon – en nog tien anderen – dan niet voortzetten? In het echte leven worden we misschien voor kieskeurig versleten als we mensen uitsluiten voor we ze echt hebben leren kennen, maar in het digitale datinggebeuren lopen we het risico in een veel te grote vijver te vissen omdat we niemand uit kunnen sluiten.

'Als deze jongleurs te veel ballen in de lucht hebben,' zei Ariely, 'hebben ze geen aandacht voor die ene persoon die het best bij hen past. Omdat ze niet weten wie die ene persoon is, blijven ze met al die ballen in de weer en het einde van het liedje is dat ze nooit iemand vinden.'

En dat was ook precies wat er bleek te gebeuren toen Ariely bekeek hoe het de jongleurs vergaan was. Hij keek naar de mensen die telefoonnummers hadden uitgewisseld of afspraken hadden gemaakt en concludeerde dat de mensen die minder 'jongleerden' niet alleen langere, meer doordachte e-mails stuurden, maar dat het er bij hen ook van kwam om de ander daadwerkelijk te ontmoeten. En terwijl zij dat deden zaten de jongleurs thuis aan hun computer te jongleren.

Maar wat gebeurt er nu eigenlijk als mensen elkaar ontmoeten? Daar heeft Ariely bij deze mensen niet naar gekeken, maar in algemene zin werd wel duidelijk dat de ontmoetingen vaak tegenvallen door die veel te hooggespannen verwachtingen.

'Maar ze leren er niet van,' legde Ariely uit. 'Ze staan er niet bij stil en nemen zich na zo'n ontmoeting niet voor om de volgende keer reëlere verwachtingen te koesteren. Elke keer verwachten ze weer veel te veel!'

Dat komt doordat het ondanks de grote gedetailleerdheid van de profielen toch heel moeilijk is om je aan de hand van wat in feite een opsomming is voor te stellen hoe iemand is. Of, zoals hij het uitdrukt: 'Het is alsof je de ingrediënten op een verpakking leest en je probeert voor te stellen hoe het gerecht zal smaken.'

En dan ga je ervan uit dat de juiste ingrediënten op de lijst staan. Wat internetprofielen ook problematisch maakt is dat we niet altijd inzicht hebben in hoe we zijn en niet altijd in staat zijn onszelf goed te beschrijven aan de hand van een vragenlijst. Ik herinner me dat ik een paar jaar geleden mijn eigen profiel op eHarmony.com bekeek en het gevoel had dat ik daarin helemaal niet goed uit de verf kwam. Kwam dat doordat ik niet voldoende inzicht had gehad om de vragen goed te beantwoorden, of doordat de nuances van mijn temperament in hun vragenlijst niet goed tot hun recht kwamen? Ik werd geconfronteerd met een postmodern dilemma: ik zou niet uit willen met het soort man dat uit zou gaan met het soort vrouw dat uit deze test naar voren kwam. Ik was de Groucho Marx geworden van het internetdaten.

Om dit soort problemen te vermijden, ontwierpen Ariely en zijn collega's een ander soort datingsite. Bezoekers maakten geen profiel aan, maar kregen bijvoorbeeld een rood vierkantje of een groene driehoek waarmee ze zich in een virtuele ruimte konden bewegen. Als ze in de buurt van iemand anders kwamen, konden ze een gesprek met elkaar aanknopen. Ze konden samen door een galerie slenteren en over de tentoongestelde kunstwerken praten. Ze leerden elkaars persoonlijkheid kennen. In feite hadden ze een virtuele date in deze virtuele wereld, zonder iets van elkaar af te weten.

Daarna, vertelde Ariely, ging iedereen naar een speeddatingbijeenkomst, geen virtuele maar een echte. Op die bijeenkomst waren ook mensen die de site van Ariely níét hadden bezocht. Na afloop werd aan elke deelnemer gevraagd met wie hij of zij nog een keer uit zou willen. En wat bleek? 'Er was een twee keer zo grote kans dat de mensen die elkaar al op de site hadden ontmoet nog een keer met elkaar uit wilden,' zei Ariely.

'Je lengte of de kleur van je haar zijn niet de dingen waar het om gaat, ook al zeggen mensen van wel,' legde hij uit. 'Waar het volgens mij om draait is dat we niet weten wat we belangrijk vinden.'

### *De M&M-test*

Ik kreeg het vermoeden dat ik ook geen idee had wat belangrijk voor me was, en dit werd helemaal bevestigd toen ik samen met Eli Finkel, een pasgetrouwde sociaalpsycholoog die verbonden is aan de Northwestern University, mijn liefdeleven doornam. Ik vertelde hem dat ik altijd op een bepaald type man afging, maar dat ze me op de lange termijn niet gelukkig maakten. Zou ik misschien geen inzicht hebben in de eigenschappen die ik nodig heb in een partner?

'Als je bent zoals de meeste mensen zijn is mijn antwoord ja,' zei hij.

Finkel vertelde me over een experiment dat hij met zijn collega Paul Eastwick had gedaan om te ontdekken of de eigenschappen waar mensen naar op zoek beweerden te zijn in een partner uiteindelijk ook belangrijk bleken te zíjn.

Ze begonnen ermee singles te vragen in welke mate ze op zoek waren naar bepaalde dingen, dat konden fysieke kenmerken zijn, maar ook inkomen en eigenschappen als hartelijkheid. Deelnemers moesten aan al deze factoren een cijfer toekennen van 1 tot en met 9, al naargelang het belang dat ze eraan hechtten. Vervolgens lieten ze deze mensen deelnemen aan een speeddatingsessie. Na afloop moesten ze iedereen in de kamer beoordelen aan de hand van de punten die ze hadden gezegd belangrijk te vinden. Daarna moesten ze aangeven in hoeverre ze in die persoon een mogelijke partner zagen. Als ze later met een van deze mensen uitgingen, moesten ze rapporteren in welke mate ze zich hadden geamuseerd.

De resultaten wezen uit dat aan de hand van wat mensen beweerd hadden belangrijk te vinden niet goed kon worden voorspeld met wie ze uit wilden en met wie ze het leuk zouden hebben.

Volgens Finkel was er weinig correlatie tussen waar mensen op de vragenlijst naar op zoek beweerden te zijn en waar ze op af gingen als ze iemand van vlees en bloed voor zich hadden.

Hoe komt dat? Hoe kan het dat we zo vervreemd zijn van wat we werkelijk willen?

Finkel legde het uit aan de hand van M&M's, waar ik als kind dol op was.

'Als je aan mensen vraagt waarom ze van M&M's houden,' zei hij, 'zullen ze misschien antwoorden dat het is vanwege de krokante suikerlaag die eromheen zit. Maar geef ze een ander snoepje met net zo'n suikerlaag, dan zullen ze dat minder lekker vinden dan M&M's. Het gaat dus niet om die suikerlaag. Dat ze M&M's zo lekker vinden zit hem in iets anders.'

Met andere woorden, we weten dát we M&M's lekker vinden, maar we weten niet waarom dat zo is.

Maar wat heeft dit met daten te maken? Alles, denkt Finkel. 'Mensen kunnen heel precies uitleggen wát ze fijn vinden, maar niet waaróm dat zo is. Dus wanneer een vrouw zegt dat ze zich tot een bepaalde man voelt aangetrokken, is dat ook zo. Ze vóélt zich ook tot hem aangetrokken. Maar als ze zegt dat dat is omdat hij goed verdient, hoeft dat niet de werkelijke reden te zijn. Misschien vindt ze hem leuk omdat hij gul is.'

Die fout maken velen van ons: onze absolute voorwaarden en de dingen waarop we afknappen zijn niet de dingen waar het werkelijk om gaat.

Finkels collega Eastwick legde het zo uit. Je kunt bijvoorbeeld hopen dat je een jurist tegenkomt met een goed inkomen terwijl je in werkelijkheid net zo gelukkig zou zijn met een componist die projectmatig werkt. Hoe kan dat? Volgens Eastwick ben je eigenlijk op zoek naar iemand met een zekere ontwikkeling, een intellectueel. Je denkt dat je een jurist wilt omdat hij een goede baan heeft, maar waar het je eigenlijk om gaat is het soort geest dat zo iemand heeft.

Eastwick gelooft dat dit hele probleem nog wordt verergerd door iets anders, namelijk dat onze maatstaven te specifiek zijn. Hier kwamen we op toen ik hem vertelde over een vriendin, een kunsthistorica die in een museum werkt en een man zoekt die de kunstwereld begrijpt.

Eastwick schoot in de lach. 'Misschien hoeft hij helemaal niet zo thuis te zijn in de kunstwereld. Het klinkt mij in de oren alsof ze in werkelijkheid een man zoekt die intelligent en attent is. Dus ze zou ook best heel gelukkig kunnen worden met een man die geïnteresseerd is in politiek en naar serieuze televisieprogramma's kijkt.'

Geen wonder dat internetdaten zo moeilijk is. Als we niet precies weten wat we willen, zoeken we waarschijnlijk naar de verkeerde dingen.

Het is dan ook niet verwonderlijk dat een onderzoek naar internetdaten door het Pew Internet & American Life Project in 2005 heeft uitgewezen dat grofweg de helft van alle singles die via internet op zoek waren gegaan naar een partner ook daadwerkelijk met iemand uit zijn geweest, en dat slechts een derde daarvan er een langdurige relatie aan heeft overgehouden. Dus als je bedenkt dat maar een fractie van die laatste groep getrouwd is, kun je wel stellen dat de kans op succes niet erg groot is. Maar onmogelijk is het niet. Ik kende een paar mensen die getrouwd waren met iemand die ze via internet hadden leren kennen.

De vraag was hoe ik mijn kansen kon vergroten. Ik rekende erop dat Evan Marc Katz, de datingcoach, me daarbij zou helpen.

# 8. Maandagen met Evan

## *Eerste sessie: de percentages*

'Zeg me nu eens eerlijk,' zei ik tegen Evan toen we voor mijn eerste coachingsessie samen achter mijn computer zaten, 'denk je dat ik door dit te doen iemand vind met wie ik gelukkig zal worden?' Evan had me gevraagd 'tot de kern' te gaan van wat ik echt belangrijk vond in een partner, en daar had ik moeite mee.

Op zijn verzoek had ik me de avond tevoren bij twee datingsites aangemeld en nu zaten we samen mijn zoekprofiel in te vullen, met realistische percentages in ons achterhoofd.

Bij gewenste lichaamslengte wilde ik 1.75m tot 1.80m invullen. Evan herinnerde me er echter aan dat ik 1.60m lang ben en dat de gemiddelde Amerikaanse man niet veel langer is dan 1.70m.

'In hoeverre draagt lichaamslengte bij tot geluk op de langere termijn?' vroeg hij. Er zat iets in. Ik maakte er 1.70m van. Maar Evan was nog niet tevreden.

'Wat maakt het uit of een man een hoofd groter is dan jij, of vijf centimeter?'

Hij stelde voor het bereik uit te breiden en te zakken tot 1.65m, maar ik vulde 1.67m in. Ik kon me mezelf niet voorstellen met een man van 1.65m.

'Ik wil niet uitgaan met iemand met wie ik niet zou kunnen trouwen,' legde ik uit.

'Dat kun je pas beoordelen als je met iemand uitgaat,' antwoordde hij. 'Misschien tref je iemand die 1.65m lang is, maar zo cool en scherpzinnig is dat zijn lengte er helemaal niet meer toe doet.'

Ik hield het bij 1.67m en Evan trok een wenkbrauw op. 'Je ziet de realiteit niet onder ogen. Denk aan de percentages.'

'Ik heb lak aan de realiteit,' zei ik.

'Er is niets mis met de realiteit,' zei Evan. 'Dat merk je zodra je de fantasie loslaat.'

Toen bogen we ons over de gewenste leeftijdscategorie. Met enige trots vulde ik 35-49 in.

'Kijk, ik kan best flexibel zijn,' zei ik. 'Er zit maar liefst veertien jaar tussen.'

Evan lachte. 'Iedereen is altijd flexibel op de punten die geen pijn doen. Iets jonger mag ook, maar het gaat juist om de leeftijdsgrens aan de andere kant van het spectrum. Je brengt niet bepaald een offer wanneer je zegt dat je ook wel uit wilt met iemand die wat jonger of wat langer is. Wat dacht je van 52 als maximumleeftijd?'

Het werd 50. Zo gingen we nog tien minuten door. Ik rekte mijn criteria voor elke categorie zoveel mogelijk op, waarbij Evan me herhaaldelijk fronsend aankeek.

Toen waren we klaar voor de zoekopdracht.

Ik tikte op mijn toetsenbord en er verscheen een aantal mannen op mijn scherm. Ik verdiepte me in enkele van hen en wees er een af die weliswaar interessant leek, maar 'geen voorkeur' had aangegeven bij het gewenste opleidingsniveau van zijn toekomstige partner. Met andere woorden, hij zou geen bezwaar hebben tegen iemand die alleen de middelbare school had afgemaakt.

'Waarom zou iemand die een studie heeft gedaan willen uitgaan met iemand die alleen een middelbareschooldiploma heeft?' vroeg ik. 'Vast omdat hij niet met een gelijke uit wil. Hij wil niet iemand die slim is.'

'Het kan ook,' zei Evan, 'dat hij best uit zou willen met een hoogopgeleid iemand maar dat hij ruimdenkend is en op deze manier een slimme vrouw hoopt te treffen die op een onorthodoxe manier is opgeklommen en via een andere weg dan de universiteit een mooie positie heeft verworven. Ik denk niet dat hij bewust gedacht heeft: "Geef mij maar iemand met alleen middelbare school!" Ik denk dat hij zonder nadenken 'geen voorkeur' heeft aangeklikt. Misschien is hij gewoon niet bevooroordeeld. Heb jij er een oordeel over dat hij onbevooroordeeld is?'

Ik vermoedde dat dat het geval was. Ik wees een man af omdat hij niet discrimineerde. Betekende dat dat ik dat zelf wel deed, en niet zo'n klein beetje ook?

We bekeken nog een profiel – een redelijk leuke man van de juiste leeftijd en met een aandachtige uitstraling. Maar toen ik las waar hij naar op zoek was in een partner, keek ik Evan aan en schudde nee. Dit was iemand die het had over romantisch in bad gaan samen, romantische wandelingen op het strand, romantische zondagochtenden, het was een en al romantiek dat de klok sloeg. Hij leek me geen geschikte partner voor een alleenstaande moeder met weinig tijd voor dat soort romantiek. Ik was op zoek naar de romantiek van het gezinsleven, naar huiselijke harmonie. Wat ik nodig had was een partner die begreep hoe het gewone leven met een peuter eruitzag.

'Je vat dit op als een letterlijke beschrijving van wie deze man is!' zei Evan. 'Hij heeft waarschijnlijk vijf minuten lang met een ideaalbeeld in zijn hoofd deze vraag zitten beantwoorden. Wijs je hem nu alleen maar af omdat er niet bij staat: "En als je een alleenstaande moeder bent zal ik je rug masseren nadat je het braaksel van je kind hebt opgedweild"? Als je iedereen op deze manier analyseert zal je niemand goed genoeg vinden om mee uit te gaan.'

Ik dacht aan de percentages en zette de romantische man op mijn hotlist. Toen klikte ik het volgende profiel aan. Geen superaantrekkelijke man, maar wel een arts die transplantaties had uitgevoerd en gezien mijn eigen bèta-achtergrond leek hij me wel wat. Ik las verder. Opgegroeid aan de Oostkust, dat beviel me wel – *ja.* Was eerder getrouwd geweest – *ja.* Had kinderen – *ja.* Hobby's: varen, motorrijden, reizen, sport, bingo en canasta – *nee...*

'Bingo? Canasta?' zei ik. 'Hij is pas 45 maar hij lijkt wel 60. Wat is canasta in godsnaam?'

'Krijgt deze man alleen maar vanwege zijn hobby's geen kans bij jou?' vroeg Evan.

'Het gaat me niet alleen om dat bingoën, motorrijden is iets waar ik volledig op afknap,' legde ik uit. 'Dat hele cultuurtje staat me tegen. En kijk eens, hij zegt dat hij alleen luisterboeken leuk vindt. Hij leest dus niet eens, en ik ben schrijfster.'

Ik merkte aan Evan dat hij dit eerder had meegemaakt. Hij trok zijn wenkbrauwen op, glimlachte begripvol en wachtte tot ik klaar was met mijn tirade.

'Je bent te krampachtig,' zei hij. 'Als je doorgaat met op alle slakken zout te leggen, doe je jezelf tekort. Waar we naartoe moeten is dat je inziet dat je mannen niet zult kunnen veranderen – ze zijn zoals ze zijn – dus zul jij een veer moeten laten, pas dan kun je openstaan voor een gelukkige relatie. Ik zeg niet dat je met deze man moet uitgaan, maar hij is wel een goed voorbeeld van iemand die de kans niet krijgt.'

Ik schudde mijn hoofd. 'Bingo en motoren en luisterboeken? Nee hoor, niets voor mij.'

'Je kunt niet beoordelen of hij iets voor jou is,' zei Evan. 'Waar je vanaf moet, en dat moet je bewust doen want dat gaat niet vanzelf, is die hele waslijst eisen die je hebt en dat beeld van hoe iemand moet zijn. Je kunt heus gelukkig zijn met iemand die aan de meeste van jouw wensen voldoet.'

Op dat moment viel mijn oog op een man die helemaal was wat ik zocht.

'O,' zei ik terwijl ik een leuke veertiger aanklikte. Ik las verder. Hij had een interessant profiel. Hij was geestig. Had een creatieve baan, maar leek wel vastigheid te hebben. Zijn beschrijving van degene die hij zocht beviel me – ik herkende er veel van mezelf in.

'Er is alleen één probleem,' zei Evan.

'Wat dan?' vroeg ik. Dit leek me nou echt iemand voor mij. Wat kon er voor probleem zijn?

'Hij zoekt iemand van 28 tot 35. Hij zegt dat hij kinderen wil.'

'Ik heb een kind,' zei ik.

'Hij is niet op zoek naar iemand met een kind, dan zou hij een hogere leeftijdsgroep hebben opgegeven. Hij wil iemand om zélf kinderen mee te krijgen.'

'Maar als we elkaar ontmoeten, vinden we elkaar vast leuk. Zo te zien hebben we wel iets van elkaar en zijn we in dezelfde dingen geïnteresseerd. Zal ik hem niet gewoon mailen en kijken of hij antwoordt?'

'Dan kun je doen,' zei Evan. 'Maar wat zou jij doen als je een e-mail kreeg van iemand van 55? Jij bent voor hem wat een man van 55 voor jou is. Je bent maar een paar jaar ouder dan de door hem opgegeven maximumleeftijd, maar gezien zijn kinderwens zijn die paar jaar wel cruciaal. Hij mailt je waarschijnlijk niet terug. Het is zonde van je tijd. Je moet je richten op de mensen die op zoek zijn naar iemand zoals jij. Jouw voorkeur is irrelevant als je je richt op iemand die niet naar jou op zoek is.'

'Het is niet fair om zomaar te worden afgewezen,' zei ik, hoewel ik zelf net zo makkelijk allerlei mannen had afgewezen.

'Je denkt dat de regels voor jou niet gelden omdat je zoveel kwaliteiten hebt,' zei Evan. 'Maar zo werkt het niet, zoals je waarschijnlijk al gemerkt hebt. Het is een harde dobber, het is veel moeilijker dan het vroeger was en ik ben het met je eens dat het er niet eens eerlijk toegaat. Waarschijnlijk víndt hij jou ook leuk als jullie elkaar zouden ontmoeten. Maar hij zal er ook mee zitten dat je te oud bent om kinderen mee te krijgen. Je kunt twee dingen doen: je verzetten tegen de regels van het spel en heel gefrustreerd raken, of proberen een modus te vinden binnen wat procentueel realistisch is en op die manier de man te vinden die bij jou past.'

Evan klikte een optie op Match.com aan die 'reverse search' genoemd werd en waarmee je mannen te zien krijgt die niet alleen aan jouw zoekprofiel beantwoorden maar zelf ook op zoek zijn naar iemand zoals jij. Zoals verwacht kon worden, bevond geen van deze mannen zich in de leeftijdsgroep 35-45. De jongste die ik zag was 46.

'Wat ik wil dat jij de komende week gaat doen,' zei Evan, 'is dat je van elke twintig mannen die je via de reverse search op je scherm krijgt er eentje uitkiest. Dat is dus vijf procent van de mannen die voldoen aan de wensen die je eerder vandaag hebt vastgesteld.'

Dat leek me wel te doen, maar Evan was nog niet klaar. Als er dingen waren die mij niet aantrokken in een man, moest ik proberen die te accepteren in plaats van meteen een oordeel te hebben. Als een man bijvoorbeeld een lange, onhandige e-mail schrijft, wil dat nog niet zeggen dat het een hark is. Misschien was hij wel nerveus, of ongemakkelijk omdat hij dit voor het eerst deed of is het zo belangrijk voor hem dat hij de tijd heeft genomen om een persoonlijke mail te schrijven in plaats van een snelle, oppervlakkige babbel.

'Ga op zoek naar redenen om ja te zeggen in plaats van nee,' drukte hij me nogmaals op het hart. 'Ga uit van het positieve in plaats van steeds een reden te vinden om iemand af te wijzen. Stel jezelf deze vraag: als je een boeiende man tegenover je hebt, zou je die dan echt afwijzen vanwege een paar pondjes of centimeters of een zinnetje in zijn profiel dat je niet bevalt? Als dat zo is, oké. Maar klaag dan niet als je niemand kan vinden nadat je elke potentiële partner op een detail hebt afgewezen. Bedenk dat deze mannen ook niet met jou uit zouden willen als ze hetzelfde zouden doen.'

Die zat. Zo had ik er nog niet tegenaan gekeken. Ik had me zo blindgestaard op de vraag of ik een man interessant zou vinden dat het nauwelijks in me was opgekomen me af te vragen of hij wel in míj geïnteresseerd zou zijn. Daarom kreeg ik van Evan de opdracht alle redenen op te schrijven waarom iemand níét met mij uit zou willen – alle minder leuke dingen die een potentiële partner op de koop toe moest nemen als hij zich met mij zou inlaten.

Ik schreef een paar dingen op en liet het aan Evan zien. Hij bekeek mijn lijstje.

'Is dat alles?'

'Hoezo?' vroeg ik. 'Ben ik iets vergeten?' Ik had al opgeschreven dat ik klein van stuk ben en neurotisch en dat ik veel ruimte nodig heb.

'Eh, ik weet het niet,' zei Evan. 'Misschien dat je perfectionistisch bent?'

Ik zag niet in wat daar mis mee was. Dat is toch juist goed?

Evan zei dat ik een klassieke fout maakte: we denken allemaal dat we zo'n goede keus zijn dat onze 'fouten' voor een potentiële partner geen probleem zullen zijn. We denken: ja, ik ben wel een perfectionist maar dat betekent dat ik heel conscientieus ben! Slechts zelden denken we: ja, ik ben een perfectionist en dat maakt me star en moeilijk om mee te leven.

Evan vertelde dat dat de reden is dat veel mensen aan de dingen die ze over zichzelf vertellen een positieve draai geven: ik ben te ambitieus (in plaats van: ik ben hard). Ik ben te eerlijk (in plaats van: ik ben ongevoelig). Ik geef te veel (in plaats van: ik ben behoeftig). Ik ben te onafhankelijk (in plaats van: ik ben een workaholic). Ik analyseer te veel (in plaats van: ik heb overal een oordeel over).

'Bedenk nu eens wat iemand écht op de koop toe moet nemen om met jou om te kunnen gaan,' zei hij. Ik deed nogmaals een poging, en even later stonden er dingen op mijn briefje als: ik ben overgevoelig. Ik kan niet koken, alleen pasta breng ik er goed van af. Ik ben soms ziekelijk besluiteloos, iets waar mijn vriendjes altijd helemaal gek van worden. Ik kan niet goed tegen stress, en als alles me te veel wordt ben ik geen leuk gezelschap. Ik heb irritante gewoontes, zoals dat mijn spullen altijd precies zo moeten blijven liggen als ik ze heb neergelegd, zelfs als ze iemand in de weg liggen. Ik gebruik geen mobieltje omdat ik ervan overtuigd ben dat je er een hersentumor van krijgt, dus als je me wilt bereiken, moet het via mijn vaste telefoon. En het lijstje werd langer en langer...

Geen wonder dat ik van mijn liefdeleven zo'n puinhoop maakte. Ik wilde me veilig en ontspannen voelen in een relatie, maar als ik met iemand omging die net zoveel tekortkomingen had als ik, werd ik ontevreden omdat hij zo van mijn ideaalbeeld afweek. En als deze onvolmaakte persoon op míj viel, zei ik dat hij me te dicht op de huid zat of, erger nog, wel erg wanhopig leek. Maar zodra iemand die wel in de buurt van mijn 'ideaal' kwam met mij uit wilde, was ik voortdurend gespannen, probeerde alsmaar leuk en onderhoudend uit de hoek te komen en voelde ik me onzeker omdat er ongetwijfeld talloze vrouwen naar de aandacht van deze man zouden dingen. Ik had het gevoel dat de onvolmaakte mannen altijd te happig waren en de geïdealiseerde mannen niet happig genoeg.

Ik wist dat het belangrijk was mijn tekortkomingen onder ogen te zien om beter in staat te zijn die van anderen te accepteren, maar toen ik ze allemaal op een rij zag staan vroeg ik me af hoe het mogelijk was dat er ooit een man in mij geïnteresseerd was geweest.

'Heel goed,' lachte Evan. 'Als je nu weer op het punt staat een man af te wijzen omdat hij niet aan je ideaalbeeld voldoet, probeer je dan eens op zijn goede kanten te richten want een man zal ook bij jou de positieve punten naar voren moeten halen, hij zal immers misschien ook liever met iemand uitgaan die langer of zorgelozer is dan jij. Zodra je weer een man begint te ontleden, denk er dan aan dat hij bewust over jouw minpunten heen stapt als hij met jou uitgaat. We willen dat de ander onze humeuren accepteert, maar zelf willen we iemand die nooit humeurig is. Ook als we de zaken laten sloffen willen we aantrekkelijk gevonden worden, maar de ander moet altijd fit zijn. Is dat niet een beetje schijnheilig?'

Ja, dat was het zeker: ik wilde dat mannen me accepteerden zoals ik was, maar was zelf niet bereid hen te accepteren zoals zij waren. Ik had me in het verleden altijd blindgestaard op de concessies die ik zou moeten doen als ik met iemand in zee ging, maar nooit echt bij de keerzijde daarvan stilgestaan: dat ik voor de ander ook niet een geschenk uit de hemel zou zijn. Dat is niet zo vreemd als je bedenkt dat mijn vriendinnen voortdurend tegen me zeggen dat ik zo'n geweldige 'partij' ben, dat een man die met mij in zee gaat zich gelukkig mag prijzen, en dat ik vooral nooit concessies moet doen bij de keuze van een partner.

Evan zei dat wat veel vrouwen verstaan onder 'concessies doen' neerkomt op het aloude 'aanvaarden'.

Natuurlijk bedoelde hij niet dat ik een persoonlijkheidsverandering moest ondergaan en opeens maar met alle winden mee moest waaien. Hij bedoelde alleen maar dat ik als ik me anders zou opstellen niet meer al die filters hoefde te gebruiken waardoor mannen afvielen. Het is niet zo moeilijk te bepalen wat je niet leuk vindt aan iemand, het is echter zinvoller je te richten op de dingen die je wél bevallen.

Hij vertelde over de psychologe Judith Sills, die een geweldig boek heeft geschreven met als titel *How to stop looking for someone perfect and find someone to love.* Ze zegt in haar boek dat elke persoon met een 'package deal' kan worden vergeleken, of met plateservice in een restaurant. Je moet eten wat de pot schaft en daar horen de ergerlijke gewoontes en onprettige eigenschappen nu eenmaal bij. Misschien moet je genoegen nemen met een overdrachtelijk 'bijgerecht' waar je niet verrukt van bent. 'Als je als eis stelt dat iemand helemaal aan je ideaalbeeld voldoet,' schrijft Sills, 'zul je een heel lange relatie krijgen met je fantasieën.'

En dat was precies wat Evan me duidelijk probeerde te maken. Toen hij aanstalten maakte om weg te gaan herinnerde hij me aan de opdracht die hij me had gegeven: uit elke twintig mannen die aan mijn selectiecriteria voldeden en die op zoek waren naar iemand zoals ik, moest ik er één uitkiezen. Drie van die mannen moest ik een e-mail sturen. De maandag daarop zouden we alles bespreken.

# 9. Het ligt niet aan hem, het ligt aan jou

Ik zat achter de computer te proberen die ene man van elke twintig die zich op Match.com aanboden uit te kiezen, toen mijn vriendin Lisa belde en vroeg wat ik aan het doen was. Ik vertelde haar wat Evan me had opgedragen en stelde voor dat zij dat ook zou doen. Waarop Lisa, die 35 is en single, begon te kreunen. Ze zei dat het haar best een goed idee leek maar dat zij het helemaal gehad had met het daten – of het nu online was of niet. Ze wilde het er vanavond helemaal niet over hebben. Dan zou ze er alleen maar nog zenuwachtiger over worden dat ze nog steeds alleen was.

'Wat mij betreft praten we over films, boeken, de opwarming van de aarde, de laatste aflevering van *Weeds*, het maakt mij niet uit als we het maar niet over mannen hoeven te hebben.'

Wat een verschil met twee jaar geleden, toen Lisa 33 was en het alleen maar over mannen wilde hebben. Of beter gezegd, over één man: haar vriend. Lisa ging al bijna een jaar uit met Ryan, een 33-jarige advocaat, en was helemaal weg van hem. Ze hadden het heel leuk samen, wilden allebei graag een gezin en leken als vrienden en minnaars goed bij elkaar te passen. Ryan had het zelfs al over trouwen gehad. Maar er was iets wat niet helemaal klopte.

'Hij legt me niet in de watten,' zei Lisa toen ze een jaar met elkaar omgingen. 'En dat ben ik niet gewend in een relatie.'

Ik begreep indertijd precies wat ze bedoelde: ze had niet het gevoel aanbéden te worden door haar vriend. Hij zei wel dat hij van haar hield, maar nooit dat hij in de zevende hemel was omdat hij haar gevonden had. Hij zei wel dat ze er lief uitzag, maar niet dat ze de mooiste vrouw was die hij ooit had ontmoet. Hij haalde wel paracetamol voor haar als ze griep had, maar nam nooit zomaar bloemen voor haar mee. Hij was altijd attent en liefdevol, maar legde het er nooit dik bovenop. Hij zette haar niet op een voetstuk, zoals ze gewend was geweest met vorige vriendjes. Dat zij hem ook niet op een voetstuk zette, deed er niet toe. Dat was tenslotte zíjn rol. Hij moest haar het hof maken, toch?

Op een dag, toen het idee om te trouwen weer ter sprake kwam, sprak Lisa haar twijfels uit. 'Ik heb gewoon niet het gevoel dat je echt verliefd op me bent,' zei ze.

'Maar dat ben ik wel!' riep hij. Hij begreep niet hoe het mogelijk was dat ze dat gevoel had en Lisa kon het niet uitleggen – het was gewoon een gevoel, maar ze kon dat gevoel niet van zich afzetten. Steeds wanneer ze erover begon was hij onthutst en voelde zij zich afgewezen. Vervolgens probeerde hij met allerlei romantische gebaren zijn liefde te bewijzen – hij liet 's ochtends een doosje Mon Chéri-bonbons op haar kussen achter en belde haar later op de dag alleen maar om te zeggen dat hij van haar hield. Lisa was er wel mee ingenomen, maar ze koesterde ook argwaan. 'Ik wou dat hij deze dingen uit zichzélf deed,' zei ze tegen me. 'Maar hij doet het nu alleen maar omdat ik hem erom gevraagd heb.'

Toch probeerde ze er geruststelling uit te putten, want ook al deed zijn gedrag geforceerd aan, het was toch lief van Ryan dat hij zoveel moeite deed. Maar twee maanden later, toen ze samen op een verlovingsfeestje waren, zei de toekomstige bruidegom tegen zijn aanstaande dat er niemand was van wie hij ooit zoveel zou houden. Dat zette Lisa aan het denken, en op weg naar huis vroeg ze aan Ryan: 'Stel dat er iets met mij zou gebeuren en ik dood zou gaan, denk je dat je dan nog een vrouw zou vinden van wie je net zoveel houdt als van mij?'

Hij dacht een moment na. 'Nou, het gevoel zou natuurlijk anders zijn,' antwoordde hij.

‘Bedoel je met anders dat je meer van mij had gehouden?’ vroeg Lisa.

‘Met anders bedoel ik... anders,’ antwoordde haar vriend. Hij pakte haar hand en zei: ‘Maar wat doet dat ertoe? Ik wil met jóú verder, niet met een of andere denkbeeldige vrouw. Ik wil er helemaal niet aan denken dat jij dood zou gaan. Jíj bent degene van wie ik houd. Het zou heel moeilijk zijn iemand te vinden van wie ik net zoveel zou houden. Maar als ik dood zou gaan denk ik: dat jij weer verliefd zou worden, het zou anders zijn dan met mij, maar je zou de draad van je leven wel weer oppakken.’

Drie weken later maakte Lisa het uit.

‘Ik wilde dat hij helemaal bezeten van mij was,’ zei Lisa nu, twee jaar later. ‘Dat hij zich kon voorstellen dat hij net zoveel van een andere vrouw zou kunnen houden betekende voor mij dat ik niet zijn grote liefde was. Ik wilde hem horen zeggen dat hij het weliswaar voor mogelijk hield dat hij opnieuw zou trouwen, maar dat hij nooit zoveel van zijn nieuwe vrouw zou kunnen houden als van mij.’

Ik vroeg aan Lisa wat er zou gebeuren als die denkbeeldige situatie zich andersom zou voordoen. Als zij met Ryan getrouwd was en hij jong zou sterven, kon zij zich dan voorstellen dat ze weer verliefd zou worden?

Er viel een lange stilte. ‘Ja,’ gaf ze toe. ‘Ik geloof wel, in elk geval op een rationeel niveau, dat je in je leven van meer dan één persoon echt kunt houden. Maar in mijn hart wil ik toch de enige zijn voor een man.’

Ik was het indertijd roerend met haar eens geweest. Maar nu, terugdenkend aan wat Evan mijn ‘onredelijke verwachtingen’ had genoemd toen ik naar al die profielen had gekeken op internet, vond ik Lisa plotseling ook onredelijk. Toch werden we op andere gebieden beschouwd als redelijke mensen. Wat was er nu eigenlijk aan de hand?

Volgens Michael Broder, een psycholoog uit Philadelphia die gespecialiseerd is in relaties, gaan vrouwelijke singles tegenwoordig wel heel ver in waar ze denken recht op te hebben in hun omgang met mannen. De behoefte op zo'n onwerkelijke manier te worden aanbeden is naar zijn idee een van de onredelijke eisen die sommige vrouwen aan hun toch al aanzienlijke eisenpakket toevoegen.

'Hoe vaak hoor ik niet: "Als ik geen man vind die dit, en dat en nog iets anders heeft, blijf ik net zo lief alleen,"' zei hij. 'En dan zeg ik: "Goed. Maar dan kun je ervan uitgaan dat dat laatste gebeurt, want als je zo hoog van de toren blaast zal het er waarschijnlijk op uitdraaien dat je alleen blijft."'

Voor deze vrouwen, zegt Broder, is de man die ze zich voorstellen een fantasie, maar ook hun beeld van een relatie berust op fantasie. Er is tenslotte een grens aan wat een relatie je kan bieden, en naar Broders idee hebben dit soort vrouwen bij hun zoektocht naar een man het uitgangspunt dat de man hún van alles moet bieden – het is een 'ik-gebeuren' – en staan ze niet open voor iets wat van twee kanten komt.

Onlangs zei een van zijn patiënten bijvoorbeeld over haar huidige vriend: 'Waarom zou ik genoegen nemen met een man die minder succesvol is dan ik? Dan kan ik net zo goed alleen blijven!'

Het valt Broder op dat vrouwen van onze tijd meer dan de generaties vóór hen vinden dat ze overal recht op hebben. Onze moeders hadden het misschien ook wel gewild, maar ze hadden nooit van hun man verwácht dat hij steeds in de weer zou zijn om het hen naar de zin te maken, hen steeds maar aantrekkelijk zou vinden, hen leuk bezig zou houden, al hun interesses zou delen en altijd de charmantste man op aarde zou zijn. Nee, zij wisten dat het huwelijk ook ziekte, ouderdom, verveling, tijden van spanning en vervreemding, ergerlijke gewoontes, problemen met kinderen en allerlei vormen van tegenspoed en misverstand met zich meebracht. Tegenwoordig lijken veel vrouwen op zoek te zijn naar een geïdealiseerde spirituele samensmelting in plaats van een realistische echtelijke verbintenis.

'Wat je tegenwoordig ziet is het soort vrouw dat zichzelf te goed vindt voor een gewone relatie,' zei Broder. 'Maar als je gelukkig getrouwde vrouwen naar hun huwelijk vraagt, zullen ze waarschijnlijk antwoorden dat het allemaal vrij gewoon is.'

Hoe heeft het toch kunnen gebeuren dat 'gewoon' een vloekwoord is geworden bij vrouwen die op zoek zijn naar een man?

## *Heeft hij wel mijn niveau?*

Misschien heeft het met ons ego te maken. Hoewel er altijd veel gepraat is over het gebrek aan eigendunk waar vrouwen aan zouden lijden, zegt Broder dat veel vrouwen het girlpower-idee juist zo ver hebben doorgevoerd dat niemand meer goed genoeg voor hen is.

Dit deed me denken aan de 29-jarige kennis die ik een paar jaar geleden aan een date had geholpen met een man die op haar leek, vond ik, en dat had ik ook tegen haar gezegd.

'Hij ziet er leuk uit en houdt van oude films,' zei ik. 'Hij lijkt echt op jou.'

Ze ging met hem uit, maar toen ik haar daarna sprak was ze beledigd.

'Hoe kom je erbij dat we op elkaar lijken?' vroeg ze.

Ik begreep niet wat ze bedoelde.

'Je hebt me helemaal niet gezegd dat hij broodmager is!' legde ze uit. Nou, dat was zij ook.

'En hij heeft van dat rare haar,' zei ze. Dat klopte wel, maar zij had nog geen jaar daarvoor met een paarse streep op haar hoofd rondgelopen. Ik vroeg wat ze eigenlijk verwacht had.

'Een dynamischer iemand, denk ik,' zei ze. 'Ik bedoel, we hebben leuk over oude films gepraat en hij was heel aardig, maar omdat je had gezegd dat we op elkaar leken, had ik iemand verwacht die meer...' Haar stem stierf weg, maar ik wist wat ze wilde zeggen: 'Vind jij dat deze man van mijn niveau is?'

Eh, ja, eigenlijk vond ik van wel. Ook kwam het in me op dat als zij een reëler beeld van zichzelf had en niet een soort Angelina Jolie in de spiegel dacht te zien, ze hem echt leuk had kunnen vinden. Ze waren allebei leuke, aardige mensen en goed gezelschap, maar als je ze een kamer zag binnen komen viel je niet van je stoel door hun uiterlijk en uitstraling. Het waren gewone mensen. *Zoals we bijna allemaal zijn.* (Hij is uiteraard inmiddels verloofd met iemand die erg aan haar doet denken, maar wel een andere instelling heeft. Zij is uiteraard nog steeds alleen.)

In de loop van het gesprek met Broder ging ik me steeds meer afvragen of de moeite die we hebben om een man te vinden niet in sterke mate samenhangt met het feit dat we zo op onszelf gericht zijn. Zou het nog zover komen dat we onszelf zo bijzonder gaan vinden – zo uniek, uitzonderlijk en aantrekkelijk – dat we de realiteit uit het oog verliezen? Vroeger dacht ik: ja, ik heb hoge maatstaven, maar kan ik het helpen dat ik een goede smaak heb? (Over goede smaak gesproken, laten we het er maar niet over hebben dat de mannen met wie ik het in het verleden wél heb geprobeerd heus niet altijd zulke volmaakte wezens bleken te zijn.) Onze generatie vrouwen is altijd op het hart gedrukt dat we een goed zelfbeeld moesten hebben, maar het lijkt erop dat de vrouwen die zichzelf het meest in de hoogte hebben gestoken het gevaar lopen een heel eenzame egotrip te maken. Hoe meer eigendunk we hebben, hoe kritischer we tegenover mannen staan met wie helemaal niets mis is.

Het lijkt haast wel alsof we mannen keuren voor de Olympische Spelen, maar dan op hun geschiktheid als echtgenoot. Iedereen begint met tien punten maar bij elke tekortkoming gaan er punten af. Niet geestig genoeg? Twee punten inleveren. Heeft hij doorlopende wenkbrauwen? Nog een punt eraf. Zou het niet een beter idee zijn om een date met nul te beginnen en pluspunten te geven voor positieve aspecten als vriendelijkheid en hartelijkheid?

Ik heb altijd in gedachten een puntentelling bijgehouden als ik overwoog met iemand uit te gaan. Als ik bijvoorbeeld iemand wilde die slim, geestig en leuk was, en hij slim, geestig, leuk en een beetje wereldvreemd was, dacht ik niet meer aan de eerste drie eigenschappen, maar staarde ik me blind op zijn wereldvreemdheid. Ik zag alleen nog datgene wat me teleurstelde, terwijl ik ook blij had kunnen zijn met de positieve punten.

Dat krijg je als je overal recht op denkt te hebben.

### *Er klopt bij jullie allebei iets niet*

Een iets bescheidener opstelling is niet alleen bevorderlijk bij het daten, ook het huwelijk vaart er wel bij. Althans volgens Gian Gonzaga, die als psycholoog en wetenschappelijk onderzoeker werkzaam is bij de datingsite eHarmony.com en zijn vrouw in het bekende 'huwelijkslab' van de universiteit van Californië in Los Angeles heeft ontmoet. In het kader van zijn onderzoek volgt hij zeshonderd stellen gedurende een paar jaar en richt hij zich op de mate van tevredenheid over de relatie en welke aspecten het slagen van een huwelijk kunnen voorspellen.

'Gelukkig getrouwde mensen geloven dat hun partner beter is dan de gemiddelde mens, ook al is dat statistisch onmogelijk,' legde Gonzaga uit. 'Dat noemen we "positieve illusies". Dat wil niet zeggen dat mensen niet klagen over hun partner of dat ze het altijd overal over eens zijn, maar uiteindelijk denken ze toch dat hun partner beter is dan de meeste andere mensen.'

Bij veel singles die de ware niet kunnen vinden, zegt Gonzaga, werkt dit juist andersom. We kijken niet door een positieve bril naar de mensen met wie we uitgaan, maar zien onszélf als superieur. Daarom schrijven mensen datgene wat ze missen in een relatie vaak toe aan de ander, en nemen ze hun eigen rol niet onder de loep. Maar volgens Gonzaga snijdt het mes aan twee kanten.

'We voelen ons vaak aangetrokken tot mensen die qua emotionele evenwichtigheid, intelligentie en algehele competentie onze gelijke zijn,' zegt hij. 'Dus als de mensen met wie je uitgaat altijd geremd zijn in hun sociale functioneren, ben jij dat waarschijnlijk ook. Als hij neurotisch is, ben jij dat waarschijnlijk ook. Om het type aan te kunnen trekken dat je in je hoofd hebt, moet je zélf zo'n type zijn. Het is niet zo dat alle mannen met wie je uitgaat niet goed genoeg voor je zijn. Wat je moet beseffen is dat je zelf een minstens zo belangrijke inbreng hebt.'

In een geslaagde relatie, zegt Gonzaga, waarderen mensen elkaars positieve punten in plaats van zich op de tekortkomingen te richten – die hebben we namelijk allemaal. Dit deed me denken aan iets wat een vrouw uit Indiana me onlangs schreef. Laura, twaalf jaar getrouwd, merkte het volgende op: 'Wij vrouwen zien onszelf graag als godinnen die de volledige aanbidding en toewijding van een man verdienen, en zijn razend als we die niet krijgen. Helaas krijgen we zelf gaandeweg lelijk haar, lichaamsgeurtjes, rimpels, vet op de heupen en een slecht humeur. Dingen die we niet gauw van een man zouden accepteren, maar dat verwachten we van hem wel.'

### *Ik kan niet om* Sex and the city *heen*

Ik weet het, ik weet het: het is zo'n cliché om *Sex and the city* aan te halen dat ik het haast niet uit mijn pen kan krijgen. Maar ik kan er toch niet omheen omdat die veeleisende houding met die serie te maken lijkt te hebben.

Enerzijds was er enorme ophef in de media toen de film, gebaseerd op het buitengewoon succesvolle boek en de televisieserie, alleen al in de VS bijna tweehonderd miljoen dollar opbracht, omdat ermee bewezen werd dat het publiek er geld voor over had om naar sterke vrouwen op het witte doek te komen kijken. Anderzijds denk ik dat het ook nog iets anders duidelijk maakte, en dat is dat het lijkt alsof we geen onderscheid kunnen maken tussen 'kracht' en 'egocentrisme'.

Voor het geval jij een van de weinige singles bent die de film gemist hebben: Samantha maakt het uit met haar geweldige vriend, die haar heeft bijgestaan toen ze borstkanker kreeg, en geeft als reden: 'Ik hou van je, maar ik hou nog meer van mezelf' – waarop de hele zaal begon te juichen! Deze vriend was trouw, liefdevol en opwindend, hij nam haar vele eisen voor lief en steunde haar toen ze kanker kreeg, en zo iemand krijgt de bons omdat zij meer van zichzélf houdt! Was dit soms een vorm van empowerment? Draai de seksen eens om – zij blijft trouw aan zijn zijde als hij een afschuwelijke prostaatkanker krijgt en dan wordt ze de laan uit gestuurd! – en ik durf te wedden dat de zaal was gaan joelen en de man een eersteklasklootzak had gevonden.

Samantha was niet de enige figuur die gekenmerkt werd door een krankzinnig veeleisende houding. Carrie is een verschrikkelijke Bridezilla die woedend wordt als haar verloofde tegen haar zegt dat hij het best vindt om alleen op het stadhuis te trouwen. Hij geeft niet om bruiloften, hij wil alleen maar altijd bij haar zijn.

En wat doet zij? Carrie en haar ook totaal op zichzelf gerichte vriendinnen reizen af naar Mexico – de bestemming van Carries huwelijksreis – en wat doen ze daar? Klagen over mannen. Omdat haar huwelijksdag niet het circus werd dat ze zich ervan had voorgesteld gaat ze zonder haar geliefde aanstaande op huwelijksreis. Is dit een sterke vrouw of noemen we dit verwend?

De televisieserie was al niet anders. Elke week werd een aantal mannen 'ontleed'. Onvolkomenheden werden niet getolereerd en als een man zijn vriendin niet volmaakt vond, nou, dan werd hij natuurlijk door haar gedumpt.

‘Als je niet helemaal hoteldebotel van me bent,’ zegt Carrie op een gegeven moment tegen Big, ‘en je me niet de allermooiste vrouw vindt die je ooit hebt gezien, denk ik dat ik maar moet vertrekken.’

Elk weldenkend mens hier op aarde weet dat voor maar heel weinig mannen geldt dat hun echtgenote de allermooiste vrouw is die ze ooit hebben gezien – en vice versa. Maar evenals de meiden uit *Sex and the city* verwachten veel vrouwen dat mannen aan hun voeten liggen alsof ze koninginnen zijn. Daar komt het dan ook door dat deze toch best aantrekkelijke figuren uit de serie alles lijken te hebben, behalve een man. Ze gedragen zich in de liefde als een zestienjarig schoolmeisje, en vergeten dat zestienjarigen niet bepaald klaar zijn voor een levensecht huwelijk.

‘Denk je echt dat veel vrouwen zijn als Carrie?’ vroeg mijn vriendin Elizabeth, een 31-jarige redacteur uit North Carolina die single is. Voor ik antwoord kon geven, vertelde ze me over een man die haar zulke lieve berichten stuurt dat ze alleen al daarom bezig is voor hem te vallen.

‘Hij luistert aandachtig naar mijn dagelijkse beslommeringen en stelt allerlei vragen over mijn leven, en daar zijn de meeste mannen in mijn ervaring niet goed in,’ zei ze. ‘Hij reageert ook altijd op al mijn e-mails en sms’t snel en geestig. Hij weet altijd fantastische concerten om samen naar toe te gaan en hij heeft tegen me gezegd dat ik helemaal degene ben die hij zocht. Wat wil een meisje nog meer?’

Maar ze was nog niet klaar. ‘Tegelijkertijd lijkt hij zich niet helemaal op z’n gemak te voelen bij mij, en zijn kamer hangt vol basketbalposters van de Tar Heels. Heel puberaal. Het lijkt wel een jongenskamer, maar dan zonder de pin-ups. De Tar Heels zijn zijn pin-ups. Hij wandelt niet. Hij spreekt geen vreemde talen. En dit zijn allemaal dingen die niet passen in mijn idee over de man die ik zoek. Ben ik als Carrie?’

Misschien zijn velen van ons als Carrie. Mijn vriend Mark, een gescheiden vader, stuurde me een e-mailuitwisseling die hij had gehad met Melanie, een ongehuwde vrouw die hij online had ontmoet. Het leek tussen hen te klikken, dus hij en Melanie vatten het plan op elkaar in levenden lijve te ontmoeten.

*Melanie*
>>Van: <Melanie>
>>Aan: <Mark>
>>Verzonden: Vrijdag 13 juni 2008 14.21 uur
>>Onderwerp: Re: Afspraak
>> Mark-wat vind je van morgenochtend (zaterdag) om 11 uur?

*Mark*
>>Van: <Mark>
>>Datum: Vrijdag 13 juni 2008 23.30 uur
>>Aan: <Melanie>
>>Onderwerp: Re: Afspraak
>>Prima. Zullen we voor de Aroma afspreken?

*Melanie*
>>Van: <Melanie>
>>Aan: <Mark>
>>Verzonden: Zaterdag 14 juni 2008 7.36 uur
>>Onderwerp: Re: Afspraak
>>Laat maar. Ik hoef je niet meer.

*Mark*
>>Van: <Mark>
>>Datum: Zaterdag 14 juni 2008 7.43 uur
>>Aan: <Melanie>

>>Onderwerp: Re: Afspraak
>>Meen je dat? Wat is er aan de hand?

Melanie
>>Van: <Melanie>
>>Aan:<Mark>
>>Verzonden: Zaterdag 14 juni 2008 7.58 uur
>>Onderwerp: Re: Afspraak
>>Hoorde pas de volgende dag van je, heb dus geen prioriteit... Daar knap ik op af.

Mark
>>Van: <Mark>
>>Aan: <Melanie>
>>Verzonden: Zaterdag 14 juni 2008 8.10 uur
>>Onderwerp: Re: Afspraak
>>Dat is zeker mijn straf omdat ik geen BlackBerry bezit en gisteren van het middaguur tot 's avonds laat van huis was om de diploma-uitreiking van mijn zoon bij te wonen en daarna met hem uit eten te gaan in Irvine. Want als je niet binnen een paar uur op een e-mail reageert komt dat natuurlijk niet doordat je niet aan de computer hebt gezeten, een ongeluk hebt gehad, ergens heen moest, iets belangrijks te doen had etc. Nee, de enig mogelijke reden is dat je degene die je een e-mail heeft gestuurd niet belangrijk genoeg vindt. Bedankt, want tot dit inzicht kun je alleen maar komen als je zonder nadenken conclusies trekt.

*Melanie*
[Geen reactie]

Ik vroeg aan Mark of hij ooit nog iets van Melanie had gehoord. 'Een paar dagen later,' zei hij, 'bood ze haar excuses aan en zei dat ze last had van stress en misschien een beetje te heftig had gereageerd, maar ze wilde nog steeds niet met me afspreken.'

In haar e-mail zei Melanie: 'De spanning was weg.'

Volgens Mark komt dit soort zelfzuchtigheid veel voor. 'Ik heb ook eens een tijd iets gehad met een vrouw die geen kinderen had. Van haar kreeg ik een ultimatum: ik kon een uitnodiging van mijn kinderen aannemen om de seideravond met hen door te brengen, of met haar en haar familie Pesach vieren. Als ik de uitnodiging van mijn kinderen aannam, zou ik onze relatie verder kunnen vergeten.'

Wat had hij gedaan?

'Het zal je niet verbazen dat we inmiddels niet meer met elkaar omgaan,' zei hij droog.

Toen ik andere vrouwen vroeg wat zij vonden van de e-mail-uitwisseling tussen Mark en Melanie en het ultimatum van Marks vorige vriendin, vielen woorden als 'krankzinnig', 'star' en 'egoïstisch'.

Aan de andere kant moesten we bekennen dat we ergens wel konden begrijpen, hoe gestoord het ook was, dat deze vrouwen zich genomen voelden: de man van je dromen laat jouw e-mail niet negen uur onbeantwoord. De man van je dromen kiest op een feestdag voor jou, en niet voor andere mensen. (Een vrouw mag natuurlijk wél haar kinderen voor laten gaan en als haar vriend haar zou vragen voor hem te kiezen, zou híj egocentrisch worden gevonden.)

Het probleem is dat de man van je dromen niet bestaat (dromen zijn immers bedrog) en al bestond hij wel, is dit dan de man die we willen? Een man die geen eigen leven heeft en alleen maar met ons bezig is? Een man die de feestdagen niet met zijn kinderen doorbrengt?

Natuurlijk niet. Maar stel je de gesprekken voor van Melanie en het Seiderwijfje, zoals we haar gingen noemen, met hun vriendinnen over de noodzaak om Mark te dumpen.

'Wat een lomperik,' hebben ze waarschijnlijk gezegd, waarbij hun vriendinnen instemmend geknikt zullen hebben terwijl ze van hun wijn nipten tijdens de zoveelste 'meidenavond' die ze in de kroeg doorbrachten, op jacht naar huwbare mannen.

### *Ja, hij gaat met háár*

Melanie is misschien een extreem geval, maar velen van ons dragen, zonder dat we dat beseffen, een eisenpakket met ons mee in ons contact met mannen. Een vrouw die vijf jaar getrouwd is vertelde me een interessant verhaal.

Toen ze nog single was, ging Danielle eens naar een etentje bij een getrouwde vriendin. Ze zat naast een man met wie ze heel leuk in gesprek raakte, maar even later bleek de vrouw aan zijn andere kant zijn verloofde te zijn. Die vrouw was minder aantrekkelijk, charmant en ad rem dan Danielle. (Dat geloof ik, want Danielle is heel aantrekkelijk, charmant en ad rem.) Toen iedereen weg was, bleef Danielle nog even plakken en zei ze tegen haar vriendin, de gastvrouw, dat ze er zo genoeg van had mannen te ontmoeten die al bezet waren. Ze kon maar niet begrijpen waarom al die andere vrouwen een geweldige man hadden gevonden terwijl zij nog steeds alleen was.

'Wat heeft zij dat ik niet heb?' vroeg Danielle, en ze doelde op de verloofde van de man die ze leuk vond. Zonder een moment te aarzelen, antwoordde haar vriendin: 'Twee dingen. Eén: compassie. En twee: zijn liefde.' Want compassie, zei haar vriendin, leidt tot liefde.

Ze had door de jaren heen vaak meegemaakt dat Danielle in vuur en vlam was geraakt over een man, net als die avond, maar altijd bleek na een maand of een jaar dat er iets niet aan hem deugde. Dit was een eyeopener voor Danielle, die op dat moment besefte dat ze alleen zou blijven als ze haar te kritische houding jegens potentiële partners niet zou veranderen. De volgende man met wie ze uitging werd haar echtgenoot.

'Na dat gesprek stelde ik me in mijn volgende relatie volkomen anders op,' vertelde ze. 'Ik concentreerde me op mijn goede gevoelens over hem, op de dingen die ik leuk aan hem vond en was mild over de kanten die ik minder geslaagd vond. Toen drong het tot me door dat ik altijd te weinig waardering had gehad voor de mannen met wie ik relaties had.'

Danielle gaf toe dat ze zich er niet van bewust was geweest dat haar veeleisende houding haar relaties had beïnvloed. 'Ik dacht altijd: ik krijg niet wat ik wil, en dan zette ik er een punt achter. Toen ik mijn man ontmoette besefte ik dat ik mezelf in de wielen reed door altijd een relatie te beginnen vanuit de dingen die ik van iemand verwachtte, in plaats van me te richten op degene met wie ik te maken had. Toen heb ik besloten blij te zijn met wat hij in zou brengen in de relatie in plaats van te klagen over de dingen die ik miste. Bovendien besefte ik dat ik geen recht had om te klagen over iets als ik zelf niets teruggaf! Op een dag zei hij tegen me: "Ik hou erg van romantiek, maar ik zie niet in waarom ík altijd voor de romantiek in onze relatie moet zorgen." Toen drong het tot me door dat ik verwachtte dat het allemaal van hem zou komen, terwijl het misschien wel heel leuk zou zijn als het van twee kanten kwam, begrijp je?'

Zoals Michael Broder me had uitgelegd, verwachten we ontzettend veel van de mannen met wie we omgaan – ze moeten ons alsmaar complimenteren, vakanties, maaltijden, niet-aflatende emotionele steun aanbieden en romantische gebaren maken – en de mannen die op een van deze gebieden tekortschieten geven we, vaak onverdiend, de bons.

Een vrouw die ik sprak had het uitgemaakt met een man omdat ze vond dat hij overdag te weinig belde en langskwam. Dat hij dokter was en zich dus misschien moeilijk vrij kon maken, telde voor haar niet. Ze wilde iemand die 'beschikbaarder' was. Het gekke was dat zij dacht dat híj moest veranderen. Het kwam niet in haar op dat zíj misschien iets meer begrip zou moeten hebben. Het kwam ook niet in haar op dat ze misschien wel gelukkiger zou zijn en zich als mens meer zou kunnen ontplooien als ze iets zou doen aan haar eigen inbreng in de relatie.

Een kapper uit Montana vertelde me dat mannen op deze houding afknappen.

'Ik heb onder mijn klanten talloze huwbare mannen,' zei hij, 'maar er zijn er veel bij die tegen me gezegd hebben dat ze helemaal geen zin meer hebben in het uitgaansleven. Volgens hen zijn vrouwen in Amerika niet meer bereid zelf iets aan de relatie bij te dragen en zijn ze alleen maar onverzadigbaar in hun behoefte aan iemand die alles voor hen is – tot er iets beters langskomt.'

Een 29-jarige tandarts uit Atlanta verwoordde het zo: 'Vrouwen vragen altijd waar de leuke mannen zijn, en dan zeg ik: als je niet zo met je neus in de wind liep, zou je ze wel zien.'

Ik moest denken aan alle gesprekken die ik door de jaren heen met alleenstaande vriendinnen gevoerd had over het feit dat er gewoon niet genoeg leuke mannen rondliepen. Nu kwam ik echter tot een andere ontdekking. Misschien stoten we de leuke mannen wel af door de overdreven verwachtingen die we koesteren.

Misschien moesten we iets minder hoog van de toren blazen.

Het was een gedachte die nederig stemde, maar ik wist dat ze waar was. Dat was wat ik moest doen. Ook ik leed aan deze moderne kwaal. Het was overduidelijk dat ik als ik iemand wilde vinden, moest stoppen met klagen over mannen en moest proberen betere keuzes te maken.

Maar hoe pak je dat aan?

# [Deel 3] Slimmere keuzes maken

*Perfectie is de vijand van het goede*
Voltaire

# 10. Niet zo kieskeurig, wees blij met wat je hebt

Dit zijn twee vragen die werkelijk gesteld zijn in de problemenrubriek van het tijdschrift *Slate*:

Lieve Prudence,

Ik zit met een dilemma. Ik heb al ruim twee jaar een relatie met een man. Ik heb er een tijdje over gedacht met hem te trouwen... hij is intelligent, ambitieus, aardig en we hebben bijna nooit ruzie of meningsverschillen. Toch twijfel ik, en vraag ik me af of we wel voor elkaar gemaakt zijn. Onlangs ben ik met al mijn spullen, mijn twee honden en twee katten bij hem ingetrokken. Ik hou van hem, maar onze verhouding lijkt niet op het sprookje waar ik altijd naar verlangd heb. Wat ik eigenlijk wil weten is of zo'n sprookjesromance wel bestaat. Ik weet dat er altijd van me gehouden en voor me gezorgd zal worden, maar is dat genoeg? Is het een zwaktebod als ik ermee instem om met hem te trouwen? Mijn vorige relatie heeft veel te lang geduurd (vijf jaar), terwijl ik wist dat we nooit zouden trouwen. Ik wil niet nog eens vijf jaar verspillen aan een andere man, om vervolgens te besluiten dat we niet voor elkaar bestemd zijn. Vind je dat ik er met hem over moet praten?

Twijfelaarster

Lieve Twijfeltje,

Wat wil je dan tegen hem zeggen? 'Zou je iets meer de prins op het witte paard willen zijn?' Tenzij je specifieke ideeën hebt over wat hij zou kunnen doen om jouw fantasie beter te benaderen – zoals elke vrijdag bloemen meebrengen, of een gedicht op je kussen leggen – raadt Prudie je af om je verlangen naar dat sprookje met hem te delen. De eigenschappen die je noemt, dat hij intelligent is, ambitieus, aardig en weinig ruziemaakt, zouden heel veel vrouwen al aan een prins op het witte paard doen denken. En daarbij komt, mijn beste Twijfeltje, dat zelfs je levende have bij hem welkom was toen je bij hem introk! Op je vraag of zo'n sprookjesromance eigenlijk wel bestaat, is Prudie geneigd bevestigend te antwoorden, sterker nog: zij heeft dat zelf meegemaakt. Maar helaas beklijven ze niet. Sprookjesromances zijn als vuurwerk aan de nachtelijke hemel. Ze zijn van tijdelijke aard... en hoewel ze heel opwindend kunnen zijn, kun je er geen leven mee opbouwen.

Prudie, uit eigen ervaring

Hoi Prudence,

Toen mijn huwelijk na acht jaar voorbij was, ben ik een tijdje alleen geweest en daarna had ik een aantal verhoudingen met mannen die op papier heel wat leken (goed opgeleid, zelfde smaak op het gebied van boeken, muziek, kunst etc.) maar in werkelijkheid lomp, niet sociaal vaardig of uitgesproken slaapverwekkend bleken te zijn. Nu is bijna een jaar geleden iemand op mijn pad gekomen die misschien wel de ware Jakob is: een aardige man die de gave van de bewondering heeft, goed kan luisteren en een fantastische minnaar is. De enige twijfel die aan mij knaagt is dat ik bij hem de intellectuele belangstelling mis waar ik bij mijn ex altijd zo van genoot. De (mogelijke) ware J. gaat met alle plezier mee naar musea en voorstellingen die mij interesseren, maar het is duidelijk dat ik van hem geen nieuwe inzichten hoef te verwachten over de dingen die we zien, en dat ik altijd degene zal zijn die op dit gebied het initiatief neemt. Ik hou van mijn nieuwe vrijer en wil niets afdoen aan zijn vele geweldige kwaliteiten, maar nu we bijna een jaar samen zijn, begin ik te vrezen dat ik onrustig zal worden in een relatie waarin ik intellectueel niet word geprikkeld. Staar ik me blind op een klein minpuntje of steven ik af op problemen?

Niet Geprikkeld

Beste Niet Geprikkeld,

Mijn antwoord zou anders zijn als je me had geschreven dat je een man had ontmoet die aardig en bewonderend was, goed kon luisteren, scherpe culturele analyses ten beste gaf maar een ramp was in bed. Met je vorige echtgenoot kon je dus tot in de kleine uurtjes over het nieuwste toneelstuk van Tom Stoppard discussiëren, en toch is die relatie op de klippen gelopen. Je schrijft niet dat je nieuwe man onintelligent is, hij is alleen niet geïnteresseerd in dezelfde kunstvormen als jij. Nou en? Als je behoefte hebt aan levendige discussies over een toneelstuk of tentoonstelling, nodig dan een ander stel uit om er na de voorstelling of het museumbezoek tijdens een etentje over te praten. Of ga met een vriendin die jouw enthousiasme deelt. Die vrijer van jou zou mij op zijn beurt kunnen schrijven dat jullie op zoveel manieren zo goed bij elkaar passen, maar dat al zijn eerdere liefdes fantastisch konden skiën of kundige vogelaars waren, en dat hij zich afvraagt of hij op den duur niet onbevredigd zal zijn met iemand die op die gebieden nooit aan haar voorgangsters zal kunnen tippen. Zou jij dan niet zeggen: 'Je gooit toch niet alles weg wat we hebben vanwege dat skiën?' Maar als je weer helemaal opnieuw wilt gaan zoeken naar de tot op heden onvindbare persoon die aan ál jouw eisen voldoet, dan zou het me niet verbazen wanneer een minder kieskeurige vrouw er heel gauw achter komt dat op deze (mogelijke) ware J. niets is aan te merken.

Prudie

Volgens de sociale wetenschapper Barry Schwartz bestaan er twee soorten mensen, 'maximizers' en 'satisficers', en zijn deze twee briefschrijfsters klassieke voorbeelden van de eerste categorie. Overigens zouden veel singles deze brieven hebben kunnen schrijven, en daar hoor ik zelf ook bij.

Dat is geen goede zaak, vooral niet in de omgang met mannen.

In zijn onthullende boek *The paradox of choice: why more is less* legt Schwartz het verschil tussen maximizers en satisficers uit aan de hand van een voorbeeld. Stel dat je een trui wilt kopen. Die trui moet goed passen, stijlvol zijn, niet kriebelen, een mooie kleur hebben en binnen een zekere prijsklasse vallen. Laten we zeggen dat je hem ook nog in combinatie met bepaalde andere kleren wilt kunnen dragen. Een satisficer loopt een paar winkels binnen, vindt een trui die aan al deze eisen voldoet en koopt hem.

Ze is klaar.

Maar nu de maximizer. Zij loopt een winkel binnen, kiest een trui die aan al deze eisen voldoet en denkt: deze is wel mooi, maar misschien moet ik nog even in dat leuke winkeltje verderop gaan kijken. Misschien hebben ze er daar een die nog mooier is. Of is afgeprijsd. De maximizer legt de mooie trui onder een stapel andere truien (zodat niemand anders hem koopt) en gaat in dat winkeltje verderop kijken (en misschien nog in vijf andere winkels).

Je zou misschien denken dat de maximizer uiteindelijk een mooiere trui koopt, per slot van rekening heeft ze er meer bekeken, maar dat hoeft helemaal niet zo te zijn. Al heeft een satisficer hoge maatstaven, ze is niet op zoek naar het allerbeste. Het verschil is dat zij stopt zodra ze iets vindt wat aan die hoge maatstaven voldoet.

Ze wil een stijlvolle, flatterende trui in een bepaalde prijsklasse, en als ze die gevonden heeft, vraagt ze zich niet af of ze in een andere winkel een trui kan vinden die haar nóg beter staat en nóg stijlvoller en goedkoper is.

Een maximizer, daarentegen, zal nog drie uur of drie dagen blijven zoeken naar de volmaakte trui, zelfs al vindt ze niets beters. Uiteindelijk koopt ze de trui die ze onder de stapel had gelegd (als die er tenminste nog ligt, wat waarschijnlijk niet meer het geval zal zijn als er inmiddels een satisficer is langsgekomen!).

Maar stel dat de maximizer een iets mooier truitje of een iets minder duur exemplaar heeft gevonden. Maakt dat haar gelukkiger met haar aankoop dan de satisficer met die van haar?

Waarschijnlijk niet, zegt Schwartz. De satisficer is namelijk tevreden met iets heel moois terwijl de maximizer alleen maar tevreden kan zijn met het allermooiste dat er te krijgen is. En aangezien je nooit zeker weet of je de allermooiste te pakken hebt – je hebt nooit alle truien in de hele stad gezien en een week later hangt er in de etalages een nieuwe collectie, waar misschien nog iets veel mooiers bij is – wordt het hele proces beheerst door angst.

Bedenk eens hoeveel tijd en energie er verspild is aan het maken van deze keuze, en dat alleen maar om een trui die vijf procent mooier of tien dollar goedkoper is, iets wat er op de lange termijn niet echt toe doet. In plaats van jezelf dit allemaal aan te doen had je je ook warm en stijlvol kunnen kleden en had je misschien zelfs een paar complimentjes gekregen.

Maar omdat je je zoveel inspanningen hebt getroost om de volmaakte trui te vinden, is het helemáál van levensbelang geworden dat je de juiste keuze hebt gemaakt. Je kunt het vergelijken met vrouwen die zeggen: 'Ik heb nu zo lang op de ware gewacht, ik neem nu geen genoegen met minder.' Hoe langer je wacht en hoe harder je zoekt, hoe 'beter' de trui – of de man – zal moeten zijn. Je wilt immers niet dat al dat geworstel en al dat gedoe je een trui – of een man – oplevert die alleen maar 'voldoet', want die had je dan ook jaren geleden al kunnen hebben. Reden te meer om de trui – en de man – te kiezen die op het eerste gezicht al aan je eisen voldeed.

Natuurlijk is een trui geen relatie, maar of je het nu over kleding of een liefdespartner hebt, satisficers zijn over het algemeen gelukkiger dan maximizers. Satisficers weten wanneer ze gevonden hebben wat ze zochten, zelfs al is het niet volmaakt. Maximizers blijven altijd op zoek naar iemand die beter is en kiezen nooit, of ze kiezen wel, maar blijven zich altijd afvragen of ze niet iets beters hadden kunnen krijgen. Ze begrijpen niet dat het niet alleen acceptabel, maar zelfs normaal is dat onze wensen niet voor de volle honderd procent in vervulling gaan.

Toen ik Barry Schwartz belde op het Swarthmore College, waar hij hoogleraar is, legde hij me het moeilijke parket waarin de maximizer zich bevindt als volgt uit: 'Je kijkt voortdurend over je schouder om te zien of er zich niet iets beters voordoet. En hoe meer je dat doet, hoe slechter je je voelt over je partner of een potentiële partner, ook al zal hij uiteindelijk net zoveel te bieden hebben als de mensen naar wie je uitkijkt.'

Zo kan het gebeuren dat een maximizer een jarenlange verhouding met iemand heeft zonder erachter te komen of ze met hem wil trouwen, net als die vrouwen die naar de Lieve Lita van *Slate* schreven. Ze zegt dat ze het 'zeker moet weten'. Maar volgens Schwartz is het niet zo dat ze niet zeker weet wat ze voor haar vriend voelt. Wat ze niet zeker weet is of er niet iets beters voorbij zal komen. Zou nog een jaar – als ze al twee jaar met iemand is – haar een cruciaal nieuw inzicht opleveren over haar vriend, een of andere eigenschap die hij al die tijd voor haar verborgen heeft gehouden? Of zal ze dat jaar aan dezelfde ambivalente gevoelens ten prooi zijn gevallen als het jaar daarvoor?

Maximizers vragen zich niet af of ze gelukkig zijn, ze willen weten of ze niet iets beters zouden kunnen krijgen. Ze hebben bij voorbaat spijt van een beslissing die ze nog niet genomen hebben, aldus Schwartz. In zijn boek zegt hij: 'Je stelt je voor hoe je je zou voelen als je later ontdekt dat je iets beters had kunnen hebben. En alleen al die fantasie kan je in een poel van onzekerheid doen belanden.'

## *Niet goed, geld terug*

Er zijn mensen die hun angst later spijt te zullen hebben bezweren door zich in te dekken: ze gaan samenwonen om zich nog niet echt te hoeven binden. Ze kopen de spreekwoordelijke trui alleen als ze er zeker van zijn dat ze hem terug kunnen brengen als hij niet bevalt. Ze zullen misschien zeggen dat ze door samen te wonen beter kunnen beoordelen of ze op de lange termijn bij elkaar zullen passen. Misschien zeggen ze zelfs dat ze het zo belangrijk vinden om later een goed huwelijk te hebben dat ze al het mogelijke doen om zich ervan te vergewissen dat hun keuze de juiste is. Maar levert samenwonen dat inzicht eigenlijk wel op?

Volgens de Centers for Disease Control and Prevention, de Amerikaanse dienst voor de volksgezondheid, ligt het echtscheidingspercentage bij mensen die eerst hebben samengewoond twaalf procent hoger dan bij degenen die meteen getrouwd zijn. En een onderzoek dat de socioloog Daniel Lichter van de Cornell University heeft uitgevoerd en waarvan de resultaten in november 2008 zijn gepubliceerd, laat zien dat het echtscheidingspercentage bij vrouwen die meerdere keren hebben samengewoond twee keer zo hoog is als bij vrouwen voor wie dat niet geldt.

Wat is hier aan de hand?

Schwartz heeft een paar theorieën. Hij denkt dat de mensen die samenwonen om de relatie uit te proberen meestal maximizers zijn, mensen die zeker willen weten 'het beste' te zullen krijgen, maar vervolgens nooit echt tevreden zijn. Bovendien heeft de 'niet goed, geld terug'-mentaliteit – als het niet bevalt, gaan we uit elkaar – wellicht tot gevolg dat deze mensen minder tevreden zullen zijn als het uiteindelijk toch tot een huwelijk komt. Hij vertelde me over een onderzoek dat hij ook in zijn boek aanhaalt, dat heeft aangetoond dat mensen tevredener zijn met aankopen die ze niet terug kunnen brengen naar de winkel dan met spullen die geruild kunnen worden.

'Bijna iedereen koopt liever iets in een winkel waar je je inkopen terug kunt brengen als ze niet bevallen,' schrijft hij in *The paradox of choice*. 'Wat we ons niet realiseren is dat het feit dat we ons kunnen bedenken de kans lijkt te vergroten dát we ons ook bedenken. Als we op een genomen besluit terug kunnen komen, zijn we minder tevreden over wat we besloten hebben. Maar,' zegt Schwartz, 'nemen we een definitief besluit – te trouwen in plaats van samen te wonen, bijvoorbeeld – dan spelen zich in ons hoofd een aantal psychologische processen af die onze gevoelens over de keuze die we hebben gemaakt versterken ten opzichte van de alternatieven.'

Met andere woorden, hoe langer je blijft denken dat elke man ook voor een ander kan worden ingeruild, hoe groter de kans is dat je je op zijn tekortkomingen zult richten, en dan zal niemand goed genoeg zijn. De ene man lijkt misschien geweldig, maar vergelijk hem met een man die slimmer is maar minder initiatief toont, en beiden zullen aan glans verliezen. De eerste lijkt minder slim, de tweede minder initiatiefrijk. Kiezen tussen 'redelijk' en 'totaal onvoldoende' is makkelijk; je maakt jezelf echter gek als je steeds de afweging moet maken tussen verschillende 'redelijke' alternatieven. Als je ze naast elkaar zet en vergelijkt, worden twee 'redelijken' algauw middelmatig.

'Ons interpretatievermogen kan ertoe leiden dat iets geweldigs in onze ogen middelmatig wordt,' aldus Schwartz.

### *Elke acht verandert gaandeweg in een zes*

Laten we nog eens teruggaan naar de vrouw die in het begin van dit boek ter sprake kwam, de vrouw die me schreef dat ze niet uit was op een uitmuntende partner – een tien – maar dat ze met een acht al heel tevreden zou zijn. Zo'n relatie had ze zelfs op dat moment al. Haar dilemma was: stel dat ik een ándere acht wil? Ze weet dat ze concessies moet doen, maar ergens vraagt ze zich af of er geen béter compromis mogelijk is. En misschien is dat wel zo. Er is ontegenzeggelijk een verschil tussen 'realistisch zijn' en de verkeerde partner hebben. Maar het kan ook dat ze last heeft van het probleem dat er zoveel 'redelijke' alternatieven zijn dat geen daarvan nog echt aantrekkelijk voor haar is.

Schwartz vertelde me dat er nog iets anders aan de hand zou kunnen zijn, dat een ander psychologisch proces haar misschien parten speelt: gewenning.

'We raken aan dingen gewend,' zei Schwartz, 'en vervolgens worden ze vanzelfsprekend.' Het is net als wanneer je op een snikhete dag een ruimte binnenkomt waar airconditioning is. Op dat moment vind je die airconditioning de mooiste uitvinding aller tijden, maar na een uur ben je het alweer vergeten. Je raakt eraan gewend, en dan is het helemaal niet meer bijzonder – je verwacht niet anders. Eerst gaf je de airconditioning een tien, nu nog maar een vijf.

Zo kun je ook zeggen over de vrouw die een 'andere acht' wilde dat haar acht na een tijdje nog maar een zes is.

'Een nieuw iemand lijkt altijd beter, maar dat is tijdelijk,' zei Schwartz. 'Wat ze zich moet realiseren is dat elke acht na verloop van tijd in een zes verandert. Je kunt die zes wel weer inruilen voor een nieuwe acht, maar die wordt ook weer een zes en dan ruil je die weer in.' Maar als je je er helemaal op instelt dat de opwinding over die acht zal veranderen in het comfort van een zes, bespaar je jezelf een teleurstelling. Wanneer je je realiseert dat je aan elke man die je kiest zult wennen, wordt het minder belangrijk dat je 'de beste' kiest, in plaats van een 'redelijke'.

Wat Schwartz wil zeggen is dat satisficers niet met een minder mooie trui thuiskomen en ook geen man kiezen die minder is dan waar ze op uit waren. Ze zijn gelukkig omdat ze weten dat goed genoeg ook echt goed genoeg ís. Ze beseffen dat niets in het leven volmaakt is: banen, vrienden, truien noch echtgenoten. Daarom is het verstandig om voor de beste optie te kiezen.

### *Een maximizer is de leukste niet*

Eerlijk is eerlijk, ook onder vrijgezelle mannen heb je maximizers. Iedereen kent wel zo'n man die een hele stoet schijnbaar fantastische vrouwen in zijn kielzog heeft, maar zich aan geen van hen kan binden. Volgens Schwartz zijn deze mannen niet het probleem, maar zijn er zoveel vrouwen die hun tijd verspillen door hun zinnen op zulke mannen te zetten zonder oog te hebben voor de satisficers onder de mannen die hen gelukkig zouden kunnen maken. Vaak zoeken vrouwelijke maximizers hun mannelijke tegenhanger op, om er vervolgens achter te komen dat hij niet voldoet of dat zijzelf te licht worden bevonden. Twee kieskeurige mensen vormen meestal geen ideale combinatie.

Dit verklaart ten dele waarom het vaak een illusie is te denken dat we de ware tegen zullen komen als we maar lang genoeg wachten. De redenatie is dat de mensen die na verloop van tijd nog beschikbaar zijn 'beter' zullen zijn omdat ze zo kritisch zijn (niemand is immers tot nu toe goed genoeg gebleken). Maar het tegendeel is waarschijnlijk het geval. Zij die op jongere leeftijd trouwden en bereid waren water bij de wijn te doen, te onderhandelen en in staat waren een huwelijk in stand te houden, zijn misschien wel minder veeleisend en vaak betere partners en ouders. Ze zijn waarschijnlijk met het klimmen der jaren veel prettiger om mee te leven. Er is dus niet alleen veel voor te zeggen op zoek te gaan naar een satisficer, maar ook om er een te zíjn.

'Mensen denken vaak dat ze tussen zaken als een mooi uiterlijk en intelligentie moeten kiezen,' aldus Schwartz. 'Maar je kunt ook gelukkig worden met iemand die beide in voldoende mate bezit.' Met andere woorden, niemand vraagt je te kiezen tussen een man die je een drie zou geven voor zijn uiterlijk maar een acht voor intelligentie of iemand wiens uiterlijk een acht verdient, maar die slechts een drie krijgt voor wat hij in zijn bovenkamer heeft. We hebben doorgaans te maken met een man die je een zes zou geven voor uiterlijk, een zeven voor intelligentie, maar een acht voor levensstijl en persoonlijkheid; niet uitzonderlijk in positieve of negatieve zin, gewoon een redelijk aantrekkelijke man.

De maximizer vindt zo iemand een zwaktebod. Zij wil een acht op alle fronten. De satisficer vindt hem een goede keus. Nu is het ironische dat het de maximizer is die later een blik op de satisficer werpt – en op haar man, kinderen en de tevredenheid die ze uitstraalt – en verzucht dat zij dat ook had gewild. Nou, ze hád het allemaal kunnen hebben. Maar ze heeft het eenvoudigweg aan haar neus voorbij laten gaan.

Dat je een satisficer bent betekent tenslotte niet dat je maar tevreden moet zijn met iemand die niet heeft wat jij zoekt. Wat het wel betekent is dat je iemand vindt die voldoet, in plaats van iemand die 'alles' voor je is.

### *De huwelijksloterij*

Toen ik Steven Martin, die als demograaf verbonden is aan de universiteit van Maryland, de vraag stelde hoe het komt dat er in elke leeftijdscategorie steeds meer alleenstaande vrouwen zijn, antwoordde hij dat hij geen gegevens had die dit konden verklaren maar dat hij er wel een persoonlijke theorie over had. Naar zijn idee is de houding van veel vrouwen als volgt.

Laten we aannemen dat je twintig relaties hebt in je leven. Bij elke relatie probeer je te bepalen of, bijvoorbeeld, de derde man beter is dan de zeventien die je daarna zult hebben. Sommige vrouwen zullen voor de derde man kiezen, maar zich altijd blijven afvragen of er bij de nummers vier tot en met twintig niet een betere keuze was geweest. Anderen zullen na de derde man doorgaan tot en met de twintigste en zich langdurig afvragen of ze niet toch voor die derde man hadden moeten kiezen. Weer anderen worden gewoon niet meer mee uit gevraagd en blijven alleen. Dat heb je met keuzes: als je niets kiest, blijf je uiteindelijk met lege handen achter.

'Ik denk dat er veel weemoed en spijt onder de mensen leeft,' zei hij.

Dat gold zeker voor mij. Al die overwegingen achteraf hadden er niet toe geleid dat ik betere keuzes maakte en ook in de toekomst zou ik er geen stap verder mee komen. Er zal altijd nog wel een andere mooie warme trui in een winkel te koop zijn. Maar als ik één ding zeker wist, was het dat ik er geen zin in had zo lang naar de juiste trui te blijven zoeken dat ik ondertussen zou vernikkelen van de kou.

# 11. Maandagen met Evan

*Tweede sessie: de verkeerde aannames*

'Je moet eens onderzoeken waarom je zo gauw afhaakt,' zei Evan toen hij de volgende maandag terugkwam voor onze coachingsessie. Hij wilde weten waarom het me niet gelukt was ook maar één man te kiezen uit elke twintig waar de computer mij mee gematcht had. Hoe kwam het toch, vroegen we ons allebei af, dat ik zo'n verstokte maximizer was?

Voor een deel lag de verklaring in de realiteit waar ik mee geconfronteerd werd: de mannen die voor mij in aanmerking kwamen waren niet meer wat ze vroeger geweest waren. Hoewel Evan het me had afgeraden, had ik een e-mail gestuurd naar die leuke man van de vorige sessie, de 40-jarige die als leeftijdsgrens 35 had opgegeven. Zoals Evan al voorspeld had, had ik er niets op gehoord.

Ik vertelde Evan dat ik de week daarvoor bij wijze van sociologisch (of liever gezegd: masochistisch) experiment een dag lang gedaan had alsof ik 31 was, waarop ik reacties binnenkreeg van verschillende mannen die me interessant leken. Toen ik echter mijn werkelijke leeftijd – 41 – invulde, kwam de meest veelbelovende reactie van een 53-jarige voormalige gymleraar die weliswaar in zijn vakantie het liefst ging gokken in Las Vegas, maar wel gevoel voor humor had en van kinderen hield. Afgezien van mijn leeftijd was mijn profiel precies hetzelfde: dezelfde foto's, dezelfde tekst en ook dat ik een kind had stond erbij! Ik wilde een satisficer worden, maar dat was wel heel wat moeilijker met de mannen die ik als 41-jarige kreeg toebedeeld.

'Natuurlijk is dat moeilijker,' zei Evan. 'Maar probeer het eens op deze manier te bekijken: jouw marktwaarde is misschien lager dan tien jaar geleden, maar wel een stuk hoger dan ze over tien jaar zal zijn. Daarom zou ik zo graag willen dat je niet meteen je oordeel klaar had. Ik zou het namelijk jammer vinden als we dit gesprek op je eenenvijftigste weer zouden voeren en we ons dan zouden afvragen waarom je op je eenenveertigste alle mannen hebt afgewezen die je had kunnen hebben.'

Ik moet bekennen dat ik die fout al had gemaakt. Een paar dagen daarvoor had ik een leuke 40-jarige advocaat gemaild, een man die van diepzeeduiken hield en een geweldig profiel had. Ik was verrukt toen er antwoord van hem kwam – tot ik het bericht opende. Daarin memoreerde hij dat hij mij vijf jaar geleden online gevonden had en me had benaderd. We wisselden een aantal e-mails uit en hadden elkaar gebeld. Hij had het gevoel dat het contact goed liep, maar toen hij me aan het eind van het gesprek mee uit vroeg, mompelde ik iets onhandigs dat erop neerkwam dat ik niet dacht dat we bij elkaar pasten.

Toen ik zijn e-mail las, kwam er een vage herinnering bij me boven, maar ik begreep niet waarom ik hem toen niet had willen ontmoeten. Waarschijnlijk om een of andere belachelijke reden – dat ik niet meteen 'telefoonchemie' had gevoeld en daarom aannam dat een afspraak tijdverspilling zou zijn. Nu was hij de interessantste man die ik op het net was tegengekomen. Maar hij had geen behoefte de draad weer met mij op te nemen. Nu was het zijn beurt om voor de eer te bedanken.

Ik wist dat Evan gelijk had en dat ik er later spijt van zou hebben als ik de mannen die ik nu zou kunnen krijgen niet in overweging zou nemen. Toch vond ik het beledigend e-mails te krijgen van mannen die zo oud waren dat ik hun dochter zou kunnen zijn.

'Waarom is dat beledigend?' vroeg Evan. 'Denk eens aan Harvard. Daar krijgen ze elk jaar 25.000 aanmeldingen. Daar voelen ze zich niet beledigd als er iemand bij is met een laag cijfergemiddelde of slechte examenresultaten. Ze sturen zo iemand gewoon een briefje met de strekking: "Dank u voor uw aanmelding". Ze worden echt niet boos op mensen die zich aanmelden hoewel ze niet voldoen aan de toelatingseisen. Maar een belangrijker verschil tussen jou en Harvard is dat bij Harvard negen procent van de aanmeldingen wordt gehonoreerd, en bij jou momenteel maar twee procent.'

Het was helemaal waar. Van de vijftig profielen die ik had bekeken had ik er maar één een e-mail gestuurd – de man die ik tijdens onze vorige sessie op mijn hotlist had gezet, hoewel ik bang was dat hij 'te romantisch' zou zijn. We wisselden wat e-mails uit, waarna hij eenvoudigweg verdween. Hoezo romantisch?

'Laten we eens kijken naar de mannen met wie je gematcht bent,' zei Evan. 'Er zijn er vast wel een paar bij die jou iets te bieden hebben.'

### *Een snelle afhaker*

Blijkbaar haakte ik tamelijk snel af. De eerste man die Evan aanklikte had ik afgewezen omdat *You've got mail* zijn lievelingsfilm was.

'Wat moet ik me nou voorstellen bij een man die een meidenfilm met Meg Ryan de beste film aller tijden vindt?' vroeg ik. 'Als hij nou had gezegd dat het een van de films is waar hij graag naar kijkt, maar het is zijn líévelingsfilm.'

'Elke keer dat je te snel oordeelt, geef ik je een klap,' zei Evan. 'Ik vond die film trouwens ook heel leuk.'

'Dat meen je niet!' Ik geloofde mijn oren niet. Een eigenwijze, mannelijke man als Evan?

'Ja, echt!' zei Evan. 'Het is zelfs een van mijn favoriete romantische komedies. Sta ik nu meteen op je zwarte lijst?'

'Nee, maar dat is omdat het een afwijking is. Je hebt verder geen slechte, sentimentele smaak en ik weet van welke films je nog meer houdt. Jij bent over het algemeen niet het soort man dat warmloopt voor *You've got mail*.'

'Hoe weet je dat dat voor deze man niet ook geldt?'

Eh... dat wist ik niet. Daar viel niets tegen in te brengen. Ik voegde de meidenfilm-man aan mijn hotlist toe.

'O, en nog iets,' zei Evan. 'Ik maakte maar een grapje. Om iets duidelijk te maken.'

Ik kon hem wel villen. 'Je houdt dus niet van *You've got mail*?'

'Nooit gezien.'

'Ik haat je.'

'Ja, maar het heeft je wel aan het denken gezet, hè?' zei Evan.

'Toch haat ik je.'

Evan lachte triomfantelijk. 'Ik doe gewoon mijn werk, lieverd. Je kunt een man niet afwijzen alleen maar omdat hij van andere films houdt dan jij. Het zegt niet wat jij denkt dat het zegt. Misschien heeft hij dat wel geschreven omdat hij dacht dat het indruk zou maken op vrouwen, dat hij als een gevoelige man over zou komen. Of misschien denkt hij wel dat Meg Ryan heel erg in is. Wie zal het zeggen? Je moet ophouden van de verkeerde aannames uit te gaan.'

### *Het is een profiel, geen levensverhaal*

Evan beschreef mijn probleem als volgt: ik bedacht hele levensgeschiedenissen op basis van een paar gegevens. Als een man naar een dure school was geweest, dacht ik dat hij wel heel wat in zijn mars zou hebben. Dat hoefde niet zo te zijn. Hield een man van flutfilms, dan ging ik ervan uit dat hij in alles een slechte smaak had, of dat we zo verschillend waren dat het niet zou kunnen klikken. Ook dat hoefde niet zo te zijn. Als een man niet kon spellen, nam ik aan dat hij niet slim kon zijn, hoewel mijn vriendin Joy getrouwd is met een uiterst intelligente man die niet kan spellen. Ze heeft Dave zelfs op Match.com leren kennen, maar voor hij zijn profiel instuurde had hij de tekst laten lezen door een vriend die schrijver is, dus er stonden geen fouten meer in. Toen Joy Dave beter leerde kennen, kwam ze erachter dat hij helemaal niet kon spellen, maar inmiddels wist ze al hoe slim hij was.

'Ik was mijn man bijna misgelopen, want als al die spelfouten nog in zijn profiel hadden gezeten, had ik nooit op zijn e-mail gereageerd,' zei Joy tegen mij. 'Er bestaat trouwens geen correlatie tussen goede spellers en goede partners. Alle geweldige spellers waar ik iets mee heb gehad waren lichtelijk getormenteerde types en aan geen van allen had ik een goede partner.'

Dat is precies wat Evan bedoelde toen hij zei dat aannames zo gevaarlijk zijn. 'Dat iemand slecht spelt maakt hem nog niet tot een slechte echtgenoot.' Ik wist dat hij gelijk had. Ik bedoel, stel dat er in de tijd van Einstein datingsites waren geweest, hoe zou hij zichzelf dan hebben beschreven? Ik dacht aan de slimme en capabele echtgenoten van mijn vriendinnen – ik had geen idee of ze konden spellen.

Als ik hippere, meer literaire mannen zocht met flitsende, foutloze profielen, zei Evan, moest ik Nerve.com misschien eens proberen. Maar daar zou de leeftijd wel lager liggen en waren ze misschien minder op relaties gericht. Hij vond Match.com een goede keus voor mij omdat die site een soort winkelcentrum is, waar je alles kunt krijgen. Nerve is als een modieuze boetiek. Match heeft alles, van McDonald's tot Bloomingdales.

'Wat vind je van deze?' zei Evan, en hij klikte een ander profiel aan.

'Die is niet aantrekkelijk,' zei ik.

'Echt niet? Hij heeft wel een aardige lach.'

Ik schoot zelf in de lach. 'Dat is net zoiets als: "Hij heeft een mond." Ken jij iemand die geen aardige lach heeft? Iedereen heeft een aardige lach, behalve mensen die hun voortanden missen.'

'Wat is er niet aantrekkelijk aan hem?'

Bij nader inzien kon ik niets onaantrekkelijks aan hem ontdekken. Hij zag er vrij gemiddeld uit. Hij had de vraag over zijn inkomen trouwens niet ingevuld.

'Hij heeft geen geld,' zei ik. 'Ik verdien te weinig om nog een volwassene te onderhouden. Ik moet mezelf en mijn zoon al onderhouden. Ik wil wel iemand die zichzelf kan bedruipen. Er staat dat hij zijn eigen baas is, maar hij verzwijgt zijn inkomen.'

'Hoe weet je dat hij geen geld heeft?' vroeg Evan. 'Weer een aanname die misschien helemaal niet klopt. Ik ken heel wat mannen die hun inkomen niet invullen omdat ze geen e-mails willen van vrouwen die het alleen maar op hun hoge inkomen hebben voorzien.'

'Die zullen dan waarschijnlijk maar weinig e-mails krijgen,' zei ik. 'Sta hier eens even bij stil: mannen willen niet door vrouwen gemaild worden vanwege hun geld en vrouwen willen niet door mannen gemaild worden vanwege hun uiterlijk. Maar als een vrouw geen foto bijsluit, zal geen enkele man haar mailen! Als mannen hun inkomen verzwijgen, verwachten ze toch dat we ze mailen. Als wij onze foto achterhouden, gaan mannen ervan uit dat we niet aantrekkelijk zijn. Als zij hun inkomen achterhouden, gaan wij ervan uit dat ze geen geld hebben. We hebben allemaal onze aannames.'

Evan slaakte een luide zucht. 'Je neemt maar aan wat je wilt,' zei hij, 'maar je loopt misschien wel een man mis die een goed inkomen heeft, maar die alleen geen zin heeft om dat aan de grote klok te hangen. Neem nou deze man. Hij is afgestudeerd in bedrijfskunde. Ik weet zeker dat hij niet arm is. Jouw aanpak is: "Eerst schieten, dan pas vragen stellen." Maar misschien schiet je wel op het verkeerde doel.'

### *Iemand die er blij uitziet hoeft nog geen homo te zijn*

Maar, vroeg ik, hoe kwam ik erachter wanneer het wel raak zou zijn? Waren deze profielen niet juist bedoeld als selectiemiddel? Ik kon de tienduizend mannen die op de site stonden toch niet allemaal mailen? Aannames waren onvermijdelijk, ik moest toch iets concluderen uit wat ze schreven?

'Ja,' zei Evan, 'maar jouw aannames zijn vaak misvattingen. *Mannen die van bingo houden zijn opa's. Mannen die van luisterboeken houden, lezen nooit een boek.*'

Ik wist dat Evan mij goede raad gaf, maar inmiddels was ik uit mijn humeur geraakt. Het was zonneklaar dat ik verkeerd bezig was geweest toen ik jonger was en ik had nu gelukkig getrouwd kunnen zijn met een fijne man, in plaats van mijn maandagse lunchtijd met een datingcoach achter de computer door te brengen en profielen te bekijken. Ik had er genoeg van om naar de ware te zoeken en te proberen te doorgronden wat het 'betekende' dat hij van bingo hield of luisterboeken 'las'. Van al die pogingen om te begrijpen wat dingen 'betekenden' werd ik tureluurs en gedeprimeerd.

'Heb je deze gezien?' zei ik tegen Evan, een profiel aanklikkend. 'Helemaal niets mis mee, maar zal ik je eens iets vertellen? Ik herinner me hem van tien jaar geleden. Wat zou er met hem aan de hand zijn dat hij nog steeds geen vriendin heeft? Hij staat al tien jaar op deze site.'

'Jij ook, alleen met een paar onderbrekingen,' antwoordde Evan. 'Je hebt in die tijd drie langere relaties gehad en bent twee keer terug geweest, toen die relaties voorbij waren. Misschien geldt dat voor hem ook. Misschien heeft hij wel twee jaar iets met iemand gehad en is dat net geëindigd. Je moet ophouden met al die...'

'Aannames!' riep ik. 'Ik weet het.'

Het was duidelijk dat ik veel van mijn aannames overboord moest gooien en dat ik er heel alert op moest zijn, anders zou ik nooit iemand ontmoeten. Ik haalde mijn hotlist tevoorschijn om Evan de mannen te laten zien die me wel wat leken. De eerste was een marketingman die slim en interessant leek, met een scherp gevoel voor humor. Hij had dun peper-en-zoutkleurig haar en was 'aan de brede kant'. Hij zag er absoluut ouder uit dan 46, de leeftijd die hij had opgegeven. Maar er floepte een berichtje op het scherm dat hij niet meer op de site stond. Ik kon het niet geloven.

'Zelfs hij is weg!' zei ik tegen Evan. 'Dat is toch niet te geloven. Híj heeft iemand gevonden!'

'Het bewijst dat er vrouwen zijn die minder snel oordelen dan jij,' zei Evan, in de hoop me daarmee aan het lachen te maken. 'Of misschien is hij even gestopt omdat hij drie weken op reis is.'

Evan klikte een andere man aan. 'Die lijkt me wel interessant,' zei hij. Dat vond ik ook, maar toch aarzelde ik toen ik wat langer naar de foto keek.

'Hij ziet eruit als een nicht, vind je niet?' vroeg ik.

'Hij ziet er blij uit,' zei Evan.

'Ja, maar wel een nicht, toch?'

'Met zijn dochter in zijn armen? Lijkt me niet waarschijnlijk.'

In mijn ogen was het een nicht als een deur. Of hij nou getrouwd was en een kind had of niet. Misschien was hij wel gescheiden, had zijn vrouw hem verlaten toen ze ontdekt had dat hij homo was.

'Daar ga je weer, je verzint een hele levensgeschiedenis enkel op basis van een profiel,' zei Evan. 'Misschien is hij wel homo, maar zijn profiel geeft mij geen enkele aanleiding om dat te denken. Is hij de grootste macho die erbij is? Nee. Maar dat betekent nog niet dat hij homo is. Ik weet dat het moeilijk is en dat je als 41-jarige vrouw op Match.com meer mannen tegenkomt die bindingsangst hebben, alleen een spelletje spelen, in financiële onzekerheid verkeren, onaantrekkelijk of sociaal onhandig zijn, en meer bittere gescheiden mannen, veel oudere mannen en mannen die geen kinderen willen dan als je tien jaar jonger was geweest. Kijk in je inbox. Ik vertel je niets nieuws. Maar zijn alle goede mannen al bezet? Heus niet. Je zult ze alleen niet vinden als je niet iets aan je vooroordelen doet.'

Volgens Evan hebben mensen al die aannames omdat daten zo'n uitputtende bezigheid is. Ze willen meteen weten of een man de ware is, ook al hebben ze alleen een profiel van één pagina om op af te gaan.

'Je wilt de laatste bladzijde van een boek lezen nog voor je weet wat er op de eerste staat,' zei hij, 'maar dat kan niet. *Ik wil alleen maar weten of hij slim is. Ik wil weten of hij zich wil binden.* Vrouwen willen weten wat er zal gebeuren. *Als ik deze man ontmoet, zal hij zus of zo zijn.* Daarom neem je iets aan op basis van de laatste bladzijde van het boek, maar je moet het hele boek lezen om echt te weten hoe het afloopt.'

Of, zoals mijn vriendin Kathy zei: 'Je weet niet wat iemand in huis heeft tot je elkaar ziet en spreekt. En zelfs dan kun je nog niet weten of je aanvankelijke aarzeling terecht was of niet, of het "ja" wordt, of "bah!"'

Evan zat nog even te klikken en stopte toen er een 43-jarige alleenstaande vader met twee kleine kinderen op het scherm verscheen. Hij had de juiste leeftijd en stond open voor iemand van zijn eigen leeftijd (maar ook, zag ik, voor iemand van dertig). Hij deed iets financieels, zag er jong en best leuk uit. Hij gebruikte een citaat dat me beviel.

'Ik weet het: hij heeft de spelling niet gecheckt!' zei Evan, toen ik mijn mond opende om iets te zeggen. 'Maar val daar nou niet over, oké?'

'Maak je geen zorgen,' zei ik. 'Ik probeer me nu echt open te stellen.'

'Je probeert het wel, maar twintig minuten geleden schreef je nog iemand af vanwege zijn lievelingsfilm.'

Ik las nogmaals het profiel van de alleenstaande vader. Het was nogal doorsnee en zou me normaal gesproken helemaal niet zijn opgevallen. Intuïtief nam ik aan dat hij saai zou zijn, maar mijn intuïtie had me tot nog toe geen echtgenoot opgeleverd.

'Je kunt twee dingen doen,' zei Evan. 'Je kunt meer mannen toelaten tot de groep mannen van wie jij denkt dat ze jou gelukkig zouden kunnen maken. Je kunt ook vasthouden aan die twee procent van de mannen van wie je *aanneemt* dat ze aan je eisen voldoen, en dan maar hopen dat er bij die twee procent toevallig iemand zit die denkt dat jij tot zíjn twee procent zou kunnen behoren. Maar zelfs dan kan het zo zijn dat de mannen van wie je aanneemt dat ze aan je eisen voldoen toch niet bij je passen. Kijk naar je vroegere partners. Denk hier de komende week maar eens over na.'

Zodra Evan weg was, schreef ik de alleenstaande vader. Na een paar e-mails – de gebruikelijke vragen die vreemden elkaar stellen – kregen we elkaar aan de telefoon. Mijn gesprek met Mike liep niet bepaald geweldig. Sterker nog, gezien het feit dat ik een paar jaar terug geen afspraak wilde maken met een leuke advocaat, de diepzeeduiker, alleen maar omdat hij me niet in vervoering bracht aan de telefoon, had ik nu helemaal redenen om niet met Mike uit te willen.

Aan de telefoon bleek hij een fan van The Grateful Dead te zijn – op zijn drieënveertigste – en dat was helemaal niet mijn scene. Toen hij hoorde dat ik gestudeerd had, riep hij: 'Oooo, dus je bent zo'n slimme meid!', waarmee hij suggereerde, denk ik, dat hij zelf niet slim was. Hij maakte tot vervelens toe woordgrapjes.

Maar er waren ook pluspunten. We zaten politiek in dezelfde hoek en waren allebei toegewijde ouders – hij had twee zoontjes. Hij werkte momenteel als financieel adviseur maar was in het verleden producer geweest, dus hij had ook een creatieve kant. Je kon makkelijk met hem praten. Hij was aardig, had begrip voor mijn drukke leven en bood aan een behoorlijk eind te rijden in de spits om mij in de buurt van mijn huis te ontmoeten. Toen hij vroeg of ik een afspraak met hem wilde maken, aarzelde ik dan ook niet. Ik zei ja.

We zouden elkaar die vrijdagavond ontmoeten.

# 12. De mannen die ik heb laten schieten

Nu ik een afspraak had met Mike, moest ik denken aan de mannen met wie ik niet uit had gewild vanwege ideeën die ik over hen had gehad.

Een aantal mannen kwam in mijn herinnering naar boven en hoe meer ik me verdiepte in de mannen met wie ik nooit iets was begonnen, hoe meer het me opviel dat ik ook aannames had gehad over mannen met wie ik hóópte dat het iets zou worden. Er waren niet alleen mannen geweest van wie ik had aangenomen dat ze niets voor mij waren, er waren er ook geweest die ik zonder ze ooit te hebben gezien voor volmaakt had gehouden.

Om erachter te komen hoe juist mijn aannames waren geweest, besloot ik mijn wederwaardigheden met enkele mannen uit mijn verleden onder de loep te nemen en te kijken hoe het met hen ging.

### *Andy – de man die ik niet 'cool' genoeg vond*

Ik leerde Andy kennen toen ik 32 was en pas naar een nieuwe stad was verhuisd. Een vriendin had me zijn nummer gegeven zodat ik iemand had die mij wegwijs kon maken in mijn nieuwe omgeving. De eerste keer dat we samen koffiedronken, praatten we drie uur lang met elkaar en dat hadden er net zo goed dertig kunnen zijn. Hij was slim, interessant en ontzettend grappig. Ik voelde me meteen op mijn gemak bij hem, maar meer zoals je met een oude vriend hebt dan dat er iets romantisch in de lucht hing. Andy was niet mijn type. Hij was enigszins gedrongen en had een sik. Hij was een beetje een nerd, en een computerfanaat.

Fout nummer 1: ik ging ervan uit dat hij niet had wat ik zocht in een echtgenoot. Een week later, toen hij zei dat hij wel iets met mij wilde, antwoordde ik dat ik 'niet op die manier aan hem dacht'.

Andy en ik werden intussen wel hechte vrienden. We voelden elkaar helemaal aan. We maakten elkaars zinnen af en wisten wat de ander dacht. We hadden lol. We namen elkaar spitsvondig in de maling, wisselden woordgrapjes uit, bespraken ons dagelijks leven tot in de kleinste details en elk onderwerp, van politiek tot relaties, passeerde de revue. Toch was het voor mij in de eerste plaats kameraadschap. Het kwam geen moment in me op meer met Andy te willen dan we hadden. Ik was gewoon ongelofelijk blij met onze vriendschap.

Niet lang daarna kreeg ik iets met een man die ik wel 'cool' vond. Hij was artistiek, opwindend en heerlijk onconventioneel. Ook Andy leerde iemand kennen, een mooie, slimme en aardige vrouw en het duurde niet lang voor het serieus aan was met Jodi.

Ongeveer anderhalf jaar later kwam er een eind aan mijn relatie met mijn 'coole' vriend (wat hem opwindend maakte, had als keerzijde dat hij onbetrouwbaar was; wat hem fascinerend en onconventioneel maakte, betekende ook dat het idee van een huwelijk en kinderen ver van hem af stond), en worstelde Andy een tijdje met de vraag of Jodi wel de ware was. Stimuleerde ze hem genoeg? Deelden ze genoeg interesses? Moest hij niet op zoek gaan naar iemand die, net als hij, eigenzinnig was? Hij was inmiddels 34 en wilde wel trouwen, maar niet met de verkeerde persoon. Soms zei hij: 'Waar vind ik iemand zoals jij?' Dan lachten we dat altijd weg, alsof het een grap was van ons tweeën. Inmiddels had ik een nieuwe vriend en dacht ik dat ik verliefd was.

Toen Andy me op een dag mee uit eten vroeg, wist ik dat

er iets aan de hand was. 'Ik moet je iets belangrijks vertellen,' mailde hij. Ik dacht dat hij het eindelijk had uitgemaakt met Jodi. Maar toen we tegenover elkaar in het restaurant zaten, kondigde hij zijn verloving aan met de woorden: 'Jodi en ik gaan trouwen. We willen dezelfde dingen.' Ik vond het komisch klinken, het was de meest onromantische manier om te zeggen 'Ik ga trouwen!' Ik herinner me dat ik hem gelukwenste maar dat ik het heimelijk jammer voor hem vond omdat het me een compromis leek. Ik weet nog dat ik dacht dat ik dat zelf nooit zou doen. Zonder een eerste periode vol duizelingwekkende opwinding om door de ups en downs van een huwelijk heen te komen, zou het voor Andy en Jodi ongetwijfeld op een scheiding uitdraaien.

Fout nummer 2: ik ging ervan uit dat Andy, net als ik, een maximizer was.

Er volgden negen jaar waarin Andy, tot mijn verbazing, werkelijk gelukkig leek te zijn. Nadat ik weer in Los Angeles was gaan wonen, kwamen er regelmatig e-mails met links naar foto's van hem en Jodi en hun drie kinderen, en in plaats van medelijden met hem te hebben, voelde ik afgunst – en verwarring. Was hij echt zo gelukkig als de foto's deden vermoeden? Voelde hij zich niet eenzaam in een huwelijk met iemand die hij mij ooit als 'nietszeggend' had omschreven?

Toen ik hem er laatst naar vroeg, legde hij het zo uit: 'Ze is nietszeggend op gebieden die er in het grotere geheel niet toe doen. Ik ben een prater, ik ben dol op plagerijen en ik heb hevige meningen over van alles, en zij is gewoon anders daarin. Dat woog zwaarder toen we verkering hadden. Ik zou die dingen nog steeds leuk vinden in een partner, maar het heeft zo weinig te maken met de dagelijkse realiteit van een huwelijk dat het er nu nauwelijks meer toe doet.'

Heeft hij een volmaakt huwelijk? Nee. Maar dat had hij ook niet verwacht. 'Veel van mijn vrienden zijn ontevreden als ze een tijdje getrouwd zijn omdat het niet het droomhuwelijk is dat ze zich hadden voorgesteld. Het is alsof ze willen zeggen:

"Wacht even, hier heb ik niet voor getekend, dit stond niet in de folder!"'

Andy wist dat hij met Jodi wilde trouwen, zei hij, omdat er weliswaar geen heftig emotioneel vuurwerk aan te pas kwam (hoewel het lichamelijk wel klikte) maar er meteen in het begin een vredige, comfortabele sfeer tussen hen was. Ze waren in dezelfde buurt opgegroeid, hun wederzijdse ouders kenden elkaar en ze hadden eenzelfde soort opvoeding gehad.

'Toen ik foto's van haar jeugd zag en ze met die van mij vergeleek,' zei Andy, 'was het haast alsof het dezelfde foto's waren. Dat gaf me het gevoel dat het goed zat. Dat ik thuiskwam. Ze had veel kwaliteiten waar ik naar op zoek was – op ethisch gebied en qua werkopvatting – kwam uit een degelijke familie, was aantrekkelijk en aardig. En over de dingen die ik miste stelde ik mezelf de vraag hoe belangrijk die over vijf jaar nog zouden zijn.'

Andy gelooft dat mensen die flexibel zijn een beter huwelijk hebben omdat je prioriteiten door de jaren heen sterk veranderen. 'Toen de kinderen kwamen was dat een mijlpaal, een cruciaal moment voor mij,' zei hij. 'Zodra je een kind hebt, besef je dat het niet meer alleen om jou gaat. Dat ik een goede moeder voor mijn kinderen naast me had werd veel belangrijker dan dat ze sprankelend gezelschap aan tafel was.'

Toen Andy en Jodi verkering hadden, herinnert Andy zich, was hij een keer bij de videotheek ongelofelijk lang bezig de verhaaltjes op de dvd's te lezen en kon hij maar niet besluiten welke hij zou huren. Toen hij er uiteindelijk een uitkoos, had hij zoveel tijd verdaan dat het te laat was geworden om de hele film nog te zien. Dat zette hem aan het denken, en hij vroeg zich af: 'Blijf je zoeken tot je de perfecte film hebt gevonden of huur je er gewoon een en ga je die thuis bekijken? Hoe lang blijf je hier nog rondhangen voor je er een hebt uitgekozen?' Het drong tot hem door, zei hij, dat de vraag of hij misschien nog een betere zou kunnen vinden een kwelling zou worden omdat je elke keer dat je iets waarvan je wéét dat het het niet helemaal is, inruilt voor iets waarvan je dat níét weet.

'Ik had er moeite mee dat Jodi bepaalde dingen miste die ik zocht in een vrouw, maar ik begreep ook dat ik de rest van mijn leven constant redenen zou kunnen vinden waarom ik niet met persoon A, B, C of D in zee wilde. Met het ouder worden ga ik steeds meer beseffen hoe kort het leven is, en nu ben ik heel blij met mijn leven zoals het is. Mijn vrouw en ik hebben misschien niet dezelfde snelle humor, maar we zien wel samen onze kinderen opgroeien met alle mijlpalen die daarbij horen, en dat is een ongelofelijke ervaring. We zijn bovendien buitengewoon gelijkgestemd over de opvoeding. Met een spannender iemand had ik misschien niet zo duidelijk op één lijn gezeten in het leven van alledag, en misschien hadden we heel vaak met elkaar overhoopgelegen. Dan prefereer ik toch het huwelijk dat ik nu heb. Ik heb bewust de dingen op een rij gezet waarvan ik hou en die ik waardeer in Jodi, en de dingen die er niet zijn vind ik niet belangrijk genoeg om over in te zitten. Ik ken mensen die voortdurend op internet zitten te googelen ('wat zou er van dat meisje van de middelbare school geworden zijn?') en hoewel het verleidelijk is, moet je je wel realiseren dat het internet een soort moderne variant is van de bouquetroman, alleen met figuren die echt bestaan.'

Andy's opmerking toen hij jaren geleden zijn huwelijk met Jodi aankondigde – 'We willen dezelfde dingen' – kwam nu heel anders op me over. Dat de foto's van zijn gezin op zijn website me zo afgunstig maakten, kwam omdat ik zelf ooit iemand hoopte te vinden die dezelfde dingen wil als ik. De ironie wil dat ik de dingen die maakten dat ik hem vroeger een nerd vond, nu juist aantrekkelijk aan hem vind. Dat hij veel uit films citeert lijkt me nu aandoenlijk en leuk voor de kinderen. Zijn voorliefde voor a capella-zang en amateurfilmen komen goed van pas bij het maken van onnoemelijk grappige homevideo's van zijn gezin. Dat hij niet zo'n snelle, gladde jongen is, maakt hem een betrouwbare, oprechte partner. En trouwens, hij is wat kilo's kwijtgeraakt, heeft zijn sik afgeschoren en ziet er naar mijn idee erg leuk uit.

Ik bedoel niet dat Andy mijn soulmate is of dat een relatie tussen ons een succes was geworden. Ik wil alleen maar zeggen dat ik het nu jammer vind dat ik de mogelijkheid niet heb overwogen toen die er was. Terugkijkend vind ik het onvoorstelbaar dat er een man in mijn leven was met wie ik dolgraag omging en die dezelfde dingen wilde als ik, en dat het niet eens in me opkwam dat ik een relatie met hem zou kunnen hebben. Tot op de dag van vandaag zijn er weinig mensen met wie ik zo graag praat als met Andy. Als ik het over kon doen, zou ik onmiddellijk iets met hem beginnen. Niet omdat ik concessies zou doen, maar omdat ik nu andere dingen belangrijk vind, dingen die ik eigenlijk altijd belangrijk had moeten vinden.

### *Matt – de man die ik voor volmaakt hield*

Wanneer ik zeg dat Matt voor mij de ideale man was, is dat nog zacht uitgedrukt. Hij was superslim, creatief, eigenzinnig, succesvol en had zelfspot – op papier althans. Ik had hem namelijk nooit ontmoet, maar las een artikel over hem in een glossy magazine en dacht: met zo'n man zou ik wel wat willen.

Natuurlijk begreep ik ook wel dat het nergens op sloeg om te fantaseren over iemand die ik helemaal niet kende, maar eerlijk is eerlijk: als ik aan een relatie dacht was Matt toch wel mijn maatstaf. Als je me indertijd had gevraagd of ik dat realistisch vond, had ik nee gezegd, maar op een bepaald niveau had ik dan gelogen. In mijn liefdeleven zag ik mannen als Andy consequent over het hoofd omdat ik eigenlijk wachtte op een man als Matt.

Bijna tien jaar later kwam ik bij het opruimen van mijn werkkamer in een oude doos het artikel tegen dat ik indertijd, toen ik 31 was, uit dat tijdschrift had gescheurd. Ik stond op het punt het weg te gooien, maar omdat ik het met Evan over mijn verkeerde aannames had gehad, googelde ik Matt om te zien wat er van hem geworden was. Hij was inmiddels 45 en zoals het artikel had voorspeld was hij een bekend en gevierd architect geworden. Hij zag er nog steeds goed uit en had een zoon. En toen zag ik op de website van zijn kantoor zijn e-mailadres. Ik stuurde hem een mailtje waarin ik over mijn boek vertelde en vroeg of ik hem zou kunnen spreken. Hij antwoordde met humor en zei dat hij daar niets op tegen had. Wauw, dacht ik. Mijn droomprins is nog aardig ook.

Ik nam aan dat hij alles had: hij zag er goed uit, had persoonlijkheid, talent, charme en een liefhebbend gezin. Ik nam aan dat zijn vrouw een enorme geluksvogel was.

Toen we elkaar voor het eerst spraken, leek dat ook te kloppen. Matt was op-en-top de charmante, attente, belangstellende, innemende en geïnteresseerde man die ik me had voorgesteld. Ik had om een gesprek van een half uur gevraagd, maar drie uur later waren we pas uitgepraat. Hij was helemaal mijn soort man. Maar – en nu komt het – hij was niet getrouwd. Nooit getrouwd geweest. Dat hij een zoon had kwam doordat een ex-vriendin van hem per ongeluk zwanger was geraakt. Hij was alleen en beschikbaar.

Hoe was dit mogelijk? Hoe kon het dat een man die op zoveel manieren zo aantrekkelijk was geen partner had kunnen vinden? Naarmate we langer kletsten, werd het echter steeds duidelijker. Hij was een dodelijke maximizer. Niemand was goed genoeg voor hem. Niet de vriendin die zwanger werd (zij was weliswaar 'fascinerend en intelligent' maar 'op bepaalde punten zo gevoelig dat het storend werd' en ze had 'zulke grote handen, dat stond me tegen'), en die inmiddels gelukkig getrouwd was (vermoedelijk met iemand die met haar gevoeligheid en grote handen om kon gaan), noch de vriendin 'die heel vaak foutjes maakte met kleine dingen, zoals kaartlezen in de auto, in mijn ogen een teken van onvermogen', noch de vriendin die op een andere manier communiceerde dan hij. Het kan best dat deze vrouwen geen van allen bij hem pasten, maar met twee van hen had hij wel relaties die respectievelijk vijf en zeven jaar duurden.

Die relaties konden toch niet alleen maar kommer en kwel geweest zijn?

'Het is niet zo dat ik niet in staat ben me te binden,' legde Matt uit. 'Maar vroeger had ik het gevoel dat het een compromis zou zijn als ik dat deed. Het heeft me nooit enige moeite gekost mensen te vinden die me bevielen en die mij ook zagen zitten. Daardoor krijg je het gevoel dat iedereen vervangbaar is door iemand anders, als vissen die je teruggooit in zee omdat je wel weer een andere vangt.'

Nu hij 45 is, vertelde Matt, hebben bijna alle vrienden van zijn leeftijd een gezin en vraagt hij zich vaak af waarom hij niet ook getrouwd is.

Zou het niet kunnen dat hij gewoon de ware nog niet is tegengekomen? Of dat hij niet realistisch genoeg is geweest?

'Ik denk wel dat ik realistisch ben,' zei hij na een lange stilte. 'Ik heb me altijd aangetrokken gevoeld tot buitengewoon intelligente, capabele, talentvolle, fijngevoelige, open, positief ingestelde vrouwen. Maar ik zeg niet dat ik nooit uit zou gaan met een gescheiden vrouw, of iemand met kinderen. Zo ben ik ook weer niet.'

Ik vroeg of hij geïnteresseerd zou zijn in een intelligente, fijngevoelige vrouw die echter niet zo heel talentvol is. In principe wel, antwoordde hij, maar eigenlijk wist hij het niet zo zeker.

'Ik denk dat ik er steeds minder goed in ben geworden om water bij de wijn te doen,' bekende hij. 'Ik heb zo lang gewacht, ik ga de lat nu niet lager leggen. Veel van mijn vrienden zijn gescheiden.'

Zo dacht ik zelf vroeger ook over gescheiden stellen, maar wat toen nooit in me opkwam was dat de meeste mensen niet gaan trouwen met het gevoel dat ze een compromis sluiten. De meeste mensen trouwen met degene die ze voor de ware houden. Ik betwijfel of het hoge echtscheidingspercentage te wijten is aan de mensen die toen ze trouwden dachten dat hun keuze een compromis was. Het lijkt me veel waarschijnlijker dat het door de mensen komt die dachten dat ze smoorverliefd waren, maar later tot de ontdekking kwamen dat ze hun echtgenoot op verkeerde gronden hadden gekozen.

Terwijl ik met Matt zat te praten kwam het bij me op dat de eigenschappen die me zo aantrokken toen ik tien jaar eerder dat artikel over hem las waarschijnlijk eigenschappen waren die niet kenmerkend waren voor de gezinsvriendelijke man naar wie ik nu op zoek was. Een ambitieuze, superslimme, creatieve man kan geweldig zijn om mee uit eten te gaan, maar iemand die zeven dagen per week aan het werk is, zijn zoon maar twee weken per jaar ziet (en opmerkt dat hij bij meer kinderen 'genoeg zou krijgen van die kleuters') en bovendien geen geduld heeft met de onvolkomenheden van een ander, is geen aanlokkelijke echtgenoot. Iemand met zijn persoonlijkheid en zijn indrukwekkende brein is misschien een opwindende vriend, maar zal niet gauw een echtgenoot zijn die zich graag onderdompelt in de dagelijkse routine van het gezinsleven. Alle deskundigen die ik heb gesproken zeggen dat gedeelde waarden belangrijker zijn dan gedeelde interesses, en hoewel Matt en ik als koppel niet gauw gebrek aan gespreksstof zouden hebben, vermoed ik dat we in een gezinssituatie voortdurend met elkaar overhoop zouden liggen.

Op een gegeven moment stelde Matt mij een interessante vraag. Hij sprak over zijn relatie die zeven jaar had geduurd en vertelde dat hij zo graag wilde dat het goed was, maar dat er te veel dingen waren die hem stoorden aan zijn vriendin. 'Dit gaat over iets algemeners,' zei hij. 'De vraag in welke mate mensen moeten veranderen om een relatie tot een succes te maken.'

Ik weet niet zeker of hij het over zichzelf, zijn vriendin of beiden had, maar ik vond het opmerkelijk dat het probleem er voor hem – en dat geldt voor veel singles – uit bestond dat iemand moest veranderen, en niet dat er dingen waren die je moest aanvaarden. Want, zoals mijn getrouwde vrienden vaak tegen me zeggen, het gaat er niet om de ander te veranderen, het gaat erom dat je accepteert dat je je partner niet altijd kúnt veranderen.

Toen Matt even later vertelde dat hij internetdaten had geprobeerd, vroeg ik of ik zijn profiel mocht zien. Er ging een magnetische aantrekkingskracht van uit. Als ik zijn beschrijving een paar jaar daarvoor op internet was tegengekomen, had ik de huwelijksdatum al in mijn hoofd gehad op het moment waarop ik de verzendknop aanklikte. Maar als ik, uitgaande van het soort partner dat ik nu zoek, de keuze zou hebben tussen hem en iemand als Andy, dan koos ik zonder aarzelen voor de laatste. En ik zou niet terugkijken. Als iemand mij tien jaar geleden had verteld dat ik Andy ooit boven Matt zou verkiezen, zou ik dat absurd, misschien wel ondenkbaar hebben gevonden. En kijk mij nu eens: ik ben nog steeds single, evenals mijn voormalige droomprins.

*Jeff – de man die ik niet intellectueel genoeg vond*

Toen ik een tijd geleden, in 2006, voor een artikel waar ik mee bezig was een paar datingsites uitprobeerde die op wetenschappelijke leest geschoeid waren, verscheen er een profiel in mijn inbox van een man die ik helemaal niet interessant vond. In het artikel stelde ik de vraag aan de orde waarom de site mij – een boekenvreter die zich aangetrokken voelt tot literaire types – met een man had gematcht die over zichzelf schreef:

> *Hoewel ik weleens een boek lees, sta ik erom bekend dat ik erg gauw ben afgeleid. Het gevolg is dat mijn flat bezaaid ligt met veel half gelezen exemplaren van (naar verluid zeer goede) boeken. Als ik die boeken opzijleg, is dat omdat mijn aandacht wordt opgeslokt door een tijdschrift... Elke paar dagen verliezen de tijdschriften het van de dvd's.*

Ik nam aan dat we niet bij elkaar pasten en hij verdween zonder pardon in de prullenbak. Maar op een dag kreeg ik een bericht van hem waarin hij vertelde dat hij tot zijn verbazing zijn eigen datingprofiel in de *Atlantic* was tegengekomen. Was het geen grap, schreef hij, dat hij uit een van de meest gerespecteerde literaire tijdschriften van Amerika had vernomen dat ik hem had afgeschreven omdat ik hem niet literair genoeg vond?

'Ik vond het echt een grap,' zei Jeff drie jaar later, toen ik hem in Noord-Californië belde om over het misverstand te praten. Jeff was een jaar jonger dan ik, hoogopgeleid en werkzaam als softwareondernemer. We hadden een leuk gesprek over – geloof het of niet – de boeken die hij onlangs had gelezen! Hij was geestig en zelfbewust en we leken veel gemeen te hebben, zowel wat waarden als interesses betrof. Maar inmiddels had hij natuurlijk een vriendin (van, uiteraard, begin dertig).

Jeff zei dat hij wel begreep dat ik op basis van zijn profiel zo snel had geoordeeld, en vertelde dat hij zelf ook had moeten leren niet te snel conclusies te trekken als het ging om romantische relaties. Hij zei dat hij er bijvoorbeeld moeite mee had gehad dat zijn huidige vriendin een ander gevoel voor humor had dan hij.

'Ik dacht altijd dat gevoel voor humor een belangrijke graadmeter was als je je afvroeg of iemand bij je paste en dat het veel zegt over hoe je hersenen functioneren,' zei hij. 'En in zekere zin is dat ook zo, wij worden intellectueel door heel verschillende dingen geprikkeld. Ik hou van puzzels, spelletjes en grapjes. Dingen die zij niet bijster interessant vindt. Ik vind het wel een beetje jammer dat ik die dingen niet met haar kan delen, maar het afgelopen half jaar zijn we echt naar elkaar toe gegroeid en hebben we verrassende dingen over elkaar ontdekt. We zijn allebei heel beschouwelijk en goed in communiceren. We kunnen alles bespreken zonder in de verdediging te gaan. We houden allebei van joggen, zijn maatschappelijk actief, genieten van elkaar en waarderen elkaar. In vorige relaties was ik onvolwassen. Ik slaagde er altijd in iets te vinden wat ik miste in de ander.'

Toen ik Jeffs profiel indertijd las, had ik dat ook gedaan. In plaats van me te richten op hoe aantrekkelijk, slim en geestig hij overkwam, zag ik iets negatiefs – dat hij niet op dezelfde manier van boeken hield als ik – en wees ik hem af. Het ergste is dat die aanname niet klopte. Uit zijn profiel was eenvoudigweg niet op te maken dat hij heel belezen was en geïnteresseerd in allerlei soorten leesmateriaal. En trouwens, zelfs al was hij niet belezen, wat deed dat er uiteindelijk toe als iemand slim en interessant was, zoals ik tijdens ons telefoongesprek ontdekte?

Net als bij Andy zal ik nooit weten wat er gebeurd was als ik voor Jeff had gekozen. Maar dit gaat allang niet meer over Jeff, Andy of Matt. Het gaat erom dat ik deze fout de volgende keer niet maak.

# 13. Weer de fout in

Natuurlijk besefte ik dat ik hetzelfde gedaan had met Sheldon, de universitair geschoolde, alleenstaande vader aan wie Wendy, de huwelijksmakelaar, me een maand eerder had geprobeerd te koppelen. Ze had al mijn verkeerde aannames gepareerd, maar toen ik bij zinnen was gekomen was het te laat en had Sheldon iemand anders gevonden.

Inmiddels had Wendy geprobeerd een andere man voor mij te vinden, maar van de mannen die in aanmerking kwamen waren degenen die nooit getrouwd waren geweest alleen geïnteresseerd in een kinderloze maar wel vruchtbare vrouw (met andere woorden: iemand van onder de 35), of wilden ze helemaal geen kinderen. De gescheiden vaders waren over het algemeen vijftigers met kinderen die binnen enkele jaren zouden gaan studeren, en hadden geen behoefte aan een relatie met iemand met een peuter. (Ze hadden ook geen behoefte aan een vruchtbare vrouw zonder kinderen die wel in hen geïnteresseerd was: ze hadden eenvoudigweg geen zin meer in kleine kinderen.) Wendy werkte alleen met mensen die op belangrijke punten aan haar eisen voldeden, ze moesten aardig en stabiel zijn, gericht op het huwelijk en een goed karakter hebben. Mannen die niet op zoek waren naar een serieuze relatie, hun zaakjes niet op orde hadden of emotioneel niet in balans waren (nog niet over een scheiding heen, gedeprimeerd, onvolwassen) kwamen dus niet in aanmerking.

Ze had dus helaas niemand voor me kunnen vinden.

Ik vroeg me af waar alle gescheiden vaders van mijn leeftijd waren gebleven. Ik bedoel, gezien het landelijke echtscheidingspercentage moesten er daar toch hordes van rondlopen? Volgens Wendy waren er wel jongere gescheiden vaders, maar bleven die niet lang alleen. Voor gescheiden moeders gold dat wel, vandaar dat er een overschot was aan vrouwen uit die categorie. Wendy komt ook gescheiden vaders tegen die niet meer willen trouwen of zich ook maar langdurig willen binden omdat ze door hun ex-vrouw zijn uitgekleed. Vaak willen ze echter wel gezelschap in de vorm van een vriendin.

Wanneer je het over mensen met kinderen hebt, komt daar nog bij dat jongere alleenstaande vaders goed in de markt liggen omdat vrouwen een man die van zijn kinderen houdt hoog aanslaan. Jongere alleenstaande moeders daarentegen worden veel lager gewaardeerd omdat mannen niet staan te springen om voor de kinderen van een ander te zorgen.

Tien jaar geleden had ik er geen idee van dat het zo moeilijk zou worden om iemand te vinden, maar het muntje was nu wel gevallen. Dat dacht ik althans.

In diezelfde week werd ik benaderd door Julie Ferman, de huwelijksmakelaar en eigenares van Cupid's Coach, met het aardige aanbod mij gratis aan iemand te koppelen. Ik was verrukt, vulde de vragenlijst van Cupid's Coach in en maakte een afspraak met haar.

## *Nog een misser*

Toen we tegenover elkaar zaten begon Julie meteen allerlei vragen op me af te vuren die niet op de lijst stonden: met wat voor mannen was ik in het verleden uitgegaan? Welke waren een succes, welke niet? Uit wat voor familie kwam ik? Hoe was mijn jeugd verlopen? Welke dingen waren belangrijk voor mij? Waar lag mijn hartstocht? Dat nam ongeveer een uur in beslag. Vervolgens begon ze verwoed te klikken. *Klik, klik, klik.* Ze ging alle mannen in haar database af.

'Ik ben op zoek naar de vijf geschiktste kandidaten,' zei ze al klikkend. 'Meer niet, want dat kun je niet verwerken. Als je te veel keus krijgt wordt het een soort Match.com-ervaring en wat heb je daaraan? Na een jaar is je geld op en is er nog niets veranderd.'

Ik keek naar het computerscherm. Vijf mannen glimlachten naar me. Twee zagen er erg leuk uit. Twee vond ik oud, maar bleken slechts een paar jaar ouder dan ik. Waarschijnlijk zie ik er in hun ogen ook oud uit. Dat is iets wat ik vaker gemerkt heb sinds ik de veertig ben gepasseerd: ik vind iedereen in mijn leeftijdsgroep er oud uitzien omdat het beeld dat ik van mezelf heb correspondeert met hoe ik was toen ik dertig was. Ik heb dat beeld nog niet aangepast aan het gezicht dat ik 's ochtends in de spiegel zie.

Dat is een probleem, want ik voel me gewoon niet aangetrokken tot mannen van middelbare leeftijd. Wanneer ik een man ontmoet, of zijn foto zie, weet ik haast zeker dat ik hem nog steeds aantrekkelijk zou vinden als ik verliefd op hem was geworden toen hij twintiger of dertiger was en we een gezin hadden gesticht en al tien of vijftien jaar samen waren. De essentie van zijn persoon zou dan in mijn geheugen staan gegrift. Net als de zeventigjarige vrouw die haar zeventigjarige man na al die jaren nog steeds knap en zwierig vindt omdat hij dat ooit was en ze hem na al die jaren zo is blijven zien. Maar het is heel moeilijk in vuur en vlam te raken als je de zeventigjarige ontmoet zonder de gedeelde geschiedenis, zonder de gedeelde jeugd en zonder dat beeld op je netvlies van de man van veertig jaar geleden.

Hier moet ik me overheen zetten, dat weet ik. Van de mannen die Julie me liet zien was mijn eerste keus – een jongensachtige, nooit getrouwde scenarioschrijver van in de dertig – waarschijnlijk de minst geschikte kandidaat voor mij. Julie zei dat ze hem erbij had gedaan omdat ze me niet zo goed kent als haar andere klanten – ze had niet het hele proces met me doorlopen – en het leek haar een goed idee met een ruime leeftijdsmarge te beginnen om zo wat meer over mijn voorkeuren te weten te komen. Maar hoe langer we het over de scenarioschrijver hadden, hoe meer moeite zij deed een man onder mijn aandacht te brengen die ik over het hoofd had gezien: Sean.

Sean, zei ze, was een spirituele man met een heel succesvol bedrijf gespecialiseerd in ongediertebestrijding. Jawel, ongediertebestrijding. Mijn eerste gedachte was: ik ben heel bang voor spinnen, dus dit zou weleens in de roos kunnen zijn. Maar toen besefte ik dat ik me mezelf niet voor kon stellen als de partner van een man die de kost verdient met het doden van ongedierte. Hij was kaal, maar zag er zonder meer jeugdig en aantrekkelijk uit. Hij leek geen 46. Hij woonde een uur rijden bij mij vandaan. Hij was niet joods. Hij was ruim dertig centimeter langer dan ik. En trouwens: zou iemand die écht spiritueel is ervoor kiezen om ongedierte te verdelgen?

Ik wist het niet zeker. Ik begon weer over de leuke, jonge, joodse scenarioschrijver.

Julie drong aan – hevig, maar zoals meisjes onder elkaar doen. 'Als jij mijn zusje was, voor wie zou ik jou dan vragen alles opzij te zetten zodat je hem kon ontmoeten? Voor Sean! Ik heb mijn zusje aan een man geholpen en ik sta volledig in voor haar huwelijk en gezin!'

Ik probeerde me voor te stellen dat ik met Sean was en we tijdens het avondeten onze dag bespraken.

'Hoe ging het met die kakkerlakken?' hoorde ik mezelf vragen. Ik kon het me gewoon niet voorstellen. De scenarioschrijver daarentegen schreef dat hij van *This American life* en *The daily show* hield. Hij was geestig. En had ik al gezegd dat hij aanbiddelijk was?

Julie zei dat ik me moest openstellen voor de andere mannen die ze voor mij had uitgezocht. Chris bijvoorbeeld, een 45-jarige gescheiden man met een eigen bedrijf en een tienerkind. Hij had dat knappe van ouderwetse filmsterren en daar houd ik helemaal niet van. Geef mij maar iemand die een beetje grillig is.

Ik weet het, ik weet het: ik heb een man afgewezen omdat hij te knap was. Kon het nóg kieskeuriger? Kennelijk wel. Ik vond hem ook te weinig intellectueel omdat hij een bedrijf had in bouwmaterialen en naar San Diego State was verhuisd. (Hoezo bevooroordeeld?)

Robert was de volgende die Julie voor me had uitgezocht, een niet heel ambitieuze freelance talentmanager. Ook was hij 1.65m lang, maar daar liet ik het niet meer op afketsen. Ik had mijn eisen op dat punt losgelaten. Waar ik wel over viel was dat hij zo gewoontjes overkwam, en me niet erg schrander leek. En ik wilde zo graag een schrandere man.

Dan was schrander. Hij was 50, joods, atletisch gebouwd, opgeleid aan een goede universiteit en werkzaam als ondernemer in biomedische instrumenten. Wat hij schreef was intelligent en oprecht. Maar ik kon geen gevoel voor humor bij hem bespeuren en hij woonde zo'n anderhalf uur rijden bij mij vandaan. Dat zou praktische problemen met zich meebrengen als we met elkaar uit wilden.

Scott, ten slotte, was een gescheiden milieujurist van 49 die bij mij in de buurt woonde. Zijn schrijfstijl was geweldig, maar hij had ook twee tienerkinderen, was katholiek en ik vond dat hij er oud uitzag. Ook Scott bracht Julie nadrukkelijk onder mijn aandacht. We waren intellectueel van hetzelfde niveau, hadden dezelfde interesses en gevoeligheden en namen de opvoeding van onze kinderen zeer serieus. Toch koos ik de scenarioschrijver.

Ik hoef niet te vertellen hoe het afliep. Net als in een horrorfilm waarin iemand een geluid in de kelder hoort en weet dat hij de politie moet bellen en zich uit de voeten moet maken tóch de krakende keldertreden af loopt, recht op het gevaar af, vroeg ik Julie me met de Aanbiddelijke Scenarioschrijver in verbinding te stellen. We kregen elkaar aan de telefoon. Hij was geestig. Hij was creatief. We deelden dezelfde culturele context. Hij was hartelijk en aardig. Maar hij had ook verschillende freelancebaantjes om zijn rekeningen te kunnen betalen, woonde in een appartementje in een dubieuze buurt en had geen ervaring met, noch interesse in kinderen. 's Avonds ging hij naar de kroeg, waar hij tot in de kleine uurtjes met zijn eveneens ongetrouwde vrienden rondhing. We leken het gesprek allebei leuk te vinden, maar hoe langer het duurde, hoe duidelijker het werd dat we ons in een heel verschillende levensfase bevonden. We kwamen dan ook geen van beiden met het voorstel een afspraak te maken.

Intussen had ik ook geen werk gemaakt van de andere kandidaten die Julie voor me had uitgezocht, tot ik twee maanden later het profiel van Scott nog eens bekeek.

Deze keer was het alsof ik een klap op mijn hoofd kreeg toen ik las wat hij over zichzelf schreef. Hij was precies het soort man dat naar mijn idee zo schaars was. Niet alleen deelde hij bijna al mijn interesses, ik had ook het gevoel dat hij iemand was met wie ik echt graag zou omgaan. Wat deed het ertoe dat hij er ouder uitzag, dat zijn kinderen tieners waren en we niet dezelfde religieuze achtergrond hadden? We deelden wel dezelfde waarden. Hadden dezelfde levensstijl en doelen. We namen ons ouderschap serieus. We waren allebei intellectueel en creatief (hij deed naast zijn werk aan fotografie). Zijn zelfrelativerende humor sprak me aan. Hij wilde graag opnieuw trouwen.

Dit wist ik allemaal al, want dat had Julie me verteld toen ze hem introduceerde. Maar toen was ik verblind geweest door de jonge joodse scenarioschrijver, een type waar ik altijd al op viel en vaak mee uit was geweest, maar waarmee ik nooit voor het altaar zou staan.

Ik mailde Julie dat ik Scott graag wilde ontmoeten, maar een paar uur later liet ze me weten dat Scott inmiddels een relatie had met een van haar andere cliënten. Hij was niet meer beschikbaar. Natuurlijk niet, dacht ik. Ik heb het weer voor elkaar, net als met Sheldon!

Wat was er in godsnaam met mij aan de hand? Rationeel gezien wist ik dat mijn keuzes uiteindelijk niet tot mijn levensgeluk leidden. Ik wist dat de deskundigen helemaal gelijk hadden. Toch leek iets irrationeels in mij steeds de overhand te krijgen, hetgeen er alleen maar toe leidde dat ik gefrustreerd raakte en teleurgesteld in mezelf. Hoe lang zou ik deze fout nog blijven maken? Wanneer, vroeg ik me af, zou ik mijn lesje eindelijk geleerd hebben? Als dat niet gauw gebeurde, vreesde ik, zou ik altijd alleen blijven.

Er moest iets veranderen. En dat 'iets' was ik natuurlijk zelf.

# 14. Maandagen met Evan

*Derde sessie: over alfamannetjes gesproken*

Op vrijdagavond kwam ik een paar minuten te vroeg aan in het café waar ik had afgesproken met Mike, de alleenstaande Grateful Dead-fan met kinderen, die ik gemaild had na mijn vorige sessie met Evan. Ik zat met mijn koffie verkeerd aan een tafeltje toen ik een stem hoorde die 'Lori?' zei.

Ik keek op en tot mijn verbazing bleek Mike ongelofelijk knap te zijn, iets wat niet in me was opgekomen toen ik zijn foto's op internet had bekeken. Hij was hoffelijk, bood aan nog een koffie voor mij te halen of me mee uit eten te nemen. Hij vroeg of ik niet liever buiten wilde zitten omdat het binnen zo lawaaiig was. Aan een klein tafeltje op het terras praatten we over de komende verkiezingen, ouderschap en ons werk. We ontdekten zelfs dat we een gemeenschappelijke kennis hadden.

Evan had gelijk gehad over het gevaar van aannames: dat Mike een fan was van The Grateful Dead betekende alleen maar dat hij hun muziek goed vond, niet dat hij stoned als een garnaal in een bus vol stickers rondreed. In levenden lijve maakte hij veel minder woordgrapjes, misschien was hij nerveus geweest toen hij me aan de telefoon had. Hij maakte een intelligente indruk, ook al rekende hij zichzelf niet tot 'die slimme types' en bekende hij dat hij geen goede student was geweest. De oordelen die ik had geveld zonder hem ooit gezien te hebben bleken niet te kloppen.

Toch zei ik tegen Evan tijdens onze derde sessie dat ik niet het idee had dat we in het grotere geheel op één lijn zaten. Mike maakte zich niet erg druk over praktische zaken en had weinig aspiraties wat zijn werk betrof. Hij was echt heel relaxed en leek weinig doelgericht. Hij was gewoon niet...

'Hij is geen alfamannetje,' viel Evan me in de rede.

'Nee, inderdaad,' zei ik. 'Maar ik geloof niet dat ik per se uit ben op een alfamannetje. Ze hoeven heus geen supermacho te zijn, geen zakenbankier of autocoureur. Maar ik voel me wel aangetrokken tot een dokter, een jurist, een wetenschapper die interessant onderzoek doet of een toneelschrijver wiens werk ik goed vind. Niet een man die zijn uurtjes draait op het werk. Ik wil graag iemand die bevlogen bezig is.'

'Precies,' zei Evan. 'Een alfamannetje dus. Alfamannetjes trekken veel vrouwen aan, maar diezelfde vrouwen klagen dat zulke mannen zo moeilijk te vinden zijn. Ondertussen willen ze niet uit met mannen die niet tot die categorie behoren. Ze zijn niet geïnteresseerd in de verlegen man of de man die geen leidersfiguur is. Zelfverzekerde, succesvolle mannen geven vrouwen zelfvertrouwen.'

Daar was ik het mee eens. Een competente, zelfverzekerde man had iets heel aantrekkelijks. Een man die een bedrijf opricht, een rechtszaak wint of een ziekte geneest. Iemand die een plan maakt, iets opbouwt en het voortouw neemt. Iemand die atletisch genoeg is om de denkbeeldige slechteriken in elkaar te slaan. Iemand die – moet ik tot mijn schaamte toegeven – ons beschermt tegen de buitenwereld, zelfs als we die bescherming helemaal niet nodig hebben.

### *Een aardige vent met ballen*

Ik herinnerde me dat een 35-jarige vrouw met een leidinggevende positie in de reclamewereld me vertelde dat ze het vijf jaar geleden had uitgemaakt met een man die muziekles gaf aan peuters, omdat ze zijn werk zo soft vond. Hij trouwde uiteindelijk met iemand anders en bleek natuurlijk een fantastische vader te zijn omdat hij echt van kinderen hield. De relaties met advocaten en bankiers die ze sindsdien had gehad, hadden geen van alle tot iets blijvends geleid. Ze betwijfelt of die alfamannetjes net zo'n goede partner of vader zouden zijn geweest als de muziekleraar. Ze waren niet flexibel genoeg, wat vaak ruzie tot gevolg had gehad. Aan de andere kant was de muziekleraar, die alles heel ontspannen benaderde, haar iets té inschikkelijk. Daar zat ze mee. Waarom was de muziekleraar niet wat uitgesprokener over alledaagse dingen? Waarom zei hij altijd: 'Als jij dat wilt, doen we dat toch zo? Geen probleem.'?

'Ik kan het niet beredeneren, maar als hij hoofd was geweest van de muziekafdeling van die school, was mijn gevoel misschien anders geweest,' zei ze over haar ex-vriend. 'Ik weet het niet, maar dan had hij in mijn ogen tenminste wat meer macht gehad. Bovendien heb ik altijd het idee gehad dat ik met iemand zou trouwen die minstens zoveel verdient als ik, en hij verdiende heel wat minder. Daarbij kwam dat hij ontzettend veel vrije tijd had als hij geen les hoefde te geven, en ik wel moest werken. Ik had gewoon het gevoel dat hij een soort huisman zou zijn, terwijl ik het geld verdiende en het hele jaar door in het bedrijfsleven bezig was. Ik weet dat het slecht van me is, maar ik schaamde me om hem mee te nemen naar de kerstborrel op het werk en hem te horen zeggen dat hij tweejarigen leerde hoe ze op plastic trommeltjes moeten slaan.'

Evan hoort dit verhaal heel vaak: vrouwen die klagen dat de aantrekkelijke alfamannetjes egocentrisch of onbetrouwbaar zijn, maar dat de leuke mannen hen niet opwinden.

'Vrouwen zeggen dat ze een aardig alfamannetje willen,' zei Evan. 'Of misschien een aardige vent met ballen. Ze willen het allebei: iemand die hen opwindt én geborgenheid biedt.'

In de woorden van de reclamevrouw: 'Ik wil een ambitieuze man die ook heeft wat een man die peuters lesgeeft zo aantrekkelijk maakt: warmte, gevoeligheid, gulheid, zorgzaamheid. Die kanten wil ik thuis graag ervaren, terwijl hij in de buitenwereld ambitieus is. Als je begrijpt wat ik bedoel.'

Dat deed ik.

'Maar heb je eigenlijk wel opgemerkt,' vroeg Evan toen ik

hem dit voorlegde, 'dat dit soort mannen heel, heel zeldzaam is? En zelfs al vind je zo'n man, is dat dan echt wat je zoekt?' Volgens Evan zijn de alfamannetjes van nu wat de spannende jongens waren met wie we als twintiger uitgingen. Maar in plaats van de rebelse rocker die dertig weken per jaar op tournee is, hebben we onze zinnen nu gezet op de charmante, nooit getrouwde veertiger die zestig uur per week werkt, dus het einde van het liedje is dat we altijd op de tweede plaats komen, na zijn werk en zijn vrijheid.

De aardige mannen daarentegen... zijn gewoon aardig. Zij willen het vrouwen naar de zin maken. Ze vinden het fijn om te doen wat een vrouw vraagt. Maar sommige vrouwen, zei Evan, willen geen man die zo aardig is. Ze willen dat hij de baas is, achter het stuur gaat zitten en beslissingen neemt, in plaats van altijd 'oké' te zeggen op elk plannetje waar ze mee komen.

'Die leidersfiguren,' zei Evan, 'zijn echter vaak de arrogantste, moeilijkste en driftigste mannen die je je maar kunt voorstellen. Het is moeilijk om iemand te vinden voor wie jij op de eerste plaats komt, maar die ook leiderscapaciteiten heeft.'

Evan vertelde over een cliënte die misnoegd was over een man met wie ze nog maar kort uitging. Hij had haar meegenomen naar een café met harde muziek, en toen hij merkte dat ze het niet naar haar zin had, had hij gevraagd waar ze dan heen wilde. Hier knapte ze dubbel op af. Hij had niet alleen de verkeerde tent uitgezocht, maar toen moest zíj met een beter alternatief komen om zijn fout te herstellen. Waarom had hij niet gewoon meteen een goed besluit genomen?

Evan hoort dit soort klachten vaak van zijn vrouwelijke cliënten: ze willen een man die het voortouw neemt, rekening houdt met hun gevoelens en ook in staat is hun gedachten te lezen. Of ze willen een man als een president, maar wel zelf het vetorecht houden.

'Het probleem is alleen,' zei Evan, 'dat je met een alfamannetje in de clinch komt te liggen omdat ze hun zin willen doordrijven. Je wilt dat hij het jou naar de zin maakt, maar je hebt geen respect voor een aardige man die ook écht wil dat je het fijn hebt.'

Evan merkt vaak dat cliënten dingen willen die je zelden in één persoon verenigd ziet: een ongelofelijk gedreven man die ook over veel vrije tijd beschikt zodat hij haar spontaan een dag mee uit neemt; een knappe charmeur die op een feestje echter niet de aandacht trekt van andere vrouwen.

'Je kunt het wel allebei willen, maar je zult toch prioriteiten moeten stellen,' legde Evan uit. 'Als je het zo bekijkt, denk ik dat het antwoord wel duidelijk is. En trouwens, misschien zijn die alfamannetjes wel helemaal niet op zoek naar wat jíj te bieden hebt.'

### *Alfamannetjes willen niet met míj trouwen*

Wat bedoelde hij daar nou weer mee? Waarom zou een alfamannetje niet iets met mij willen?

'Nou,' antwoordde Evan, 'wat gebeurde er dan vroeger als je met dat soort mannen uitging?'

Ik vertelde Evan over een paar alfamannetjes tot wie ik me in het verleden aangetrokken had gevoeld. De strafpleiter die buiten de rechtszaal ook altijd gelijk moest hebben. De geslaagde ondernemer die gewend was dat zijn ondergeschikten voor hem renden en in een relatie niet bereid bleek de ander tegemoet te komen.

Evan knikte. 'We zoeken vaak iemand die onze kwaliteiten weerspiegelt,' zei hij. 'Een succesvolle vrouw zal meestal ook een succesvolle man willen. Maar de eigenschappen die iemand succesvol maken, veroorzaken ook veel wrijving, en dan krijg je twee koppige types die elkaar alsmaar in de haren vliegen. Twee mensen die steeds alle aandacht opeisen, of voor wie het werk altijd op de eerste plaats komt. In plaats van iemand te zoeken die ons aanvult en niet onze rivaal is, proberen we steeds "betere" versies van onszelf te vinden, en daarmee benadelen we onszelf. Je hebt ook mannen die hun leiderscapaciteiten niet per se in hun werk tot uiting brengen.'

'Bedoel je eigenlijk dat ambitieuze vrouwen niet met hun gelijken uit moeten gaan?' vroeg ik.

Evan schudde zijn hoofd. 'Wat ik bedoel is dat je een gelijke moet zoeken die jouw sterke punten aanvult. De eigenschappen die je indrukwekkend vindt in een man zijn niet altijd gunstig in de context van een huwelijk: ambitie, eerzucht, drammerigheid.'

'Toch trouwen deze mannen wel altijd,' zei ik.

'Ja, maar trouwen ze met jóú?'

Ik probeerde me de alfamannetjes voor de geest te halen die ik kende en wie hun vrouwen waren: fulltime moeders die hun loopbaan (met plezier) hadden opgegeven, vrouwen met een flexibele, niet al te veeleisende baan en, bedacht ik nu, veel vrouwen uit de zorgsector, onder wie verpleegsters. Helaas behoorde ik tot geen van deze categorieën.

'Denk er maar eens over na wat jij een alfaman te bieden hebt,' zei Evan. 'Op zijn werk draait alles om hem. Hij heeft behoefte aan prikkels en meningen. Hij houdt van uitdagingen. Maar al die dingen krijgt hij al de hele dag op zijn werk. Wat hij daar niet krijgt zijn warmte, steun, verzorging. Daar zul jij misschien wel voor kunnen zorgen, maar tegelijkertijd ben je niet erg meegaand van aard en hij wil het thuis gemakkelijk hebben. Bovendien wil je een man die het voortouw neemt, maar ook concessies wil doen en bereid is jóú het voortouw te geven. Dat kan tot conflicten leiden.'

Ik moest dus een beslissing nemen: wilde ik het nog een keer met Mike proberen?

'Je moet bij jezelf nagaan wat je liever wilt,' legde Evan uit. 'Wil je het type man waar je in het verleden achteraan ging, ook al heeft dat tot nu toe niets opgeleverd? Of wil je een poging wagen iemand als Mike te leren kennen, een aardige vent en een geweldige vader, maar geen superambitieuze man. Ik zeg niet dat Mike de juiste man voor je is. Misschien is hij dat helemaal niet. Ik wil je alleen maar duidelijk maken dat je na één ontmoeting misschien nog niet genoeg van hem weet om een oordeel te kunnen vellen.'

Er zat wat in. We waren nog maar één keer met elkaar uit geweest. Ik had zo'n eerste kennismaking altijd als een soort graadmeter beschouwd op basis waarvan ik bepaalde of een man geslaagd of gezakt was. Geslaagd betekende dat de vonken ervan afspatten. Al het andere betekende dat hij gezakt was. Maar misschien had ik het belang van zo'n eerste kennismaking wel overschat. Per slot van rekening had ik het naar mijn zin gehad met Mike – ik stond alleen nog niet in vuur en vlam. Hij waarschijnlijk ook niet, maar ik vermoed dat hij nog een keer met me wilde afspreken omdat het best goed was verlopen. Waarom zouden we het dan niet nog een keer proberen?

Hoeveel waarde moest je trouwens aan zo'n eerste afspraakje hechten?

# 15. Wat een eerste ontmoeting ons werkelijk zegt

'O, dus je vond hem echt leuk!' riep mijn vriendin Lucia toen ik haar vertelde dat ik nog een keer met Mike had afgesproken. Ik probeerde haar uit te leggen dat het geen kwestie was van leuk vinden of niet, maar dat ik er vrij neutraal tegenover stond.

Maar Lucia, die het gevoel had 'door Cupido's pijl te zijn geraakt' toen ze haar man voor het eerst ontmoette, dacht dat ik koket deed.

'Is het soms zelfbescherming?' vroeg ze. 'Volgens mij vind je hem heel wat leuker dan je laat merken.'

Dat was niet zo, maar Lucia kon niet goed begrijpen waarom ik nog een keer met hem uitging als ik zo blasé was. Wat haar betrof was het zonde van de tijd.

## *Het verhaal verandert*

In zekere zin vroeg ik me ook af waarom ik het deed. Natuurlijk kende ik gelukkig getrouwde stellen die maar matig enthousiast waren geweest toen ze elkaar voor het eerst ontmoetten, maar op de een of andere manier verwachtte ik toch iets bijzonders te ervaren als ik mijn toekomstige man ontmoette. Ik kan niet zeggen dat ik me nooit aan magisch denken heb bezondigd na een eerste ontmoeting. Ik was eens helemaal opgewonden toen ik een man had ontmoet die hetzelfde obscure merk chocoladekoekjes bij zijn ontbijt at ('Dat is toch gewoon bizar? Dat heeft zo moeten zijn!'). Dat maakte ons echter niet tot zielsverwanten; het betekende alleen maar dat we de dag allebei met een slechte eetgewoonte begonnen. Bij het derde afspraakje drong het tot ons door dat we, afgezien van die koekjes, weinig gemeen hadden. Hoe vaker ik mensen hoorde vertellen dat ze 'het gewoon wisten' toen ze elkaar voor het eerst zagen, hoe meer ik ervan overtuigd raakte dat huwelijken die zo begonnen gelukkiger waren dan andere.

Volgens Diane Holmberg, een Canadese hoogleraar die onderzoek doet naar relaties, is dat niet zo. Sterker nog: al die verhalen over eerste ontmoetingen zijn misschien niet eens zo waarheidsgetrouw. Holmberg heeft ontdekt dat echtparen het verhaal van hun eerste begin in de loop van hun huwelijk veranderen. In haar boek *Thrice told tales: Married couples tell their stories* analyseerde ze samen met haar co-auteurs hoe stellen hun begintijd in het eerste, derde en zevende jaar van hun huwelijk beschrijven. Die versies bleken nogal te verschillen.

'Ik stelde een groep samen van echtparen die duidelijk niet meer zo gelukkig met elkaar waren,' legde ze uit. 'Vervolgens stelde ik een tweede groep samen die ik met de eerste vergeleek. Voor beide groepen gold dat ze in het eerste huwelijksjaar gelukkig waren geweest, maar alleen de tweede groep was dat daarna ook gebleven. Toen heb ik onderzocht hoe men over de begintijd van de relatie praatte.'

In het derde jaar bleken de verhalen van de tweede groep positiever te zijn geworden, vergeleken bij hoe ze hun begintijd in hun eerste huwelijksjaar hadden beschreven. De verhalen van de minder gelukkige stellen waren daarentegen negatiever geworden. Let wel: in het eerste jaar hadden beide groepen op dezelfde toon over het begin van hun relatie gesproken. Met andere woorden: gelukkige stellen werden in de loop van de tijd positiever over het begin van hun relatie, terwijl die verhalen bij de stellen die niet meer zo gelukkig waren negatiever werden.

Het ging hierbij niet alleen om herinneringen aan eerste ontmoetingen, maar om de hele periode tot aan het aanzoek.

Het geeft echter wel aan, volgens Holmberg, dat men de neiging heeft de geschiedenis te herschrijven.

Zou Lucia's verhaal over de eerste ontmoeting met haar man waar zijn? Ik weet het niet, want ik kende haar tien jaar geleden, toen ze haar man leerde kennen, nog niet. Hoe het ook zij, ik wist dat ik moest ophouden aan eerste ontmoetingen voorspellende waarde toe te kennen met betrekking tot mijn toekomst met de man in kwestie.

Grace, die zes jaar getrouwd is, weet dat eerste ontmoetingen misleidend kunnen zijn.

'Ik hoorde een stem toen ik mijn man ontmoette,' zei ze tegen me. 'En die stem zei letterlijk: "Je zult met hem trouwen en een zoon van hem krijgen." Ik hoefde maar in zijn buurt te zijn en het leek of de wereld stopte met draaien. Zo intens voelde ik me met hem verbonden.'

Ze hebben inderdaad een zoon gekregen, zoals de stem had gezegd – maar de verbondenheid is niet blijvend gebleken, want ze liggen inmiddels in scheiding.

'Waar het op neerkomt is dat ik hem echt niet kende,' gaf ze toe.

Kort geleden hoorde ik in het radioprogramma *This American life* het verhaal van een echtpaar dat een ongelofelijk romantisch begin had gehad met liefde op het eerste gezicht en een begintijd waar je een film van zou kunnen maken. Het huwelijk dat erop volgde was echter veel moeilijker dan ze hadden gedacht. Het werd zelfs zo problematisch dat ze bijna uit elkaar gingen, toch kozen ze ervoor hun problemen te bespreken en uiteindelijk hebben ze nu een zeer goed huwelijk. In het interview zei de man dat iedereen altijd vroeg naar hun begintijd, omdat die zo bijzonder en romantisch was geweest, maar naar zijn mening stelden ze de verkeerde vraag.

'Iedereen vraagt altijd hoe we elkaar hebben leren kennen,' zei hij, 'maar niemand vraagt ooit hoe we bij elkaar zijn gebleven.'

Een ander verhaal is dat van Julie, die geen enkele vonk voelde overspringen toen ze haar man Jeff leerde kennen. Ze wilde zelfs geen koffie met hem drinken. Ze ontmoetten elkaar niet in een romantisch eethuisje maar in de intensivecareafdeling van een ziekenhuis in North Carolina, bij het bed van een patiënt. Julie was de dokter en Jeff de verpleegkundige.

Na de ontmoeting bij dat bed liet Jeff een aantal boodschappen op Julies antwoordapparaat achter, maar ze belde niet terug omdat ze niet wist hoe ze op een beleefde manier 'nee, dank je' moest zeggen. Ze wist zeker dat ze niets in Jeff zag, en omdat ze elkaar in het ziekenhuis tegen zouden kunnen komen, vond ze het ongemakkelijk om hem af te wijzen.

Op een avond, toen Julie zich klaarmaakte voor een honkbalwedstrijd met wat vrienden van haar werk, deed Jeff, zoals hij later vertelde, zijn allerlaatste poging.

'De situatie bood mij de ideale mogelijkheid om elegant onder het afspraakje uit te komen waar ik dacht geen zin in te hebben,' zei Julie. 'Ik nodigde hem uit mee te gaan met het clubje van het werk, allemaal mensen die hij toch al kende.' Met andere woorden: het volmaakte afspraakje dat geen afspraakje was.

Maar toen ze ergens in het buitenveld in het gras waren gaan zitten, hadden ze al snel geen oog meer voor de wedstrijd.

'We kletsten alsof we elkaar al jaren kenden,' zei ze. 'We lachten om overeenkomsten in onze opvoeding. Het was volkomen vertrouwd. Na die avond zijn we geen van beiden nog met iemand anders uit geweest.'

Ze zijn twaalf jaar getrouwd.

'Jeff was het pakketje dat een paar keer aan de deur werd aangeboden,' zei Julie, 'maar pas toen ik het openmaakte en hij voor mijn neus stond, zag ik hoe waardevol hij was.'

Helena Rosenberg, een psychotherapeute uit Los Angeles die zich speciaal richt op alleenstaande vrouwen die een partner zoeken, heeft een naam bedacht voor mannen zoals die waar ze zelf mee getrouwd is: kikkerprinsen. Dat zijn mensen die je op het eerste gezicht niet voor een potentiële partner aanziet, maar die een prins blijken te zijn als je ze beter leert kennen.

De 36-jarige Jennifer die haar man zeven jaar geleden leerde kennen, is getrouwd met zo'n kikkerprins.

'Ik was op een feestje en ik had Danny niet eens opgemerkt,' zei ze over haar man. 'Er was iemand anders die ik wel zag staan en met wie ik iets kreeg. Danny en ik raakten bevriend. Het duurde niet lang voor ik begon te beseffen dat ik van Danny eigenlijk veel meer onder de indruk was. Zijn kwaliteiten vielen echter niet meteen op als je tegenover hem aan tafel zat tijdens een eerste afspraakje. De beste echtgenoten zijn mannen met van die onzichtbare kwaliteiten, dingen die je pas in de loop der tijd gaat zien, zoals vriendelijkheid, geduld, gulheid en eerlijkheid.'

Scott Haltzman, een psychiater verbonden aan de Brown University en auteur van het boek *The secrets of happily married women: how to get more out of your relationship by doing less*, vertelde me vanuit zijn kantoor in Providence dat het belangrijk is dat vrouwen dit weten als ze nog niet zo lang actief zijn in het uitgaansleven.

'Vanuit mijn eigen onderzoek concludeer ik dat de eerste indruk geen goede voorspeller is van huwelijksgeluk,' zei hij. 'Ik heb een dochter van zeventien en als die soms uit is geweest met een jongen zegt ze dat hij saai was. Dan is mijn reactie: "Geweldig, saai is juist goed! Beter een saaie jongen dan een losbol." Als je geen onraad voelde of een golf van misselijkheid, ga dan nog een keer met hem uit. Mensen zien misselijkheid soms aan voor opwinding, maar dat is onterecht. Als je redelijk objectief hebt vastgesteld dat iemand een paar goede eigenschappen heeft, ga dan nog eens met hem uit. Soms moet je iemand een paar keer ontmoeten voor je weet of hij interessant is. En dan kan het gebeuren dat je je echt tot hem aangetrokken voelt.'

Dit deed me denken aan iets wat de comédienne Anne Meara ooit in een interview in de *New York Times* zei over haar ruim 30-jarige huwelijk met Jerry Stiller: 'Was het liefde op het eerste gezicht? Toen niet, maar nu wel.'

*Hij leek me zo'n klein mannetje, op die pasfoto...*

Het klinkt zo langzamerhand vanzelfsprekend dat uit een eerste ontmoeting weinig valt af te leiden. Maar ik durf te wedden dat als er in het blad *Cosmo* een quiz zou staan over eerste ontmoetingen en de lezers zouden moeten raden uit welke ontmoetingen een gelukkig huwelijk, een ongelukkig huwelijk of helemaal geen huwelijk was voortgekomen, velen van ons in de fout zouden gaan. Neem nou het geval van Tracey en Phil. Zij wilde haar toekomstige echtgenoot niet eens ontmoeten omdat ze hem had gegoogeld en zijn *pasfoto* haar de indruk had gegeven dat hij klein was.

Tracey, die inmiddels 32 is, vertelde me toen ik haar belde in Philadelphia dat haar moeder Phils moeder kende en dat ze haar aan Phil wilde koppelen.

'Mijn moeder zei dat hij een goede man was uit een goede familie en dat hij rechten had gestudeerd en werkzaam was als jurist,' legde Tracey uit. Ze bezocht de website van zijn advocatenkantoor en concludeerde op basis van een fototje van zijn gezicht dat Phil klein van stuk was.

'Ik geloofde het niet toen mijn moeder zei dat Phil een lange man was,' zei Tracey, 'lengte interesseert haar namelijk niet. Ze zocht iemand die goed gezelschap was. Zo iemand zoek ik ook, maar ik moet hem wel aantrekkelijk vinden en ik val op lange mannen.'

Phil had op zijn beurt ook zijn bedenkingen. 'Volgens mijn moeder was Tracey heel intelligent en was ze afgestudeerd aan de universiteit van New York. Ze zei dat ze deugde en mooie ogen had, dus ik nam aan dat er verder... nou ja, niet zoveel aan was.'

Toen ze elkaar uiteindelijk op een feestje ontmoetten – in hun geboortestad, in de kerstvakantie – werd hun beeld van elkaar bevestigd. Hoewel Phil 1.90m lang bleek te zijn, waren ze geen beiden onder de indruk van elkaar.

'Ik voelde me wel opgelaten dat ik ervan uit was gegaan dat hij klein was,' zei Tracey. 'Maar er sloeg absoluut geen vonk over. Ik had geen seconde de gedachte: wauw! Die moet ik onmiddellijk spreken!'

Phil was ook lauw over Tracey. 'Ze had dik, krullend haar, en dat vond ik maar niks. Ze leek wel een poedel.'

Na een vriendelijk maar niet memorabel gesprekje vroeg Tracey, die nogal extravert is, om Phils kaartje. Ze vond hem slim en fatsoenlijk en dacht dat het leuk zou zijn elkaar nog eens te zien als ze weer in de stad waren.

'Ik had geen enkele romantische verwachting, niet alleen omdat er geen chemie tussen ons was, maar ook omdat we in verschillende staten woonden,' zei Tracey. Zij woonde in de buurt van Washington en Phil in New Jersey. 'Ik had absoluut geen oogje op hem, maar ik dacht dat we misschien vrienden konden worden aangezien onze families elkaar ook kenden.'

Toen Tracey Phil uiteindelijk belde, verliep het gesprek opvallend goed. 'Als zij me niet gebeld had,' zei Phil, 'had ik geen contact met haar opgenomen.' Plotseling was het zo dat ze elkaar een maand lang regelmatig interlokaal belden.

Algauw belde Phil haar dagelijks, maar het kwam nog steeds niet in Tracey op dat dit iets te betekenen had. 'Ik vond hem nog steeds een ontzettend leuke man met wie ik bezig was echt bevriend te raken,' zei ze.

Phil wist niet goed wat hij ervan moest denken, maar toen hij een lang weekend vrij was en naar zijn moeder in Maryland was geweest, ging hij op de terugweg bij Tracey langs en nam hij haar mee uit eten. Deze keer was het contact wel wat intensiever, maar ze hadden nog steeds geen van beiden het gevoel door de bliksem te zijn getroffen. Het was een 'bedaarder' soort aantrekkingskracht, zei Tracey.

'We hadden elkaar al een maand regelmatig aan de telefoon gehad,' zei Phil, 'dus ik had haar beter leren kennen. Ik vond haar ook mooier, maar dat kwam alleen maar doordat ik haar beter kende.'

'Dat gevoel had ik ook,' vulde Tracey aan. 'We waren vrienden geworden en dat droeg bij aan de aantrekkingskracht. Als we geen moeite hadden gedaan elkaar te leren kennen, had ik waarschijnlijk nog steeds niets voor hem gevoeld.'

Na dat etentje belden ze elkaar een paar keer per dag. Elk weekend dat hij vrij was reed Phil naar Washington. Ondanks de afstand, of misschien juist dankzij de afstand, zeiden Tracey en Phil vaak gekscherend dat ze elkaar vaker spraken dan koppels die bij elkaar in de buurt wonen.

'Hij was altijd bereikbaar,' zei Tracey. 'Dat betekende veel voor me. Ik had daarvoor wel vriendjes gehad die aantrekkelijk en succesvol waren, alleen vond ik dat ze me niet goed behandelden. Het waren geen aardige mensen. Ze zagen er goed uit, hadden een goede baan, kwamen uit een fatsoenlijke familie, maar ze wáren niet fatsoenlijk. Ze waren arrogant. Phil was altijd aardig, hij was er altijd voor me. Ik hoefde me nooit af te vragen of hij me terug zou bellen, daar kon je bij hem altijd van op aan.'

Nu ze getrouwd zijn hebben ze dat gelukzalige wat pasgetrouwde stellen vaak hebben, maar ze moeten wel kwijt dat ze allebei concessies hebben moeten doen.

'Ze is geweldig en ik zie haar als een echte partner, een gelijke,' zei Phil. 'We zijn even slim, ze heeft ook een geweldig gevoel voor humor. We hebben veel plezier samen. Door haar word ik een beter mens en dat wil ik ook. Wel vind ik haar soms overgevoelig. Als ik de ideale vrouw zou beschrijven, zou die eigenschap er niet bij zijn. Maar we komen er wel uit omdat we allebei de ander heel graag willen begrijpen.'

Tracey geeft toe dat ze te emotioneel is en zegt dat ze het waardeert dat Phil zoveel geduld met haar heeft. Als zij iets aan Phil zou kunnen veranderen, zou het zijn dat hij er wat meer 'bovenop zou zitten'.

'Hij vindt het wel fijn dat ik zo actief ben, want het betekent dat ik de rekeningen in de gaten hou en zorg dat alles gebeurt wat er moet gebeuren,' zegt ze. 'Maar hij is mij soms iets te ontspannen. In een ideale situatie zou ik graag zien dat hij iets gedrevener was. Soms zou ik wel zo'n geel plakbriefje op mijn voorhoofd willen plakken zodat bepaalde dingen op tijd gebeuren en hij niet alles uitstelt. Maar hij neemt ook mijn minder geslaagde kanten voor lief, eerlijk is eerlijk. We zijn een team.'

Phil en Tracey hebben die romantische energie waar ik zo naar verlang: ze maken elkaars zinnen af, gaan zorgvuldig om met elkaars kwetsbaarheden en zijn zo met elkaar op hun gemak dat ze kunnen lachen om elkaars minder aantrekkelijke eigenschappen. Wat was het jammer geweest, dacht ik, als ze niet over hun eerste indruk heen waren gekomen.

Tracey denkt hier ook over na. 'Ik zeg altijd tegen mijn vriendinnen dat als een man redelijk leuk is en goed en slim overkomt, ze nog een keer met hem uit moeten gaan, zelfs als hij hun type niet is of ze zich met hem verveeld hebben of niks voor hem voelden. Als ze dan protesteren, zeg ik: kijk maar naar mij en Phil.'

### *Driehonderd fouten bij het eerste afspraakje*

*Hij is mijn type niet. Ik verveelde me. Ik voelde niets.* Dit zijn nog maar drie van de redenen waarom vrouwen een man niet nog een keer willen zien. Datingcoach Evan Marc Katz vertelde me dat de lijst krankzinnig lang kan zijn.

‘Ik heb een aantal vrouwen een e-mail gestuurd om er voor de mannen achter te komen wat ze fout deden als ze voor het eerst met een vrouw uitgingen,’ zei Evan. ‘Ik dacht dat ik lijstjes zou krijgen met een paar dingen: *Hij betaalde niet. Hij was onbeschoft tegen de kelner. Hij informeerde niet naar haar leven.* Maar de lijst liep op tot driehonderd! Ik wist niet eens dat er driehonderd dingen waren die ik fout kón doen tijdens een eerste afspraakje. Misschien tien, maar geen driehonderd! Hoe kieskeurig ben je wel niet als je zoveel redenen kunt bedenken waarom je geen tweede keer met iemand uit wilt.

Er waren opmerkingen bij als: *Ik wil niet dat hij een rare stem opzet, ook al kan hij Austin Powers perfect nadoen* en: *Hij mag niet zeggen dat niets hem ervan kan weerhouden om naar een belangrijke wedstrijd te kijken* en: *Hij moet geen zwarte schoenen dragen als hij een bruine riem om heeft, of andersom.* Ik vroeg een aantal mannen hetzelfde en zij noemden maar een paar dingen waarop ze zouden afknappen: *Als ze niet aantrekkelijk is, me niet stimuleert, niet warm is.*’

Het lijkt erop dat vrouwen niet beseffen dat het maar een afspraakje is. Evan verwoordt het als volgt: ‘Een vrouw denkt: zou hij mijn echtgenoot kunnen zijn? En dan leg je de lat heel wat hoger dan wanneer je alleen maar denkt: zullen we het hierna nog een keer proberen? Een man zal je nog een keer mee uit vragen als hij je leuk vindt en het gezellig was. In mijn ervaring hebben vrouwen een veel zwaarder oordeel na het eerste afspraakje.’

### *Een leuke man om mee uit te gaan is nog geen goede echtgenoot*

Michael Broder, de therapeut uit Philadelphia die me vertelde over de irreële eisen die vrouwen stellen, zei dat dat al vanaf de eerste ontmoeting een rol speelt.

‘Bijna iedereen kent wel een gelukkig getrouwd stel waarvan de relatie helemaal niet in de zevende hemel begon,' zei hij. 'Maar veel vrouwen zeggen over een eerste ontmoeting: "Er moet meteen hartstocht zijn en als dat niet zo is, zoekt hij het maar uit." Ze wachten niet even af of er zich misschien iets ontwikkelt bij een tweede of derde afspraak. Het moet allemaal meteen, en ze kunnen geen geduld opbrengen voor een man die misschien niet op zijn best is de eerste keer. Hij moet haar meteen imponeren, anders hoeft ze hem niet meer te zien.'

Volgens Michael Broder maken vrouwen vaak de fout te denken dat een man die leuk is om mee uit te gaan ook een goede echtgenoot is, en andersom, dat iemand die bij het uitgaan tegenvalt ook geen goede huwelijkspartner kan zijn. We vergeten dat de man die zich tijdens een eerste ontmoeting onhandig gedraagt, nerveus is, te stil of niet grappig genoeg is, zich misschien wel zo gedraagt omdat hij onder de indruk is, en niet omdat hij een hark is. Sterker nog, hij zou weleens een heel fijne man kunnen zijn. De man die je niet achterover doet slaan omdat hij zo geweldig is om mee uit te gaan, zou een heel liefdevolle echtgenoot kunnen zijn. Andersom zou die virtuoze danspartner als echtgenoot weleens kunnen tegenvallen. Uit hoe goed iemand is in de hofmakerij, en al helemaal bij een eerste afspraakje, valt niet af te leiden wat zijn kwaliteiten als echtgenoot zullen zijn.

Vandaar dat Lisa Clampitt, de huwelijksmakelaar uit New York, me vertelde dat ze een cliënte die in dubio is na een eerste ontmoeting altijd aanmoedigt om het nog een keer met die persoon te proberen. Ze eist het niet, maar legt wel van tevoren aan beide partijen uit dat wanneer het contact de eerste keer 'neutraal' is, een tweede afspraak helemaal geen kwaad kan. Bij zo'n eerste afspraak zijn mensen vaak zenuwachtig. Soms hebben ze het gevoel dat ze maar één kans krijgen, zoals bij een sollicitatiegesprek, en zijn ze er zo op gebrand er een tweede afspraak uit te slepen dat ze zich bij de eerste nauwelijks kunnen ontspannen. Maar als je al uitgaat van een tweede afspraak, is de wisselwerking meteen natuurlijker. En zelfs al is het contact de eerste keer natuurlijk, maar springt er nog geen vonk over – zoals Mike en ik ervoeren – is haar ervaring dat de dynamiek de tweede keer vaak anders is, en kan het heel goed zijn dat je elkaar anders ziet als je elkaar al eerder hebt ontmoet.

Als de eerste ontmoeting echter 'supernegatief' verloopt, praat Clampitt met haar cliënten om uit te vinden hoe dat komt.

'Soms begrijp ik het wel,' zegt ze. 'Tegelijkertijd wil ik ook niet dat ze onredelijk zijn en een kans mislopen.'

Ik vroeg aan haar wat ze een vriendin van mij zou adviseren die voor het eerst uit was geweest met een man die ze leuk, slim en bereisd noemde, maar die 'geen geweldige conversatie' bleek te hebben. Mijn vriendin beschreef het als volgt: 'Het was een beetje alsof we een vragenlijst af moesten werken. Soms viel er een gênante stilte, alsof we allebei dachten "volgende vraag?"' Ze wilde niet nog een keer met hem uit.

Clampitt slaakte een zucht aan de andere kant van de lijn. 'Wat verwachten mensen als ze iemand voor het eerst ontmoeten?' vroeg ze. 'Dat je je net zo op je gemak voelt als met mensen die je al kent? Soms verloopt een eerste gesprek soepel, maar vaak wordt het pas bij een derde of vierde keer natuurlijker. We geven een nieuwe collega of een mogelijke nieuwe vriendin het voordeel van de twijfel als we hen voor het eerst ontmoeten, zelfs als die eerste uitwisseling niet erg opwindend is. Waarom geven we een potentiële partner die kans niet?'

Clampitt zegt dat je niet veel kunt afleiden uit die eerste gesprekken, dus hoewel je heus niet meteen met zo iemand hoeft te trouwen, vraagt ze je wel nog twee uur met hem door te brengen om te kijken of het nog leuk kan worden.

'Liefde moet langzaam groeien, in plaats van op het hoogtepunt te beginnen,' zei ze. 'Echte liefde ontwikkelt zich geleidelijk. Er komt vertrouwen, verbondenheid aan te pas en het vormen van een eenheid, met of zonder kinderen. Daarom vind ik dat je in het begin niet al te veel moet nadenken. Vooral vrouwen hebben de neiging iemand te snel af te wijzen. In mijn ervaring zijn het de vrouwen, meer dan de mannen, die geen tweede keer met iemand uit willen.'

Clampitt was niet de eerste die erop wees dat vrouwen kieskeuriger zijn dan mannen. Was dat waar? Niet alleen bij eerste ontmoetingen, maar ook in het algemeen? Ik dacht aan de driehonderd dingen die mannen volgens vrouwen fout doen bij een eerste ontmoeting. Dat loog er niet om.

De vraag drong zich aan mij op: zijn vrouwen echt kieskeuriger?

# 16. Zijn vrouwen kieskeuriger dan mannen?

'Ach, kom nou,' zei ik tegen mijn vriend Kyle, een getrouwde journalist uit New York, toen we het hadden over kieskeurige singles. Ik geloofde niets van zijn theorie dat een min of meer normale, aantrekkelijke vrouw bij de meeste mannen heus wel een kans krijgt.

Hij legde het zo uit: 'Als een meisje de indruk wekt niet al te vaak om onverklaarbare redenen in tranen uit te barsten, niet al te veel antidepressiva slikt, niet eindeloos in detail over de relatie wil bomen, niet in je e-mail neust of de namen van je exen googelt, heeft ze al een behoorlijk streepje voor. Hiep hiep hoera! roepen we dan. Yes! Bingo!'

Zelfs al was Kyle natuurlijk niet helemaal serieus, ik denk toch dat er een grond van waarheid in zit: mannen stellen iets minder strenge eisen dan vrouwen.

In een enquête uit 2007 van *Time*/CNN verklaarde 80 procent van de mannen en vrouwen dat ze dachten de ideale partner uiteindelijk te zullen vinden. Toen hun echter werd gevraagd of ze met iemand anders zouden trouwen als de ware zich niet zou aandienen, antwoordde 34 procent van de vrouwen bevestigend, tegenover 41 procent van de mannen.

Lisa Clampitt, de huwelijksmakelaar uit New York, kijkt hier niet van op. Haar mannelijke cliënten zijn vaak ruimdenkender dan de vrouwen. Als ze een man vraagt de gewenste maximumleeftijd te verhogen van 30 naar 35, zal hij dat meestal doen. Ook zijn veel mannen bereid de gewenste lichaamslengte met tien centimeter te verlagen.

'Mannen zijn minder bevooroordeeld,' zegt Clampitt. 'Ze

staan ook meer open voor andere mogelijkheden, iets wat vrouwen veel moeilijker vinden. Vrouwen hebben veel striktere stelregels wat betreft het soort man waar ze mee uit willen. Ze kunnen hun beeld van de ideale man moeilijk loslaten.'

Ook Dan Ariely, de gedragseconoom van het MIT die meer dan twintigduizend internetdaters heeft bestudeerd, is tot de conclusie gekomen dat vrouwen kieskeuriger zijn dan mannen. Het komt erop neer dat een man algauw geïnteresseerd is als een vrouw een zekere mate van aantrekkelijkheid bezit en een warme uitstraling heeft. Mannen blijken veel minder geneigd aspecten als inkomen, opleidingsniveau, soort baan, lengte of ras minutieus te analyseren alvorens te bepalen of ze met iemand uit willen gaan.

'Vrouwen hebben een veel concreter beeld in hun hoofd van de man die ze zoeken,' zei Ariely. 'Mannen hebben een vagere voorstelling en zijn plooibaarder wat de details betreft.'

Goed, maar dan hebben we het alleen maar over het allereerste begin. Zodra er sprake is van een relatie wordt dat anders. Ik kende genoeg mannen die vrouwen gedumpt hadden om redenen die ik futiel vond. Ben bijvoorbeeld, een 45-jarige bankier, vertelde me dat hij het had uitgemaakt met een vriendin omdat haar enkels te dik waren, en met een andere omdat ze niet van dezelfde soort meubels hielden ('Ik had het gevoel dat we het nooit eens zouden kunnen worden over de inrichting van ons huis.'); met weer een ander had hij gebroken omdat ze, geloof het of niet, 'te veel op elkaar leken'.

Te veel op elkaar leken?

'We hadden wel plezier samen,' legde hij uit, 'maar uiteindelijk besefte ik dat we niet verschillend genoeg waren om elkaar ook op de lange termijn interessant te blijven vinden.' Toen ik aan hem vroeg wat voor soort problemen vrouwen met hem zouden kunnen hebben, noemde hij onder andere gebrek aan aandacht voor hun verhalen, zijn neiging alles uit te stellen en het feit dat hij zijn lichaam 'liet verkommeren' (en hij had zo'n moeite met de enkels van zijn vriendin?).

Een aantrekkelijke jurist beëindigde twee relaties hoewel hij met beide vrouwen graag optrok. De ene vriendin was tijdens dinertjes te veel aan het woord ('Ze domineerde het gesprek.') terwijl de andere juist te verlegen was ('Ik had constant het gevoel dat ik verantwoordelijk voor haar was en het gesprek gaande moest houden.'). Hij leek zich niet te realiseren dat ze niet meer zo vaak uit zouden gaan als ze getrouwd waren en kinderen hadden, en het dus veel belangrijker was hoe hun onderlinge contact was.

'Ik ben op zoek naar de juiste balans,' legde hij uit. 'Een beetje zoals in het verhaal van Goudhaartje en de drie beren.' (Het zijn dus niet alleen vrouwen die nog in sprookjes geloven.)

'Nou,' zei Ariely toen ik hem deze verhalen vertelde, 'soms is het niet zozeer een kwestie van kieskeurigheid, maar heeft het met intimiteit te maken. Zowel mannen als vrouwen kunnen daar problemen mee hebben, maar in het algemeen is het zo dat van psychisch gezonde mensen vrouwen een meer afgewogen beslissing nemen. Mannen zijn sneller verliefd. Als je aan mannen en vrouwen vraagt in percentages uit te drukken met hoeveel mensen ze uit zouden gaan, is het percentage dat vrouwen noemen veel lager. Waarom? Je hebt natuurlijk het evolutionaire verhaal, maar ik denk dat er ook een cultureel verhaal is.'

Evolutionair gezien, zei hij, moesten vrouwen altijd kritisch zijn omdat ze iemand nodig hadden die hielp met het grootbrengen van de kinderen. In onze moderne tijd lijken vrouwen vooral door hun culturele maatstaven buitenproportioneel kieskeurig te zijn geworden, en dan gaat het niet alleen maar om kinderen en alles wat daarmee samenhangt, zoals inkomen en goede genen. Om dit te onderzoeken vroeg ik tientallen vrouwen wat ze zochten in een partner, en kreeg ik aanvankelijk de bekende antwoorden: hij moest aantrekkelijk zijn, geestig, slim, aardig, en een vast inkomen hebben. Maar als ik een beetje doorvroeg bleken ze ook een partner te willen – nee, zelfs nodig te hebben – die een rijk gevoelsleven heeft, een man die luistert als zij over haar gevoelens praat en zijn gevoelens met haar wil delen zoals vriendinnen dat met elkaar doen. Toen ik vroeg waarom, kreeg ik van een paar vrouwen als antwoord dat ze een man willen met een complex gevoelsleven omdat ze denken dat zulke mannen zorgzaam en beschouwelijk zijn.

Daar leek wel wat in te zitten. Maar mannen willen toch ook graag een zorgzame, beschouwelijke partner? Ja en nee, zei Ariely. Naar zijn idee zien mannen emotionele complexiteit anders: ze vinden vrouwen die emotioneel complex zijn neurotisch en bewerkelijk. In wat een vrouw 'complex' noemt zal een man vaak een vorm van labiliteit zien.

Mijn vriendin Melissa, die 33 is en toegeeft dat ze 'emotioneel complex' is, deelt Ariely's visie.

'Mensen zeggen wel dat mannen genoegen nemen met een vrouw die hen niet uitdaagt,' zegt ze, 'maar volgens mij is dat geen compromis. Ik denk dat het echt is wat veel mannen wíllen: een makkelijke vrouw, een vrouw die hen bewondert, die niet moeilijk doet, hen niet uitdaagt. Een vrouw die niet al te diep op de dingen ingaat. Dus líjken mannen minder kieskeurig. Maar zijn ze dat ook, of willen mannen en vrouwen gewoon verschillende dingen?'

### *Alles in één*

De mannen die ik sprak dachten dat dat laatste het geval was. Naar hun gevoel verwachten vrouwen vaak heel veel en kunnen mannen dat niet allemaal waarmaken. Toen hij nog op vrijersvoeten was, vertelde Kyle, de journalist uit New York, waren vrouwen zowel op zoek naar een rijzige, welgestelde man als naar het emotionele equivalent van een maatje met wie je alles kunt bespreken.

'Vrouwen willen eigenlijk dat mannen zowel homo als hetero zijn,' legde hij uit. 'Dit roept bij mannen veel weerstand en frustratie op. Heteromannen willen niet over mode praten of muggenziften over wat er niet goed is aan het karakter van anderen, zoals homo's doen.'

Ik moest ineens denken aan een gesprek met een goede vriendin waarin ik had gezegd dat ik jaloers op haar was. In mijn ogen waren zij en haar man elkaars minnaars én elkaars beste vrienden en dat leek me een ideale combinatie.

'Ik zal je eens wat zeggen: jíj bent mijn beste vriend.' Ze vervolgde: 'Als ik mijn man ook maar de helft zou vertellen van wat ik jou allemaal vertel, zou hij doodgaan van verveling en niet meer naar me luisteren. En trouwens, in plaats van hem elke dag aan zijn kop te zeuren, zit ik elke dag tegen jou te klagen!'

Dit vond ik verwarrend. 'Als onze vriendschap belangrijker voor je is,' vroeg ik, 'betekent dat dan dat je man niet je beste vriend is?'

'Misschien wel,' zei ze. 'Toch hou ik meer van hem dan van jou.'

Dat onderscheid kon ze zelfs een paar jaar geleden nog niet maken, zei ze. Op een dag, toen ze teleurgesteld was omdat zij meer behoefte bleek te hebben aan gesprekken over gevoelens dan hij, kreeg ze plotseling een inzicht. 'Ik dacht, zelfs onze beste vrienden kunnen niet in al onze behoeften voorzien. Daarom hebben we ook méérdere goede vrienden, en niet maar een. Dus waarom moet een echtgenoot dan een soort supervriend zijn die al onze behoeften bevredigt en precies dezelfde interesses heeft als wij? De druk van zulke hoge verwachtingen is toch niet te dragen?'

Dit is een les die veel vrouwelijke singles naar haar mening zouden moeten leren.

Ik herinnerde me ook wat mijn vriend Andy, een van de mannen die ik heb laten schieten, over zijn vrouw had gezegd: 'Volgens mij moet je niet alles bij één persoon zoeken. Hartstocht vind ik in mijn werk, en in gesprekken met vrienden die ik weleens bel of zie. Het is natuurlijk niet hetzelfde en het zou natuurlijk geweldig zijn als ik dat allemaal met mijn vrouw zou kunnen hebben. Maar ik breng veel meer tijd door met de mensen van mijn werk dan met mijn vrouw.'

Ik vroeg of hij zijn huwelijk als een compromis zag. 'Helemaal niet,' antwoordde hij. 'Ze heeft veel van de kwaliteiten die ik zocht in een partner. En ik had er genoeg van om te blijven zoeken naar iemand die alles had wat zij mist.'

De meeste mannen die ik sprak leken in te zien dat een mens beperkt is en dat één iemand niet alles voor een ander kan zijn. Kurt, de verloofde man die ik indertijd in een bar in Los Angeles had gesproken, zei: 'Het kan mannen weinig schelen als hun vrouw niet met ze naar een voetbalwedstrijd kijkt, maar vrouwen trouwen niet met je als je geen zin hebt om naar het minutieuze verslag van hun leesclubbijeenkomst te luisteren.'

Ik begon het onderwerp anders te zien. Zowel mannen als vrouwen moeten concessies doen bij hun partnerkeuze, maar ze doen dat elk op hun eigen manier. Voor getrouwde mannen is seksuele monogamie de grootste concessie. Getrouwde vrouwen zien de onmogelijkheid van emotionele monogamie als grootste concessie. Met andere woorden: dat ze niet één allesomvattende emotionele relatie hebben, maar voor een deel van hun behoeftes op andere mensen aangewezen zijn. Het gaat erom dat vrouwen moeten accepteren dat één persoon niet in staat is voor de emotionele intensiteit te zorgen die de meeste mannen sowieso niet willen.

### *Ik kan wel minder kieskeurig zijn – theoretisch althans...*

Annie is 34 en weer op zoek. Ze is drie jaar getrouwd geweest met een knappe, slimme, geestige en spannende man die een geweldige vriend was, maar een rampzalige echtgenoot bleek te zijn. Achteraf denkt ze dat ze het had kunnen weten, want er waren alarmsignalen geweest. Ze was altijd kieskeurig geweest, maar sinds haar scheiding probeerde ze haar liefdeleven anders aan te pakken.

'De belangrijkste verandering is dat ik nog steeds positieve gevoelens wil hebben over een man en hem interessant wil vinden, maar niet meer in alle staten hoef te zijn, ik hoef geen buik vol vlinders meer te hebben. Dat had ik met de man die mijn echtgenoot werd en ik weet nu dat dat misleidend kan zijn.'

Ze weet nu dat andere dingen belangrijker zijn.

'Vriendelijkheid en dat iemand goed gezelschap is zijn dingen die ik meer probeer te waarderen,' vertelde ze. 'Heel basale dingen waar ik vroeger weinig oog voor had. Ik zoek iemand die redelijk slim is, aardig, financieel onafhankelijk en nú een gezin wil. Het lichamelijke zal ik een andere plek moeten geven, geloof ik, maar ik zal soms nog wel terugvallen in oude patronen.'

Onlangs wilde een getrouwde vriendin haar in contact brengen met een advocaat die op het kantoor van haar man werkt. Ze bekeek zijn pagina op Facebook en hoewel hij haar wel leuk leek, was ze niet enthousiast over wat hij schreef.

'Het was echt zo'n cv van een bedrijfsjurist,' zei Annie. 'Ik vond het een slaapverwekkend stukje. Mijn vriendin had niet gezegd dat hij een slomerik was, maar ze had ook niet gezegd dat hij interessant was. Ze zei: "Wat is er op tegen hem te ontmoeten? Het is een leuke vent." Maar ik vroeg me af of ik zin had om met deze man over koetjes en kalfjes te praten. Maar iedereen zegt dat ik me anders moet opstellen, dat ik gewoon moet gaan en dan wel zal zien of we het leuk hebben samen.'

Ik vroeg aan Annie hoe ze er over een paar jaar, gesteld dat ze dan nog steeds alleen is, op terug zou kijken dat ze iemand niet eens wilde leren kennen *omdat zijn cv haar niet beviel.*

Ze dacht een moment na. 'Zou ik op mijn zesendertigste wel met deze man uit willen, als hij dan nog vrij is? Ik weet het niet zeker. Zover is het nog niet. Maar als ik dat over twee jaar niet wil, dan is dat mijn probleem, dan zou dat betekenen dat ik geen gezichtsverlies wil lijden. Eigenlijk zit ik mezelf dan alleen maar dwars.' Volgens Annie is het niet alleen de biologische klok die haar tot verandering maant, maar komt het ook doordat veel van haar vrienden een gelukkig huwelijk hebben, en dat wil zij ook.

'Ik wil graag met iemand door het leven,' zei ze. 'En ik weet dat dat betekent dat ik bepaalde fantasieën moet loslaten, iedereen doet tenslotte concessies. Theoretisch ben ik er helemaal voor om minder kieskeurig te zijn, maar in de praktijk kost het me erg veel moeite.'

Ook de 39-jarige Jocelyn is er vooral een theoretische voorstander van. 'Ik ben geen monnik die in een cel gaat zitten wachten tot alles perfect is,' vertelde ze. 'Ik weet dat niets in het leven perfect is, maar ik weet ook dat ik een man met een zekere emotionele diepgang en een zeker inzicht nodig heb, en dat ik op de langere termijn verveeld raak als ik met iemand ben die mij niet tot in alle finesses begrijpt.'

Evan Marc Katz, de datingcoach, zegt dat de meeste vrouwen die bij hem komen aanvankelijk de houding van Annie en Jocelyn aannemen. *Ik kan er niets aan doen dat ik op bepaalde mannen val. Ik wil wel concessies doen, maar ik kan het gewoon niet.* Tegen deze vrouwen zegt Evan: 'Prima. Dan doe je geen concessies. Maar dan moet je niet verbaasd zijn als alle anderen dat wel doen en een bevredigende relatie krijgen terwijl jij nog een droom najaagt die nooit op een happy ending uitloopt.'

## *Vrouwen willen meer*

Edna Pollin, een echtscheidingsadvocate uit Denver, vertelde me dat zij de indruk heeft dat vrouwen onbevredigd zijn omdat ze altijd meer willen. Ze willen bijvoorbeeld meer romantiek, meer hulp bij het huishouden en meer passie. Sommige vrouwen willen een man die een beter inkomen 'genereert'. Er zijn natuurlijk mannen die in een midlifecrisis zitten en een scheiding in gang zetten, aldus Pollin, maar het zijn meestal de vrouwen die er een punt achter willen zetten, en hun man in verwarring achterlaten.

'De mannen hebben vaak geen idee dat er problemen waren en dachten dat alles prima ging,' legt Pollin uit.

Misschien verklaart dat ten dele hoe het komt dat twee derde van de echtscheidingen door de vrouw wordt aangezwengeld, zoals een onderzoek van het National Marriage Project van de Rutgers University heeft uitgewezen. Volgens Pollin verwachten vrouwen vaak dat hun man 'alles' is en hebben ze vervolgens het gevoel dat ze iets missen, zielsverwantschap bijvoorbeeld.

De 36-jarige Keith vertelde me dat zijn vrouw een jaar daarvoor om een scheiding had gevraagd en tegen hem zei: 'Ik hou van je, maar ik ben niet verliefd op je.'

Ze bleek verliefd te zijn op iemand anders.

'Ik ben afgestudeerd in bedrijfskunde, heb een goede baan in computerbeveiliging, een vliegbrevet, een eigen huis, ik ben behoorlijk goed in conditie, doe vrijwilligerswerk in het onderwijs, ga naar de kerk. Maar ik ben geen avonturier. In mijn werk is behoedzaamheid het devies, en moet ik risico's beheersen. Ik ben geen opwindende Romeo. Voor zo iemand heeft mijn vrouw mij verlaten.'

Ik vroeg Paul Amato, die als socioloog verbonden is aan de Penn State University en gescheiden stellen bestudeert, waarom vrouwen dit soort dingen doen.

Hij antwoordde dat er verschillen zijn tussen de seksen wat betreft de verwachtingen die men koestert. De vrouwen die hij gevolgd heeft zeiden vaak dat ze dachten dat het huwelijk anders zou zijn, opwindender of makkelijker. Ze denken dat hun echtgenoot het probleem is, en dat híj saai is geworden, maar het is het huwelijk zelf dat 'saai' is, vergeleken bij de romantiek die ze tijdens hun verkering ervoeren.

Ik vroeg een paar mannen naar hun verwachtingen van het huwelijk. Alex, 39 jaar oud en vier jaar getrouwd, vertelde me dat het voor hem geen punt is dat zijn vrouw niet ál zijn wensen vervult, omdat hij heel veel van haar houdt.

'Ik zou willen dat ze zich minder druk maakt in het dagelijks leven,' zei hij. 'En dat ze iets meer accepteerde dat ik wat langzamer ben met alles. Ook zou ik willen dat ze jonger was en sexyer, maar hoort dat er niet bij als je langer samen bent?'

De 34-jarige Graham, die een serieuze relatie heeft, vertelde me dat er in al zijn relaties wel iets te wensen was, maar meestal waren dat geen dingen waar het op stukliep. Als hij in het verleden niet met een vrouw in zee ging, kwam dat meestal door verschillen in waarden – andere ideeën over werk, geld, veiligheid, religie en opvoeding van toekomstige kinderen. Hij heeft nooit een relatie beëindigd om dingen als 'dat ik wou dat ze dezelfde dingen leuk vond, op het gebied van sport, muziek of toneel. Of dat ze ook van wandelen hield. Of dat ik liever iemand wilde die ook nog geld zou inbrengen als er kinderen waren. Of dat ik wilde dat ze kleiner was, zodat ik haar tijdens het vrijen op kon tillen. Of dat ik iemand had die net zo vaak wilde vrijen als ik. Of dat ik wou dat ik met iemand was die naar mijn flat in Brooklyn wilde komen, en dat we niet steeds bij haar in Manhattan zouden zijn.'

Toen ik Graham zo hoorde praten moest ik denken aan alle vrouwen die ik kende die met een man hadden gebroken, of dat zonder aarzeling zouden doen, als het andersom zou zijn en hij niet dezelfde interesses had als zij, niet genoeg geld zou verdienen, meer behoefte had aan seks dan zij, of geen zin had steeds naar haar flat toe te komen. En deze man accepteerde dat allemaal.

Grahams huidige vriendin is zeker niet volmaakt, maar het zou te ver gaan om met haar te breken. Zijn vriendin is niet atletisch en houdt niet van sport; ze is veel langer dan hij zou willen; op seksueel gebied hebben ze nog het een en ander met elkaar uit te vechten; zij kan soms dramatisch reageren in situaties die daar volgens Graham niet om vragen.

'Ik ga ermee door,' zei hij, 'omdat het op voor mij belangrijke punten wel tussen ons lijkt te klikken. Ze is slim, we voelen ons tot elkaar aangetrokken, we lachen en zingen samen, we delen dezelfde waarden en respecteren en bewonderen elkaar.'

Jack, een 30-jarige webdesigner die binnenkort gaat trouwen, vertelde me dat hij tien jaar geleden erg ongelukkig was toen hij werd afgewezen door zijn beste vriendin uit zijn studietijd. Door de verhalen die hij haar echter door de jaren heen over haar liefdeleven hoorde vertellen, ging hij beseffen dat het niet persoonlijk was geweest. Ze had vaak mannen afgewezen op basis van één enkel gegeven ('Hij heeft een keer een maand lang onverzekerd rondgelopen, hoe onverantwoordelijk kun je zijn?'), van één enkele zin ('Hij zei: "Alle *meisjes* met wie ik uit ben geweest"'), of wegens een koosnaampje dat haar niet beviel ('Hij zei "kereltje" tegen me, dat was zijn troetelnaam').

'Het is leuk om met haar bevriend te zijn, maar wie wil er uit met iemand die zulke vooroordelen heeft?' vroeg hij. 'Ze zal altijd haar vinger leggen op dat ene puntje dat niet deugt aan een man.'

Daar had ik me in het verleden ook aan bezondigd, maar tegenwoordig had ik last van het tegenovergestelde: wat moet je doen als je juist niet precies weet wat er niet klopt? Deze vraag kwam in me op na mijn tweede ontmoeting met Mike. Ik moest Evan spreken. Ik moest erachter zien te komen wat werkelijk belangrijk voor mij was.

# [Deel 4] Waar het echt om gaat

*Liefde is het ideaal, het huwelijk de realiteit; je kunt de twee niet ongestraft door elkaar halen.*
Johann Wolfgang von Goethe

## 17. Maandagen met Evan

*Vierde sessie: wensen en behoeften*

Tijdens onze vierde sessie vertelde ik Evan hoe het me vergaan was met Mike.

'Ik wou dat ik kon zeggen dat ik hem de tweede keer aardiger vond,' zei ik. 'Ik wou dat ik kon zeggen dat het genoeg voor me is dat hij een aantrekkelijke, aardige man is met de beste bedoelingen, ongeveer even oud als ik, een geweldige vader en iemand die graag weer wil trouwen. Maar dat kan ik niet.'

Dat ik op zoek zou zijn naar een alfamannetje had er niets mee te maken. Dat idee had ik inmiddels wel laten varen. Het was meer dat we in algemene zin niet op dezelfde golflengte zaten. Niet alleen als we elkaar zagen, maar ook als we mailden of telefoneerden was ons toegewijde ouderschap het enige wat we op een iets dieper niveau gemeen hadden. Dat is al heel wat, ik weet het. Maar verder voelden onze gesprekken geforceerd aan en naarmate we meer met elkaar praatten werd het er niet gemakkelijker op, integendeel, meestal waren we op een gegeven moment eenvoudigweg uitgepraat. Je kunt niet eindeloos doorbabbelen met iemand met wie het niet echt klikt.

Ik vertelde Evan over een andere man die ik online had gevonden. Net als Mike was Rick een gescheiden vader en nam hij het ouderschap serieus. Zijn profiel en een zestal e-mails gaven me de indruk dat hij interessant was: een hoogleraar geschiedenis met humor en zelfspot, een intellectueel. We mailden heen en weer en sloegen daarbij een flirterige toon aan. Onze referentiekaders kwamen overeen. We leken er dezelfde opvattingen en levensstijl op na te houden. Er waren een paar minpunten – hij was 50 en dat was hem aan te zien; zijn kinderen waren tieners en mijn kind was twee – maar die deden er niet toe. Ik probeerde niet meer over allerlei kleine details te vallen, en ik vond het contact opwindend. Hij vroeg of hij me mocht bellen, en ik gaf hem mijn nummer.

Hij belde me nog dezelfde dag, maar ik was niet thuis, dus liet hij een boodschap achter. Voor ik ook maar de kans kreeg hem terug te bellen had hij alweer drie keer gebeld. Niet dat ik naar de nummerweergave keek en zag dat hij gebeld had en weer had opgehangen, nee, hij sprak al die keren mijn voicemail in, drie keer binnen vijf uur. Op een toon alsof het de normaalste zaak van de wereld was, zei hij: 'Hoi, met Rick, van de datingsite! Ik wou gewoon even met je kletsen.' Vervolgens liet hij zijn nummer achter. Elke keer weer.

Het was al laat in de avond toen ik zijn berichten afluisterde en ik besloot hem de volgende dag na mijn werk terug te bellen, maar in de loop van die dag belde Rick nog drie keer – drie keer! – en twee daarvan sprak hij precies dezelfde boodschap in. 'Hoi, met Rick van de datingsite! Ik ben je net misgelopen denk ik. Ik hoop van je te horen.' Een dag eerder zou ik hebben gedacht dat hij nerveus was of veel te enthousiast, en was ik nog bereid hem het voordeel van de twijfel te geven. Maar nu begon ik een unheimlich gevoel te krijgen. Je belt iemand die je nog nooit hebt ontmoet toch geen zes keer binnen 24 uur op? Ik heb hem niet teruggebeld.

Een paar dagen later nam ik de telefoon op toen ik net weg wilde gaan. Het was Rick. 'Hoi, met Rick,' zei hij nonchalant, alsof we elkaar al jaren kenden en ik meteen zou weten wie hij was. 'Hoe gaat het met je?' Ik legde hem uit dat ik op het punt stond om weg te gaan maar dat ik hem later terug zou bellen. Op dat moment was ik echt van plan hem nog een kans te geven. Maar toen ik een paar uur later thuiskwam zag ik dat hij me weer gebeld had en had opgehangen. Toen werd het me echt te gek.

'Hij lijkt wel een stalker, of in elk geval heeft hij geen flauw benul van de meest basale omgangsvormen,' zei ik tegen Evan.

Evan vond hem ook een engerd. 'Een van de klachten die ik het meest hoor van vrouwen is dat mannen niet genoeg aandacht voor ze hebben. Maar als een man te veel aandacht geeft – te vaak belt, te snel belt, te snel laat merken dat hij enthousiast is – is het ook niet goed. Ik raad vrouwen meestal aan onhandige mannen toch een kans te geven. Maar dat wil niet zeggen dat je met een freak uit moet gaan.'

Eindelijk kwam ik een keer niet als te kieskeurig uit de bus!

### *Evan veegt me de mantel uit*

Goed, ik wilde niet uit met een freak, maar ik zocht wel iemand met wie het contact iets natuurlijker verliep dan met Mike.

Dat leek me toch niet te veel gevraagd. Toen ik echter tegen Evan zei dat ik het tijdverspilling vond om te reageren op een e-mail van een makelaar die een roze geblokte vlinderdas droeg, schudde hij zijn hoofd en zuchtte diep, als een leraar die een luie leerling voor zich heeft en ten einde raad is. Toen keek hij me aan en gebeurde er iets wat sinds de eerste sessie nog nooit was voorgekomen: hij verloor zijn geduld.

'Je hoort me elke week aan, maar je verandert niet!' riep hij zo hard dat het bijna schreeuwen was. 'Je bent niet bereid je open te stellen voor iets anders dan waar je je de afgelopen twintig jaar voor hebt opengesteld! Je bent net als die mensen die willen afvallen maar niets aan hun bewegingsprogramma of eetgewoontes willen veranderen. "Maar ik vind dit zo lekker!" zeggen ze. En dan antwoordt hun dokter: "Prima, blijf maar lekker eten, maar dan val je dus niet af!" Je moet de dingen anders gaan doen als je een ander resultaat wilt. Het is geen tijdverspilling om een man als deze te mailen. Het is tijdverspilling om dit soort mannen níét te mailen. Zou hij de ware zijn? Geen idee. Maar het is een soort loterij: een van deze mannen zou iemand kunnen zijn met wie het klikt. Alleen kom jij daar nooit achter, want je hebt al je tijd verspild door niemand een kans te geven!'

Zo. Er viel een stilte die enkele minuten aanhield. Ik voelde me zo'n oen. En ik maar denken dat ik veranderde, terwijl dat in werkelijkheid alleen maar in mijn hoofd gebeurde. In wat ik dééd was ik niet erg veranderd. Ik was 41 en nog steeds single, en had jarenlang goede mannen om de verkeerde redenen afgewezen, mannen als Andy en Jeff en Sheldon en Scott. En nu wilde ik niet eens een man mailen die op een aantal punten was wat ik zocht, die me een intelligent mailtje had gestuurd en mogelijk geïnteresseerd was in iemand als ik, al mijn bagage en tekortkomingen ten spijt. En dat alleen maar vanwege zijn beroep (het verkopen van onroerend goed leek me net zo saai als boekhouden) en zijn outfit (die roze geblokte vlinderdas!).

Ik verbrak de stilte door het toetsenbord aan te slaan en een e-mail aan de Vlinderdasman te schrijven terwijl Evan over mijn schouder mee keek.

De les die ik uit het incident met de Enge Stalker had moeten trekken, zei Evan toen ik het bericht had verzonden, is dat iemand met een geweldig profiel kan tegenvallen en dat iemand die niet je type lijkt heel leuk kan blijken te zijn.

'Al deze mensen worden pas echt wanneer je een relatie krijgt waar je je allebei voor inzet,' zei Evan. 'Je zit voortdurend van alles op hen te projecteren. Schaf dat ideaalbeeld dat je in je hoofd hebt nu eens af, want de ware zal er heel anders uitzien.'

Om die reden zei Evan steeds als ik niet wilde afspreken met een man die me te serieus leek, of te oud: 'Het is maar een date!' Als ik zei dat ik het niet ideaal vond dat iemand een uur rijden bij mij vandaan woonde, zei Evan: 'Ideaal bestaat niet. Mensen verwachten een ideaal en lopen kansen mis om een goede partner te vinden. Zelfs wat jij denkt dat ideaal is, zal uiteindelijk helemaal niet ideaal zijn. Ideaal bestaat niet. Laat het los.'

Ik was bereid mijn ideaalbeeld los te laten, maar wat betekende dat nou precies? Mike was een goede man, hij was in dezelfde levensfase als ik en had ook kleine kinderen op te voeden. Hij zag er leuk uit en was betrouwbaar. Alleen was zijn temperament totaal anders dan het mijne. Het kostte ons moeite een gesprek gaande te houden. Ik was van nature nieuwsgierig naar alles en hij liet de dingen ontspannen over zich heen komen. Kortom, we waren niet goed op elkaar afgestemd.

'Volgens mij is het niet zo onredelijk om iemand te willen die me intellectueel prikkelt én een toegewijde vader is,' zei ik tegen Evan. 'Ik heb vriendinnen die zo'n man hebben. Ze zijn er heus wel.'

'Dat denk ik ook,' zei Evan. 'En als die twee dingen voor jou absoluut noodzakelijk zijn, moet je daar naar op zoek gaan. Maar dan kun je het je niet meer permitteren om mannen af te wijzen die je intellectueel prikkelen en toegewijde vaders zijn maar een roze vlinderdas dragen. Je kunt niet alles hebben.'

Ik hoefde ook niet alles te hebben, dacht ik, maar toen ik van Evan moest opschrijven wat ik echt nodig had, dus niet mijn wensen maar mijn behoeften, kwam ik uit op veertien dingen. Als ik realistischer wilde worden, zei Evan, moest ik dat lijstje terugbrengen tot drie.

Daar keek ik van op. Maar drie?

'Het verschil tussen behoeften en wensen is essentieel,' legde hij uit. 'Als je veertien behoeften hebt, dan valt een man die er dertien in vervulling brengt dus af! Zelfs als hij aan bijna al die eisen voldoet, moet je bedenken dat veel goede eigenschappen een keerzijde hebben waardoor het slechte eigenschappen kunnen worden. Iemand die buitengewoon intelligent en analytisch is, kan ook pedant en betweterig zijn. Iemand die meegaand is, is misschien wel lui of heeft helemaal geen meningen.'

Hij vertelde me over een cliënte wier hart gebroken was door een charmante man die echter een fobische bindingsangst bleek te hebben. Toen ze zover was dat ze weer mannen wilde ontmoeten, ging ze het internet op en keek naar de reacties die ze kreeg. Er was een man bij die haar wel wat leek en haar aan haar ex deed denken. Ze gingen met elkaar uit, hij zei dat hij zou bellen, maar dat deed hij niet.

Een andere man belde haar wel terug. 'Hij was niet de meest meeslepende kandidaat,' zei Evan, 'maar hij vroeg haar steeds weer mee uit en elke keer had mijn cliënte een leuke avond met hem. Vervolgens klaagde ze bij mij dat hij niet was wat ze zocht.'

Hij was namelijk te klein van stuk. Hij was niet ruig genoeg. Maar hij vervulde wel haar *behoeftes*: hij was attent en betrouwbaar, had dezelfde waarden als zij en ook qua levensstijl pasten ze bij elkaar. Toen ze onderscheid maakte tussen haar behoeften en haar wensen, werd ze verliefd op hem. Ze dacht de charmante, mannelijke man te willen – en misschien wil ze dat op een bepaald niveau nog steeds – maar wat ze nodig heeft is iemand met wie ze plezier kan hebben, die attent en betrouwbaar is, dezelfde waarden heeft en dezelfde doelen nastreeft.

Evan zei dat haar verhaal hem deed denken aan dat van een man die ontslagen werd en dacht dat dat het einde van de wereld was. Om vervolgens te ontdekken dat het de ideale gelegenheid was om voor zichzelf het leven te creëren waar hij altijd van gedroomd had. Natuurlijk zou hij er nooit voor hebben gekozen ontslagen te worden. Hij zou dat nooit hebben gewild, dacht hij, maar uiteindelijk maakte het hem gelukkiger dan hij anders was geweest, omdat het mogelijkheden voor hem opende die nooit eerder in hem op waren gekomen.

Om die reden zeggen veel getrouwde mensen dat ze hun wederhelft nooit op een datingwebsite zouden hebben uitgekozen. Hij of zij was namelijk helemaal niet wat ze dáchten te willen. Tot ze elkaar leerden kennen...

'Wat je graag wílt is niet altijd wat goed voor je is,' zei Evan. 'En terwijl je je zinnen zet op de persoon die je dénkt te willen, ga je soms voorbij aan je werkelijke behoeften.'

Maar het is niet zo makkelijk om uit te vinden wat je nodig hebt. Het is al ongelofelijk moeilijk onderscheid te maken tussen wensen en behoeften, zei Evan, maar daar komt nog bij dat onze verlangens tegen elkaar indruisen: *Ik wil iemand die stevig stelling neemt... maar me nooit tegenspreekt. Ik wil iemand die spontaan is en wild... met een vaste baan.*

Evan vertelde me over een cliënt die ook maar niet kon bepalen wat hij nodig had. Hij was rond de veertig, slim en succesvol, en wilde graag trouwen. Hij zocht iemand die slim was en volwassen, makkelijk in de omgang en slank. Hij ging een aantal keren uit en klaagde daarna dat de jongere vrouwen met de prachtige lijven onvolwassen waren en zich in een andere levensfase bevonden, maar dat de slimme vrouwelijke advocaten iets te veeleisend waren, terwijl de vrouwen die volwassener waren meestal niet het jonge lijf hadden dat hij zo graag wilde.

Wat kun je hieraan doen? Je moet je wensen onderscheiden van je behoeften. Evan gaf me een paar voorbeelden:

Je *wilt* iemand die creatief is.
Wat je **nodig hebt** is iemand die je kunt vertrouwen.

Je *wilt* iemand die ook van jazz houdt.
Wat je **nodig hebt** is iemand die jouw interesses, of een paar daarvan, deelt.

Je *wilt* iemand die atletisch is en lichamelijk actief.
Wat je **nodig hebt** is iemand die jou ook op je slechtste momenten accepteert.

Een paar minuten later was ik in staat mijn lijst terug te brengen tot drie essentiële voorwaarden waaraan een man moest voldoen: hij moest een onderzoekende geest hebben, kindvriendelijk en financieel onafhankelijk zijn. Meer niet.

Natuurlijk zocht ik meer in een partner, maar dit waren de basisvoorwaarden en de enige redenen om iemand op voorhand te mogen afwijzen. Met andere woorden: ik mocht geen nee zeggen tegen een eerste afspraak met een man die een vlinderdas droeg maar wel aan mijn drie eisen voldeed.

Nu ik mijn behoeften had gedefinieerd, legde Evan me uit dat het begrijpelijk was waarom het tussen Mike en mij niet was gelukt. Hij was weliswaar zeer kindvriendelijk, maar had geen onderzoekende geest en als freelanceconsultant met twee kinderen te onderhouden had hij geen degelijke financiële basis. Hij had vele goede eigenschappen maar voldeed maar aan één van mijn basisvoorwaarden. Voor een vrouw met drie ándere basisvoorwaarden zou hij een lot uit de loterij kunnen zijn.

Het gaf me een goed gevoel dit onderscheid te hebben gemaakt. Ik wist dat het geen toverformule was, maar het leek me een beter selectiecriterium dan me alleen maar af te vragen of ik op iemand viel of niet. Het leek me in elk geval beter dan uit te gaan van een lijst met veertien 'essentiële' punten.

Ik had eindelijk het gevoel dat ik een klein stapje had gezet.

Die avond mailde de onroerendgoedmakelaar met de vlinderdas me terug en kreeg ik wat meer informatie. Hij was een 46-jarige weduwnaar met een zoon van acht. 'Onroerend goed' bleek in zijn geval te betekenen dat hij huizen ontwierp en verkocht, en hij leek zijn werk met veel passie te doen. Hij was 1.65m en kalend, maar zijn e-mail was geestig en attent. Hij kwam intelligent en werelds over, ondanks zijn niet zo hoge opleiding. Hij stelde voor dat we elkaar zouden bellen, maar ik wilde wel een stap verder gaan. Als hij een onderzoekende geest had, een toegewijde vader was met een stabiel inkomen, wat moest ik dan nog weten om te besluiten of ik hem wilde zien? We moesten maar meteen een afspraak maken.

Dit lijkt misschien een kleinigheid, maar voor mij voelde het echt als een stap voorwaarts. Ik had zo vaak fouten gemaakt bij het eerste telefonische contact – ik had allerlei conclusies getrokken die niet klopten en waar ik niets mee opschoot. Dan Ariely van het MIT had me gewaarschuwd dat zo'n eerste telefoongesprek misleidend kon zijn: als het goed liep kreeg je te hoge verwachtingen, als het niet liep zoals je gedacht had, zag je van een ontmoeting af (zoals me met Duikerman Matt was overkomen).

Omdat ik de dingen echt anders wilde dóén, stelde ik voor dat we een afspraak zouden maken. Niet om koffie te drinken, zodat ik binnen twintig minuten weer buiten kon staan, maar om een middag te gaan wandelen, wat de mogelijkheid bood een paar uur met elkaar te praten. Ik was ook niet van plan hem uit te horen, ik wilde gewoon proberen er een leuke middag van te maken.

We spraken af voor de dinsdag daarop. O, en het is haast niet te geloven maar hij bleek Sheldon te heten! Ik bedoel niet dat hij echt Sheldon heette, maar hij had dezelfde naam als de man die ik Sheldon heb genoemd. Ik was verbaasd, en ik vond het ook leuk. Want ik geloofde dat ik mijn oordeel nu eens een keer niet klaar had, en dat de voorzienigheid mij een tweede kans gaf. Ik besloot hem 'Sheldon2' te noemen.

### *Een echtgenoot die wil trouwen*

Toen ik het met mijn vriendin Maggie over Sheldon2 had en haar vertelde dat ik mijn behoeften tot slechts drie had teruggebracht, zei ze dat ze onlangs hetzelfde proces had doorgemaakt met haar verloofde.

'Mijn moeder zei ooit tegen mij dat als je op zoek bent naar een echtgenoot, je eenvoudigweg moet kijken of iemand getrouwd wil zijn,' zei ze. 'Ga op zoek naar iemand die het leven dat hoort bij de getrouwde staat aanlokkelijk vindt. Ik weet nog dat ik dat tamelijk onromantisch vond, per slot van rekening moest ík toch genoeg reden zijn voor iemand om zich een leven lang te willen binden? Ik was immers toch een fantastisch iemand? Maar ik vermoedde ook dat er wel een kern van waarheid in zat.'

Net als ik, was Maggie toen ze in de twintig was steeds op zoek geweest naar intense verbondenheid. Die vond ze in een lange relatie met een oudere man die in veel opzichten een geweldige partner was – ze waren allebei begaafde, creatieve filmproducenten – maar in de loop van de jaren werd het steeds duidelijker dat ze verschillende dingen wilden in het leven.

'Ik herinner me dat het een schok voor me was toen het uiteindelijk geen stand hield,' zei ze. 'Ik dacht namelijk dat de liefde alles zou overwinnen. Maar tegen fundamenteel verschillende ideeën over hoe je je leven wilt leiden is geen liefde bestand.'

Toen ze dertig was, leerde ze Will kennen.

'Hij leek absoluut niet iemand met wie ik ooit iets zou beginnen,' zei ze, 'en ik heb hem een half jaar op afstand gehouden omdat hij aan geen van mijn "criteria" voldeed. Hij was wetenschapper, en gedurende de eerste drie maanden begreep ik niets van zijn werk. Hij zag er morsig uit, een soort verstrooide professor, hij was in geen half jaar naar de kapper geweest toen ik hem voor het eerst ontmoette en er stond nauwelijks meubilair in zijn flat. Alleen maar een paar kratjes en een futon. Hij was erg verlegen en zijn conversatie was stroef.'

Will voldeed dus niet aan al haar 'wensen', maar vervulde wel haar 'kernbehoeften': 1. Hij was interessant en had een onderzoekende geest, 2. Ze deelden dezelfde waarden en hadden dezelfde doelen voor ogen en 3. Hij was betrouwbaar en loyaal.

'De verschillen,' zei ze, 'zijn dingen die ik inmiddels leuk en interessant ben gaan vinden.' Ze deelden aanvankelijk weinig interesses, maar verdiepten zich in elkaars liefhebberijen en hebben nu veel plezier samen. Zij heeft de mountainbike ontdekt en ze fietsen samen, en hij vindt het leuk om met haar naar toneel te gaan. Het belangrijkste is echter dat ze in praktisch opzicht op één lijn zitten.

'Godzijdank denken we in grote lijnen hetzelfde over geld en kinderen. Die twee dingen zijn naar mijn idee de belangrijkste externe factoren die bepalen of je bij elkaar past. Ik ben dus heel opgelucht dat we op die punten vanaf het begin gelijkgestemd bleken te zijn.'

In Maggies leven zijn de wensen en behoeften uiteindelijk mooi met elkaar in balans gekomen. Ze heeft op haar eenendertigste iets essentieels geleerd dat ik pas nu, op mijn eenenveertigste, begon te leren, namelijk dat 'liefde' niet losstaat van praktische dingen, en als we gelukkig willen worden moeten we leren hoe we die praktische dingen mee moeten wegen.

Maar hoe praktisch moet je zijn als je op zoek bent naar liefde?

# 18. De zakelijke kant van de liefde

Niet lang na mijn gesprek met Maggie werd ik benaderd door een zekere John Curtis, die een exemplaar van zijn boek naar me opstuurde. Op het omslag, met daarop een hart waarvan de ene helft een grafiek voorstelt, stond een citaat uit de *New York Times*: 'Dit uitdagende, baanbrekende boek is wellicht hét boek over relaties dat de laatste tien jaar is verschenen!'

Het heette *The business of love: 9 best practices for improving the bottom line of your relationship*, en mocht je er nog nooit van gehoord hebben, maak je geen zorgen want dan ben je echt de enige niet. Toen ik Curtis, een voormalig relatie- en gezinstherapeut die organisatiedeskundige is geworden, aan de telefoon had, gaf hij toe dat het woord 'business' in een boek over relaties mensen vaak tegen de borst stuit.

'Het heeft me eerlijk gezegd nogal wat moeite gekost om het aan de man te brengen,' zei hij vanuit zijn kantoor in North Carolina. 'Mensen willen altijd horen over de zachtere kanten van de liefde. Ze begeven zich blindelings in een relatie vanuit de gedachte dat ze zo verliefd zijn dat ze alles aankunnen. Vervolgens liggen ze constant met elkaar overhoop omdat ze het nooit over de verdeling van het werk hebben gehad, of over het geld, want dat was zo onromantisch. Nou, hoe romantisch is het om te ruziën omdat je nooit de moeite hebt genomen over de praktische dingen na te denken?'

Met het boek van Curtis kun je leren een 'visieverklaring' voor je relatie op te stellen, specifieke doelen te formuleren op diverse terreinen (gezinsplanning, fiscale zaken, vrije tijd, loopbaanmogelijkheden), tot een taakomschrijving voor beide partners te komen en afspraken te maken over compensatie en beloning. Het huwelijk is altijd een sociaal-economische verbintenis geweest, zegt Curtis, maar in de jaren zestig en zeventig zijn de maatschappelijke verwachtingen veranderd.

Of, zoals Stephanie Coontz het in haar boek *Marriage, a history* verwoordt: 'Het oude idee dat echtelieden elkaars "workmate" zijn is veranderd in de notie dat ze elkaars "soulmate" moeten zijn.' Ze merkt tevens op dat het in de geschiedenis slechts zelden is voorgekomen dat liefde als belangrijkste reden voor een huwelijk werd gezien.

Daarom heeft Curtis ook het gevoel dat liefde niet voldoende garantie biedt voor een geslaagd huwelijk. 'Op velerlei manieren is het huwelijk te vergelijken met het leiden van een zaak, want er spelen vragen als: wie kookt er, wie ruimt de handdoeken op, wie betaalt de rekeningen, wat hebben we te besteden. Twee zakenlieden zouden nooit een bedrijf beginnen zonder dat duidelijk is wie wat gaat doen en hoeveel tijd er beschikbaar is om een bepaald doel te bereiken. Wanneer je met iemand een verbintenis aangaat – ook een romantische verbintenis – is de kans op succes groter als je in een vroeg stadium vaststelt hoe je je die verbintenis voorstelt.'

Dit begreep ik nu ook. Wat ik niet beseft had toen ik ervoor koos alleen met mannen uit te gaan die ik vanaf het allereerste moment opwindend vond (zonder over de praktische kanten na te denken), was dat een man die geschikt is voor een romantische verhouding niet noodzakelijkerwijs ook geschikt is voor een huwelijk. Als je eenmaal getrouwd bent, zeggen mijn getrouwde vrienden, gaat het er niet meer om met wie je naar dat tropische eiland op vakantie wilt gaat, het gaat erom met wie je een huishouden wilt delen. Het huwelijk is niet een en al passie, het is eerder een verbintenis die gevormd wordt met als doel een heel klein, heel gewoon en vaak heel saai bedrijfje zonder winstoogmerk te runnen. En dat, zeggen mijn vrienden, kan heel leuk zijn. Het is heel plezierig om een betrouwbare, gelijkgestemde partner te hebben, en de meeste mensen hebben liever iemand naast zich dan dat ze alleen door het leven moeten gaan.

### *Ouder, dikker en kaal (want dat worden ze uiteindelijk toch allemaal)*

Dit klinkt misschien onromantisch, maar als ik naar de huwelijken om me heen kijk, met hun routine en alledaagsheid, vind ik die veel romantischer dan welke vluchtige relatie ook. Uitgaan met allerlei verschillende mannen lijkt misschien romantisch, maar in de meeste gevallen is het alsof je steeds weer iemand uitprobeert en zelf uitgeprobeerd wordt. Het huwelijk lijkt misschien saai, maar het is een situatie waarin gemak en acceptatie meestal de boventoon voeren. Het uitgaansleven zit vol grootse romantische gebaren die op de lange termijn weinig betekenen. In het huwelijk zijn het de kleine, aardige dingen die je voor elkaar doet waardoor een levenslange verbondenheid kan ontstaan. Het is stille romantiek. Hij zet thee voor haar. Zij gaat met hem mee naar de dokter. Ze horen elkaars verhalen aan over de dagelijkse gebeurtenissen. Ze nemen elkaars grillen voor lief. Ze zijn er voor elkaar.

'Ik wil gewoon iemand die bereid is met mij in de loopgraven te staan,' zei mijn 41-jarige alleenstaande vriendin Jennifer, 'en ik heb het huwelijk eigenlijk nooit eerder zo gezien.'

Ik ook niet. Toen ik tegen de veertig liep gaf mijn vriendin Renée me eens per e-mail het volgende advies:

> 'Ook al is hij niet je grote liefde, ik zou iemand zoeken die jij op intellectueel niveau respecteert, iemand die je aan het lachen maakt en je waardeert... Er zijn vast legio van zulke mannen te vinden in de categorie ouder, dikker en kaal (en dat worden ze uiteindelijk toch allemaal).'

Toen ze me dit schreef dacht ik dat ze me in de maling nam (dat was niet zo), maar nu vind ik het heel zinnig. Als je het huwelijk beziet vanuit een romantisch vacuüm verschil je nauwelijks van het naïeve meisje uit de brugklas dat zwanger is geworden van haar vriendje en tegen iedereen zegt: 'O, we houden zoveel van elkaar, het komt wel goed.' In de echte wereld overwint de liefde lang niet altijd.

Als ik me wat praktischer had ingesteld toen ik jonger was, waren de mannen op wie ik me gericht had waarschijnlijk geschikter geweest voor wat ik nú wil: een slimme, gelijkgestemde partner die zich ook voor het ouderschap wil inzetten. Ik wist natuurlijk wel dat ik dat wilde, maar ik had nog vijftien andere wensen die niet alleen niet realistisch waren, maar haaks stonden op de praktische eigenschappen die ik zocht. Een tijdlang moesten mijn vriendjes 'artistiek' zijn en 'onconventioneel', maar de meeste mannen die zo waren hadden het temperament noch de middelen om samen met mij het toekomstige huishouden waar ik op hoopte te kunnen bestieren.

Het begon tot me door te dringen dat elk aspect van een romantische relatie een praktische kant heeft – en het begint allemaal met het uitgaansleven.

### *De prins op het witte paard... en zijn prijskaartje*

Op een avond heb ik met een getrouwde vriendin op een rijtje gezet wat het een dertiger kost – financieel, logistiek en emotioneel – om een jaar lang op zoek te zijn naar een partner, en wat het zou kosten als je dat jaar getrouwd was. Dit was het resultaat:

Laten we zeggen dat je single bent en iemand wilt ontmoeten. Je zit niet meer op school, dus je komt niet elke dag beschikbare mannen tegen van de juiste leeftijd, zoals vroeger. Misschien heb je al een paar jaar dezelfde baan, en in dat geval zul je daar weinig nieuwe, ongebonden mannen tegen het lijf lopen. En zelfs als dat gebeurt, hoeft hij niet noodzakelijkerwijs iets in jou te zien en dat geldt andersom ook. Het zou ook kunnen dat je een beroep hebt waarin vooral vrouwen werkzaam zijn: het onderwijs, de sociale sector, mode, design, de uitgeverswereld, de voedingsbranche. Als je over de dertig bent, zijn veel mensen om je heen getrouwd, soms hebben ze kinderen, dus sociale gelegenheden als feestjes en barbecues doen zich minder vaak voor dan toen je twintiger was, en je zult er minder alleenstaande mannen tegenkomen.

Als je bedenkt dat je sociale leven vaak uit afspraakjes bestaat die nergens toe leiden, je veel kortdurende relaties hebt en veel vriendschappen met andere singles (die het er meestal over hebben hoe moeilijk het is om leuke mannen tegen te komen), besef je dat je zelf iets zult moeten ondernemen. Je laat je voor een jaar bij een datingsite inschrijven (kosten 200 dollar). Als de eerste site niets oplevert, zul je wellicht een andere kiezen (weer 200 dollar). Je besteedt vijf uur per week aan correspondentie en onderzoek (kosten: het uurloon dat voor jouw werk geldt en de emotionele uitputting die het met zich meebrengt). Als je de biologische klok hoort tikken en alles uit de kast wilt halen, huur je misschien wel een huwelijksbemiddelaar in (kosten variërend van 500 tot enkele duizenden dollars).

Wanneer je voor het eerst met iemand uitgaat wil je er goed uitzien, dus geef je geld uit aan je garderobe, je hebt rokken nodig, broeken, sweaters, topjes, jassen, schoenen, handtassen, colbertjasjes en sieraden. Je moet je kunnen kleden voor alle soorten gelegenheden, van een chic restaurant en een informeel cafeetje tot een basketbalwedstrijd en een wandeling door de natuur, en dat in alle weersomstandigheden (kosten 1000 dollar voor zes outfits voor vier seizoenen). Je laat je haar elke twee maanden vakkundig knippen (450 dollar voor zes keer, inclusief fooi). Misschien is het nodig dat je de grijze uitgroei laat verven, want dat krijg je als je de dertig bent gepasseerd (400 dollar voor vier keer). Je zult je wenkbrauwen moeten waxen, en als je de 35 nadert zul je ook iets willen doen aan de beginnende premenopauzale haartjes op je bovenlip (25 dollar per maand). Cosmetica en huidverzorgingsproducten zijn ook niet goedkoop (300 dollar per jaar). Sommige vrouwen vinden een manicure nodig (15 dollar per keer), of een pedicure (25 dollar), laten hun gezicht verzorgen (50 dollar) en zelfs hun tanden witten (650 dollar). Voor elke date ben je een uur onderweg, aankleden kost een uur, de date zelf neemt twee uur in beslag, en sommigen van ons spenderen dan nog een uur bij de therapeut om te bespreken hoe deprimerend het is om nog steeds single te zijn (100 dollar per sessie).

Stel je voor dat je het geluk hebt iemand tegen te komen die je vaker wilt zien. Laten we hem Brad noemen. Het klikt echt tussen jou en Brad! Hij is slim, geestig, aantrekkelijk, cool, en jullie hebben dezelfde muzikale smaak. Dit brengt ineens extra kosten met zich mee, want je kunt niet steeds weer in dezelfde paar outfits verschijnen. Ouderwets ondergoed kan natuurlijk niet, dus je koopt bh's en slipjes (zelfs in goedkope winkels zul je algauw op 100 dollar uitkomen, want je hebt een aantal setjes nodig). Ben je boven de 35, dan gaat de zwaartekracht zijn tol eisen en zul je je misschien te buiten moeten gaan aan zo'n waanzinnige wonderbra (à raison van 50 dollar). Je ontharingskosten zijn ook gestegen, want het gaat nu helaas niet meer alleen om de wenkbrauwen...

En dan, na twee maanden, nadert Brads verjaardag. Je bent vol van elkaar. Je wilt dat hij een geweldige verjaardag heeft. Dat betekent dat je ofwel voor hem gaat koken (het eten komt op 50 dollar, dan nogmaals 50 voor de wijn, bovendien besteed je veel tijd aan de boodschappen, het voorbereiden en het koken zelf) of je neemt hem mee uit (naar een leuk restaurant, dan een concert, en dat kost een aardige duit). Je koopt een taart voor hem, en cadeaus (100 dollar). Je gaat door met Brad, dus ga je ook door met shoppen, waxen, pedicuren... Het duurt niet lang of de feestdagen staan voor de deur. Opnieuw koop je cadeaus voor hem (75 dollar). Je brengt veel tijd met elkaar door, tijd waarin je ook andere mannen had kunnen ontmoeten nu je nog deze leeftijd hebt, er aantrekkelijk uitziet en nog niet door de biologische klok bent ingehaald.

Vier maanden later loopt de relatie echter niet meer zo goed. De liefde begint te bekoelen, bij jou of bij hem – het geeft niet. Jullie zetten er een punt achter. Je zult weer opnieuw moeten beginnen en hebt weer veel tijd, geld, emotionele energie in een relatie gestopt die mislukt is, om nog maar te zwijgen van de kansen die je gemist hebt om andere mannen te ontmoeten.

Tot nu toe zijn de kosten opgelopen tot 2000 dollar zonder, en 3600 dollar met therapie.

Je gaat weer op zoek. Raadpleegt het internet (de datingsite is al betaald). Je vraagt vrienden om je met een leuke man in contact te brengen (kost tijd en moeite en je voelt je vernederd). Je gaat naar de kroeg (15 dollar voor drankjes, een uur reistijd heen en terug, 40 dollar stomerijkosten voor het bier dat iemand op je suède laarzen heeft gemorst). Je begeeft je voortdurend naar plekken en gelegenheden waar je mannen kunt ontmoeten: etentjes (20 dollar voor het toetje dat je hebt meegebracht), wedstrijden (20 dollar voor een kaartje, plus de ergernis, omdat sport je niet interesseert), cursus fotografie (100 dollar), vernissages (10 dollar toegang, maar alle mannen zijn of getrouwd of homo) en lezingen in de bibliotheek (idem dito).

Je hebt iemand ontmoet! Steve is niet je droomprins, hij is niet erg atletisch en het klikt niet zoals je zou willen dat het klikte, maar hij is lief, aardig, slim, en helemaal weg van jou. Je investeert in de relatie (financieel, emotioneel en qua logistiek). Je leert zijn ouders kennen, raakt bevriend met zijn zusje en brengt veel tijd met zijn familie door. Maar na vijf maanden groeit het besef dat hij niet is wat je zoekt. Hij is gewoon niet... het is moeilijk te verwoorden, maar je weet zeker dat je dit soort twijfels niet zult hebben als je de ware tegenkomt. Je bent weer terug bij af.

Drie weken later ontmoet je je toekomstige echtgenoot! Eindelijk is het zover, denk je. Je begint iets met de man die naar jouw stellige overtuiging de ware is, maar twee maanden later dringt het tot je door dat hij egocentrisch, onnozel, arrogant, dom, humorloos en geniepig is, of gewoon niet echt verrukt van jou.

Na een jaar zijn de kosten gestegen tot 4000 dollar, en met therapie 9000 dollar, hoewel je daar nu waarschijnlijk mee ophoudt omdat zelfs je therapeut zo langzamerhand de namen van al jouw dates niet meer bij kan houden.

### *Verzonken kosten en alternatieve kosten*

Je blijft zitten met wat economen 'verzonken kosten' noemen: de tijd, het geld en de emotionele energie die je geïnvesteerd hebt in iets wat helemaal niets heeft opgeleverd. Het is alsof je elk half jaar een nieuw appartement huurt, met alle verhuis- en opknapkosten van dien. De huur verdwijnt in de zakken van je huisbaas, terwijl je dat geld ook in een eigen huis had kunnen stoppen dat je door de jaren heen steeds meer vermogen had opgeleverd. Je hebt niet alleen bij elke nieuwe relatie weer aanloopkosten (geld, tijd, de inspanning elke keer weer je levensverhaal te vertellen en hem te informeren over wat je lievelingspizza is, en dat ook van de ander aan te horen), maar geen van deze kosten zijn overdraagbaar op een volgende relatie. Met dat je op zoek blijft naar 'de beste', verlies je zelf aan waarde en krijg je er niets voor terug, behalve de enorme stress die je ervaart bij de gedachte dat je ouder wordt en nog steeds alleen bent.

Misschien zeg je nu: 'Maar wacht eens even, het heeft wél iets opgeleverd. Ik ben er wél rijker van geworden want ik heb me als mens ontwikkeld.' Dat kan zo zijn. Maar is persoonlijke groei in steeds weer een nieuwe relatie evenveel waard als persoonlijke groei binnen een realistisch maar gelukkig huwelijk? Wanneer je als twintiger meemaakt dat een relatie stukloopt, lijd je vooral aan een gebroken hart en eenzaamheid; tien jaar later komt daar de angst bij dat je misschien altijd alleen zult blijven.

Natuurlijk hebben veeleisende mannen ook verzonken kosten, vooral wanneer ze degene zijn die bij het uitgaan de rekening betaalt. Wat ze echter in mindere mate hebben zijn de 'alternatieve kosten' die de zoektocht naar een 'betere' partner met zich meebrengt. Terwijl je als vrouw tijd steekt in een relatie die uiteindelijk nergens toe leidt, loop je kansen mis om met andere mannen in contact te komen. Een man hoeft zich daarentegen niet te haasten, aangezien er geen biologische klok is waar hij rekening mee moet houden. Daar komt nog bij dat een man die een half jaar of een jaar bezig is met een relatie die stukloopt niets aan waarde verliest op de liefdesmarkt, terwijl dat voor vrouwen van in de dertig wel geldt. Sterker nog, mannen winnen vaak juist aan waarde als dertiger en zelfs al wordt die minder naarmate de vijftig dichterbij komt, ze kunnen dan altijd nog met een tien tot vijftien jaar jongere vrouw trouwen en een gezin stichten.

Zoals elke econoom zal bevestigen draait het allemaal om vraag en aanbod. Hoe langer je wacht, hoe kleiner het aanbod van beschikbare mannen. Terwijl de vraag naar mannen dan toeneemt, neemt jouw waarde op de huwelijksmarkt af. De situatie waar vrouwen zich dan in bevinden is te vergelijken met een economische recessie.

## *De vrijgezellenveiling*

In 2008 verscheen in het tijdschrift *Slate* een artikel van Mark Gimein waarin hij het lage aanbod van mannen waar ouder wordende vrouwen mee te kampen hebben, vergeleek met een veiling. Als de liefdesmarkt een veiling was, zou je denken dat degenen die het meest boden – de aantrekkelijkste vrouwen – zouden 'winnen'. Maar dat is niet zo, zegt Gimein, want die hoogstbiedenden hebben er zoveel vertrouwen in dat ze een man zullen vinden dat ze te lááät bieden. En terwijl zij wachten op de beste kans, bieden de minderbedeelden – de vrouwen die niet aantrekkelijk zijn volgens de geldende normen – eerder en aggressiever omdat ze weten dat er anderen zijn die meer te bieden hebben.

Wat er gebeurt is dat steeds meer aantrekkelijke mannen die door hoog biedende vrouwen zijn afgewezen, door minder biedende vrouwen van de markt worden gehaald. Uiteindelijk zijn alleen de minst aantrekkelijke mannen nog over – de mannen op wie zelfs de minderbedeelde vrouwen niet willen bieden! – én de aantrekkelijkste vrouwen (die echter te veel zelfvertrouwen hebben).

Toen ik dit artikel gelezen had, dacht ik aan de mannen met wie oudere vrouwen uit mijn kennissenkring de afgelopen paar jaar getrouwd zijn: een acteur van in de veertig die het nog steeds niet gemaakt heeft en als understudy werkt; een gedeprimeerde weduwnaar met drie rampzalige kinderen; een workaholic die constant vergeefse pogingen doet een bedrijf op te zetten, maar er niet over prakkiseert voor een baas te gaan werken. Ik beweer niet dat deze mannen geen positieve kanten zouden hebben of dat de vrouwen die met ze getrouwd zijn gek zijn. Wat ik wil zeggen is dat we als vrouw op latere leeftijd veel meer concessies moeten doen dan toen we nog jong waren maar te verwaand om aan de veiling mee te doen. Er zijn dan weinig beschikbare mannen over die bereid zijn iets met een oudere vrouw te beginnen.

'Waar zijn alle aantrekkelijke mannen gebleven?' schrijft Gimein. 'De meesten trouwden jong, en soms met zeer doortastende vrouwen die niet opvallend mooi, gepassioneerd of intelligent waren.'

Laten we nu eens zeggen dat je geen alleenstaande dertiger bent, maar dat je een jaar lang getrouwd bent met een leuke man (maar geen droomprins). Wat zijn dan je kosten? Je zult de badkamer moeten delen, en zelfs een prins plast weleens op de wc-bril. Je zult misschien iets van je onafhankelijkheid moeten opgeven en wat minder tijd voor jezelf hebben, maar hoe vaak kwam het voor dat je echt kon genieten van de tijd die je over had tussen de sportschool en je drukke baan (die er wel voor zorgt dat je de rekeningen kunt betalen) en het bezoeken van bars en feestjes door?

Je zult nog steeds kleren kopen, naar de kapper gaan en je wenkbrauwen laten waxen, maar je kunt elke dag in een oude sweater rondlopen met je haar in een paardenstaart zonder dat je man, die zijn ondergoed laat rondslingeren en winden laat waar je bij bent, ervan opkijkt. Je hebt niet al dat onderhoud dat nodig is om in conditie te blijven voor het uitgaansleven, en dat met het klimmen der jaren steeds moeilijker wordt, niet alleen omdat je waarschijnlijk een zware baan hebt, maar ook omdat je voortdurend de competitie aan moet gaan met jongere, mooiere vrouwen die dingen naar de gunsten van dezelfde mannen. Je man zou misschien wel willen dat je er nog zo goed uitzag als toen jullie verkering hadden, maar hij is al een hele tijd dol op je, en zal je die haartjes op je bovenlip wel vergeven.

Als je getrouwd bent, sta je meer ontspannen in het leven omdat je 's avonds thuis tot jezelf kunt komen en iemand hebt om mee te praten. Je hoeft niet van hot naar haar te rennen en steeds je beste beentje voor te zetten en er leuk uit te zien om een goede indruk te maken op de mannen die je ontmoet. Je zult nog steeds iets doen met feestdagen en verjaardagen, je gaat nog steeds op vakantie, maar inmiddels hebben al die kosten en moeite je wel een gedeeld verleden en heel veel gezamenlijke herinneringen opgeleverd, waardoor je economische investeringen niet voor niets zijn geweest. Zelfs als je jaarlijks 3000 dollar uitgeeft aan kleding, manicures, waxbehandelingen, aan de kapper, weekendjes weg en cadeaus voor je man, dan is dat nog steeds een investering voor de lange termijn. Je hebt geen verzonken kosten, geen alternatieve kosten en als je een visuele herinnering wilt hebben aan het jaar dat voorbij is, hoef je niet met de schaar je fotoalbum te lijf te gaan om het vriendje wiens naam nooit meer genoemd mag worden uit alle foto's weg te knippen.

En vergeet niet dat het geld dat je uitgeeft als je getrouwd bent in feite van jou en je man is. Zelfs als je allebei een eigen rekening hebt, is je huishouden nog steeds iets wat je samen in stand houdt, dus kost het je minder dan wanneer je alleenstaand bent en niet de economische zekerheid en ondersteuning hebt die een verbintenis met een ander oplevert. Het zijn investeringen met een laag risico.

Toen mijn getrouwde vriendin en ik onze weliswaar niet erg wetenschappelijke berekening maakten, werd het ons duidelijk dat een kosten-batenanalyse uitwijst dat je als dertiger beter af bent als je getrouwd bent. Goed, de verzonken kosten worden dan misschien gecompenseerd als je als alleenstaande een extreem hoog inkomen hebt en de emotionele kosten zijn wellicht te overzien als je je verhaal kwijt kunt bij een beste vriendin met het geduld van Moeder Teresa. Maar niets kan de alternatieve kosten compenseren. Daarvan is de grootste kostenpost natuurlijk het risico dat je een echt leuke man laat schieten en altijd alleen blijft.

### *Te vroeg verkocht*

Dat is Emily overkomen, die op haar zevenentwintigste een einde maakte aan haar relatie met Mitch, een leuke, liefdevolle en slimme, maar niet uitgesproken 'hippe' techneut die ze adoreerde, om iets met Jonathan te beginnen, een onweerstaanbaar aantrekkelijke filmagent die al haar interesses deelde. Drie jaar later was hun relatie doodgebloed en besefte ze dat Mitch bij nader inzien toch de ware voor haar was. Inmiddels was Mitch ook dertig, was zijn waarde tot grote hoogte gestegen en toonden hordes vrouwen belangstelling voor hem. Hij had Emily niet vergeven dat ze hem de bons had gegeven en ze kon hem niet terugkrijgen (wat ze wel probeerde!). Drie jaar later was hij getrouwd. Zij had te vroeg verkocht.

Economisch gezien was haar handelwijze niet verstandig. Als je op financiële stabiliteit uit bent, investeer je niet in riskante, grillige aandelen, omdat de waarde daarvan maar van zeer korte duur is. Iedereen weet dat zulke aandelen geen goede investering zijn op de lange termijn (zoals ook de grootste 'spetters' niet altijd zo opwindend blijken te zijn).

Velen van ons doen dat echter toch. We nemen ongelofelijke risico's omdat we denken dat alles kan worden teruggedraaid, dat één besluit je de kop niet zal kosten. Maar als je aan een tijdslimiet gebonden bent, kan één keuze het verschil uitmaken tussen trouwen of niet, wel of geen kinderen krijgen, één of meer kinderen krijgen, wel of niet trouwen met een man die zich kan meten met die ene persoon die je drie of dertien jaar geleden hebt afgewezen. Als alles nog goed gaat, weten we van geen ophouden en gooien we onze beste (en misschien wel enige) kans op huwelijksgeluk weg.

Emily is nu 37 en single. De mannen in haar leven zijn veelal oudere, gescheiden vaders. Ze had zich niet gerealiseerd dat wachten op de prins op het witte paard zelden betekent dat je uiteindelijk een droomgezin zult hebben. Als meisje droomde ze zeker niet van een huwelijk met een gescheiden man van middelbare leeftijd met kinderen, voogdijkwesties en een ex-vrouw die hem om tien uur 's avonds sms'jes stuurt over de voetbalwedstrijd waar een van hun kinderen de volgende dag aan meedoet.

Toen ze jong was vond ze dat ze een te hoge prijs moest betalen als ze concessies zou doen. Nu betaalt ze echter een veel hogere prijs voor het feit dat ze nooit concessies heeft gedaan.

### *Verliesgevende activa*

Ik ben de eerste om toe te geven dat het iets ongepasts heeft om relaties vanuit economisch oogpunt te bekijken. In ons postfeministische tijdperk vinden we dat het bij het zoeken naar een partner alleen maar over liefde en niets dan liefde mag gaan. Nog maar een paar jaar geleden echter, in 2007, vroeg een 25-jarige vrouw uit New York, die zichzelf omschreef als 'welbespraakt', 'chic' en 'bloedmooi', in een advertentie op Craigslist, het Amerikaanse Marktplaats, om een schatrijke echtgenoot. Een man antwoordde:

> Vanuit het gezichtspunt van een zakenman als ik is je aanbod, om het kort te zeggen, een waardeloos voorstel. Waarom? Even alle onzin terzijde, wat je voorstelt is een eenvoudige transactie: jij brengt je mooie uiterlijk in en ik mijn geld. Goed, heel eenvoudig. Maar er zit wel een addertje onder het gras: jouw uiterlijk gaat achteruit en naar alle waarschijnlijkheid zal mijn geld er altijd zijn... sterker nog, mijn inkomen zal waarschijnlijk stijgen, terwijl we met zekerheid kunnen zeggen dat jij er niet mooier op wordt!
>
> In economische termen behoor jij tot de verliesgevende activa en ben ik winstdragend. Jij bent zelfs in toenemende mate verliesgevend! Ik zal dit uitleggen: je bent nu vijfentwintig en de komende vijf jaar ben je nog behoorlijk aantrekkelijk, hoewel elk jaar iets minder. Daarna begint het verval echt in te zetten. En op je vijfendertigste ben je een verloren zaak!
>
> Je vindt me misschien hard, maar daar wil ik dit op zeggen: als mijn geld op zou raken, ben jij weg. Als jouw schoonheid

minder wordt, ben ik weg. Heel simpel. Dus het zou verstandiger zijn om naar een vriendje te zoeken in plaats van naar een echtgenoot.

Hoewel deze man zich met zijn standpunt waarschijnlijk niet populair heeft gemaakt bij de vrouwen, kreeg ik van veel mannen die ik er naar vroeg als antwoord dat er wel iets in zat. Maar voor we als vrouwen nu in de hoogste boom klimmen, moeten we wel beseffen dat niet alleen mannen de botte bijl hanteren. Volgens Dan Ariely, de onderzoeker van het MIT, associëren vrouwen fysieke kenmerken ook met economische waarde.

### *5000 dollar per centimeter*

In een van Ariely's onderzoeken moesten onafhankelijke mannelijke en vrouwelijke proefpersonen internetfoto's van mannen beoordelen op aantrekkelijkheid. Vervolgens bekeken de onderzoekers hoeveel respons deze mannen op internet kregen. Wat bleek? Een man met een doorsnee-uiterlijk wiens foto als gemiddeld aantrekkelijk werd beoordeeld, moest per jaar 143.000 dollar meer verdienen dan een man wiens foto qua aantrekkelijkheid in de hoogste tien procent scoorde. Kwam je foto in de laagste tien procent terecht, dan moest je 186.000 dollar meer verdienen dan de man die in de hoogste tien procent werd ingeschaald.

'Vrouwen vinden lichaamslengte zo belangrijk,' zei Ariely, 'dat ik met mijn lengte van 1.70m per jaar 40.000 dollar meer zou moeten verdienen om even aantrekkelijk gevonden te worden als een gemiddelde man van 1.75m.' Hij ontdekte ook dat een man van 1.60m maar liefst 229.000 dollar meer moet verdienen dan een man van 1.80m om even aantrekkelijk gevonden te worden; voor een man van 1.65m is dat 183.000, terwijl iemand die 1.75m is 32.000 dollar meer moet verdienen om even aantrekkelijk gevonden te worden als een man van 1.85m.

Natuurlijk zal een rijzige workaholic misschien niet zo'n goede echtgenoot zijn als een gedrongen maar toegewijde vader, en zal een adembenemende 26-jarige misschien een minder geslaagde echtgenote zijn dan een rijpe vrouw van 42. We hebben allemaal wel vriendjes en vriendinnetjes uitgekozen op basis van oppervlakkige criteria en gemerkt dat het niet werkte. Maar onze verlangens zijn nu eenmaal zoals ze zijn, of dat nu een rationele basis heeft of niet. De liefdesmarkt bewijst dit keer op keer.

En zo krijg je ook de verschuiving in de verhouding tussen macht en leeftijd die erop neerkomt dat de waarde van mannen van in de twintig vergelijkbaar is met die van vrouwelijke veertigers, terwijl vrouwen van in de twintig in waarde overeenkomen met mannelijke veertigers.

Het draait allemaal om de waarde die we zelf aan iets toekennen.

### *Je waarde wordt slechts bepaald door je mogelijkheden*

Daarom hamert Evan Marc Katz, mijn datingcoach, er steeds op dat mijn eigen inschatting van wat ik waard ben er niet toe doet. Als het gaat om het vinden van een partner, wordt je waarde bepaald door wat je mogelijkheden zijn.

'Je kunt zo kieskeurig zijn als je maar wilt, zolang je je dat kunt permitteren,' zei Evan. 'Maar als je denkt dat je gewild bent terwijl dat niet zo is, heb je een probleem. Wat je opbreekt is dat je nog steeds de 27-jarige vrouw probeert te zijn die op het hoogtepunt van haar aantrekkelijkheid is. Een 27-jarige kan alles krijgen, zowel jongere als oudere mannen. Maar dat blijft niet zo. Hoe oud je ook bent, je kunt het je niet veroorloven mensen af te wijzen op een detail.'

'Het is net als in de economie,' zei Evan schouderophalend. 'Een liter melk is waardevol, maar niemand telt er tien dollar voor neer. Dan is het product te hoog geprijsd. Dat is wat veel vrouwen doen, waardoor ze zichzelf uit de markt prijzen.' Volgens Evan kun je je marktwaarde vaststellen door naar je inbox te kijken als je actief bent geweest op een datingsite: als deze vol zit met antwoorden van mannen die je gemaild hebt, heb je jezelf juist geprijsd. Als dat niet zo is, heb je jezelf te hoog geprijsd.

'Een man van veertig die er goed uitziet, een goed inkomen heeft en wil trouwen, doet er verstandiger aan een 32-jarige vrouw te kiezen dan iemand van zijn eigen leeftijd,' vervolgde Evan. 'Maar veel vrouwen zien dat niet onder ogen. Ze zeggen: "Ik ben waardevol. Dit is wat ik wil: ik wil alleen uit met mannen van mijn eigen leeftijd, en die mannen moeten zo en zo lang zijn." Leuk, zo'n verklaring, maar er zullen niet veel kopers op af komen. Ik maak ook veel jongere vrouwen mee die zichzelf te hoog prijzen, en als ze dan wat realistischer worden, vijf jaar later, is het vaak te laat.'

Dat is precies wat ik om me heen zag gebeuren: vrouwen van nog geen 30 die een leuke vriend hebben, alleen is er iets wat ze bij hem denken te missen. Ze zijn met een acht en willen een tien. Dan worden ze 40 en kunnen alleen nog maar een vijf krijgen! Ze hebben die acht opgegeven om op een tien te wachten en krijgen uiteindelijk maar een vijf – of blijven alleen. Die acht was geweldig geweest – een acht is een goed resultaat – maar dat besef je pas als je alleen nog maar een vijf kunt krijgen.

Op mijn tweeëntwintigste bijvoorbeeld, zei niemand er iets van toen ik het uitmaakte met een vriend die slim, leuk, geestig en lief was, maar naar mijn smaak te veel opging in sciencefiction. Toen ik echter 37 was, werd ik inhalig, veeleisend en te ambitieus gevonden als ik alleen maar iemand zocht die slim, leuk, geestig en lief was. Het was trouwens op mijn zevenendertigste al heel moeilijk om zo iemand te vinden. Maar het was niet in me opgekomen mijn slag te slaan 'toen de voorraad nog strekte'.

Als je het begrip 'romantische marktwaarde' in zakelijke termen uitlegt, zegt Evan, komt het hierop neer: 'Zeggen dat je moet wachten op een tien is hetzelfde als zeggen dat je moet wachten tot je een baan vindt waarmee je een half miljoen verdient, omdat dat is wat je waard zou zijn. Nou, aangezien maar een klein percentage van de banen zo'n salaris biedt, zal er heel veel werkloosheid ontstaan. Behalve als iemand water bij de wijn doet en genoegen neemt met een lager betaalde baan – vergelijkbaar met een zeven – die betere arbeidsvoorwaarden en een betere kwaliteit van leven biedt.'

Volgens Evan houden mensen die geen oog hebben voor hun eigen marktwaarde zichzelf voor de gek.

'Mijn marktwaarde zou veel hoger zijn als ik miljonair was,' zei hij. 'Bill Gates zou een totaal andere marktwaarde hebben als hij Bill Gates niet was. Dat druist in tegen ons liefdesideaal dat we alleen maar gewaardeerd worden om onze innerlijke kwaliteiten, en veel mensen vinden dit soort uitspraken weerzinwekkend. Iedereen wil bijzonder gevonden worden. Je kunt doen alsof de realiteit niet klopt, maar je kunt ook proberen je mogelijkheden onder ogen te zien zodat je uiteindelijk ook iemand vindt.'

Hij had gelijk. Als we eerlijk zijn, zullen velen van ons beseffen dat onze motieven bij het zoeken naar de ware liefde niet helemaal zuiver zijn. Of we iemand aantrekkelijk vinden is het gevolg van een subtiele afweging waarbij niet alleen romantische kwaliteiten maar ook het soort leven dat iemand ons te bieden heeft een rol spelen.

Om een voorbeeld te geven: de meeste vrouwen zouden een heel ander gevoel hebben over een fantastische man zonder baan dan over een fantastische man met een hoog salaris, zelfs al zijn ze even slim, aantrekkelijk en interessant. Die discrepantie heeft niet zozeer te maken met of een man passie of ambitie heeft (de man zonder baan kan best heel druk bezig zijn met muziek of met het opzetten van een eigen bedrijf, en nog geen inkomen hebben, terwijl de man met het hoge salaris misschien wel helemaal niet warmloopt voor zijn werk), maar met wat het naar ons idee zou betekenen als we in de toekomst een gezin zouden hebben met een van deze mannen als partner. Hoe romantisch we ook zijn ingesteld, de praktische aspecten spelen wel degelijk een rol.

### *Het huwelijk is een goede zaak*

Economisch gezien is het leven van een alleenstaande die op zoek is naar een partner vaak een ramp, terwijl de huwelijkse staat, naar mijn idee althans, materieel gezien veel voordelen heeft. Het huwelijk biedt structuur, kinderopvang, financiële zekerheid, gezelschap en, zoals onderzoek heeft aangetoond, een betere gezondheid. Het is gemakkelijker en leuker om samen met iemand door het leven te gaan. Volgens *The case for marriage*, een uitgebreid overzicht van onderzoek naar de voordelen van het huwelijk, samengesteld door Linda J. Waite en Maggie Gallagher, zijn getrouwde mensen over de hele linie gelukkiger.

Het is dus zonder twijfel een goede zaak om getrouwd te zijn, maar desalniettemin 'een zaak'. Onlangs stuitte ik op MSN Money op 'Get real: marriage is a business', een artikel van Liz Pulliam Weston met als ondertitel het advies het romantische idee dat liefde alles overwint overboord te gooien en in plaats daarvan je rekenmachine tevoorschijn te halen, want voor een geslaagd partnerschap is een plan nodig, (meestal) een financieel directeur en regelmatige voortgangsrapportage.

Pulliam Weston legt uit dat getrouwde mensen veel meer rijkdom vergaren dan singles; dat het huwelijk niet alleen op romantisch, maar ook op juridisch en financieel gebied consequenties heeft en dat het, zoals John Curtis al zei, een ondernemingsplan vereist.

Bij het artikel op MSN stond een link naar een artikel met als titel 'How to leave your husband'. Daarin stond het advies dat je om er financieel zo gunstig mogelijk uit te komen de afwikkeling van je huwelijk goed moet voorbereiden voor je kenbaar maakt dat je wilt scheiden. Het is dus logisch te veronderstellen dat als een scheiding economische aspecten heeft, dat ook geldt voor het huwelijk dat eraan voorafgaat.

Maar als je jonge singles het idee voorlegt dat liefde ook in onze tijd een sociaal-economische component heeft, zijn ze beledigd. Ze beweren stellig dat het een achterhaald idee is dat economische motieven bij de keuze van een partner een rol spelen en beschouwen het als iets primitiefs van vroeger tijden toen je nog weinig tot niets te zeggen had over degene met wie je trouwde en óf je überhaupt trouwde (zoals bij een gearrangeerd huwelijk). Echter, als het zo weerzinwekkend is om praktische factoren een rol te laten spelen bij de keuze van een huwelijkspartner, hoe is het dan mogelijk dat gearrangeerde huwelijken zo vaak goed uitpakken?

Wat weten mensen die op deze manier getrouwd zijn dat wij, op liefde gefixeerde westerlingen, niet weten?

# 19. Liefde op het zevenentwintigste gezicht

De van oorsprong Indiase Jayamala Madathil doet onderzoek aan de Sonoma State University in Californië en is een expert op het gebied van gearrangeerde huwelijken. Ik belde Madathil vanwege een onderzoek van haar dat me verbaasde. Daarin vergeleek ze de mate van tevredenheid binnen gearrangeerde huwelijken met die binnen huwelijken die het gevolg waren van eigen keuze – beide in de Verenigde Staten – en kwam tot de conclusie dat mensen die waren uitgehuwelijkt even tevreden waren, soms zelfs tevredener, dan mensen die hun partner zelf hadden gekozen.

Nu ben ik heus niet zover heen dat ik denk dat uithuwelijken de oplossing is voor de problemen die je als alleenstaande vrouw ondervindt, maar Madathils onderzoek intrigeerde me wel: was het echt mogelijk dat een man die door je ouders is uitgekozen je net zo gelukkig kan maken als de man naar wie je jarenlang naarstig op zoek bent geweest?

En als dat zo was, hoe kwam dat dan?

Madathil antwoordde dat ze in dit onderzoek niet naar de oorzaken had gezocht (dat wordt haar volgende project), maar dat ze het geen probleem vond om haar eigen verhaal – ze is veertien jaar getrouwd met een man die voor haar werd uitgezocht – als voorbeeld te geven.

Madathil stak van wal met de opmerking dat ze 'absoluut gek' is op haar man, dat hij warm, vriendelijk, intelligent en knap is... en er volgden nog een heleboel kwalificaties. Zodra ze over haar man begon te praten, leek ze van een welbespraakte wetenschapster in een giechelende tiener te veranderen.

'Het spijt me,' zei ze, 'maar we hebben ook zo'n romantisch huwelijk. Als ik je zou vertellen hoe we elkaar ontmoet hebben, zou je het waarschijnlijk helemaal niet romantisch vinden.'

Daar had ze gelijk in.

'Onze families leerden elkaar kennen,' legde ze uit, 'en ze dachten dat we zo ongeveer dezelfde verwachtingen hadden, dus besloten ze dat we het maar moesten proberen. Mijn man en ik leerden elkaar kennen en vonden elkaar leuk. We hadden dezelfde normen en waarden, en onze verwachtingen kwamen overeen. Uiterlijk is belangrijk, en ja, ik vond hem aantrekkelijk, maar hij hoefde geen verblindende schoonheid te zijn. Het leek mogelijk en haalbaar, dus zei ik: laten we het maar doen.'

Alsof het niets is. Ik probeerde me voor te stellen dat ik iemand tegenover me had die ik helemaal niet kende en bij mezelf dacht: Ja, het lijkt me wel mogelijk en haalbaar. Laat ik maar met hem trouwen!

Amerikaanse die ik ben, kon ik niet begrijpen waarom Madathil geen andere kandidaten had willen ontmoeten. Ze had me tenslotte verteld dat ze met zoveel mannen in contact kon komen als ze maar wilde, net zo lang tot ze de ware had gevonden. Hoe wist ze dat hij de ware voor haar was?

'Ach, er was niets mis met hem,' antwoordde ze laconiek.

Ik wist niet wat ik hoorde. Dat er niets mis is met iemand is nou niet bepaald een constatering die veel singles in Amerika over de streep zal trekken om in het huwelijksbootje te stappen. (We lijken ons meer te richten op wat er wél mis is met een man.) Bovendien deed wat ze over hem verteld had me vermoeden dat sommige vrouwen waarschijnlijk niet eens een tweede keer met Madathils man uit zouden willen – laat staan met hem zouden willen trouwen – omdat er geen vonk oversprong.

'Het verschil met een koffiedate is dat het ons niet zo bezighield of er wel vonken oversprongen of zo,' zei ze. 'Zoiets speelt zich meer op een vriendschappelijk niveau af, waarbij je elkaar leert kennen en vrij snel weet of je elkaar nog eens zou willen ontmoeten. Het gaat niet meteen om de romantiek, maar meer om de vraag of je qua waarden bij elkaar past.'

Ze denkt dat dat door mensen die zelf hun partner kiezen soms over het hoofd wordt gezien.

'Ik ken stellen hier in Amerika die al twee jaar verkering hebben en nog steeds niet weten of ze dezelfde waarden hebben,' zei ze. 'Ze dénken dat ze het weten, maar ze hebben nog nooit echt gepraat over de belangrijke onderwerpen waar je in een huwelijk mee te maken krijgt. Bij een gearrangeerd huwelijk wordt alles van tevoren duidelijk gemaakt. Er worden geen spelletjes gespeeld. Het is wat het is – als je bij elkaar lijkt te passen is het goed, en trouw je. Wat heeft het voor zin om elkaar nog een tweede keer, of een derde of vierde keer te zien? Wat levert dat aan nieuwe inzichten op?'

Overigens was Madathil aan een andere huwelijkskandidaat voorgesteld voor ze haar huidige man ontmoette, maar die wees ze af. Dat ze wist dat ze niet met hem wilde trouwen kwam doordat die ene ontmoeting haar alle informatie had gegeven die ze nodig had. Terwijl veel Amerikaanse vrouwen een man na het eerste afspraakje om allerlei oppervlakkige redenen afwijzen – te harig, kauwt raar –, vertelde Madathil dat zij niet verder wilde met die eerdere man vanwege belangrijke levenskwesties: ze hadden andere verwachtingen van het huwelijk. Hij wilde een vrouw die thuisbleef en zij wilde na haar studie aan het werk.

'Het is een heel realistische aanpak,' zei Madathil. 'We beseffen dat je je aan zult moeten passen en flexibel moet zijn, maar de fundamentele dingen moeten kloppen: loopbaan, kinderen, waar je wilt wonen. Je ziet de dingen in een breder perspectief. Het is niet: "Hij golft, ik heb een hekel aan golfen, dus dan maar niet."'

### *De gebondenheid is bevrijdend*

Net getrouwd, vertelde Madathil, was het alsof ze elkaar toen pas het hof gingen maken: 'Alleen is het dan nog beter, want je weet dat je de volgende dag nog steeds samen bent, wat er ook gebeurt. Ik hoefde niet bij de telefoon te gaan zitten wachten en me af te vragen of hij door wilde met de relatie. Het ironische is dat de gebondenheid juist bevrijdend was!'

De centrale vraag is niet 'Wordt het iets tussen ons?' maar: 'Hoe kunnen we ervoor zorgen dat het iets wordt?' Madathil ontdekte veel dingen die haar bevielen toen zij en haar man elkaar beter leerden kennen. Ze vond het fijn zoals ze over dingen konden praten en het beviel haar zoals ze met elkaar omgingen. Ze was echter nog niet verliefd. Ze werd pas verliefd op haar man toen ze ontdekte hoe het was om met hem van mening te verschíllen.

'Het is niet zo moeilijk om verliefd te worden als alles goed gaat en geweldig is,' zei ze. 'Maar wat er gebeurt als je het óneens bent, hoe je dan tot elkaar komt, daar gaat het om. Mijn man heeft niet alleen aan mijn verwachtingen voldaan, hij heeft ze overtroffen. Ik heb geen moment gedacht dat ik een betere man had kunnen vinden.'

Wat een verschil met hoe er in onze cultuur over de liefde wordt gedacht: als wij in het begin van een relatie onenigheid hebben, beleven we dat haast als de doodsteek. Een relatie hoort vlekkeloos te beginnen, als een huwelijksreis. Je wordt verondersteld perfect op elkaar afgestemd te zijn en als dat ook maar even niet het geval is, wordt dat gezien als een teken dat je niet bij elkaar past. Volgens Madathil gaat het er echter niet om óf je weleens onenigheid hebt, maar hoe je ermee omgaat. En hoe beter je onenigheid leert te hanteren, hoe minder onenigheid je later zult hebben.

Ze adviseert vrouwen die op zoek zijn dan ook om eerst iemand te vinden die bij je past, en dan pas verliefd te worden. Denk in elk geval niet dat je 'verliefd bent', om pas als het te laat is te ontdekken dat hij geen goede partner voor je is.

Dit leek me een zinnig advies. Immers, als je de Amerikaanse obsessie met 'falling in love' in aanmerking neemt, hoe komt het dan dat zoveel koppels uit elkaar gaan, of doorgaan met een ongelukkig huwelijk dat ooit als 'de ware liefde' begon.

### *Waar heb je een echtgenoot voor nodig?*

De advocate en journaliste Reva Seth uit New Jersey leek opheldering te kunnen verschaffen. In haar boek *First comes marriage: modern relationship advice from the wisdom of arranged marriage*, legt ze uit hoe het, nadat ze zich jaren in de arena van het uitgaansleven had bewogen, tot haar doordrong dat ze iets verkeerd deed. Uiteindelijk vond ze de man met wie ze nu getrouwd is, niet door zich te laten uithuwelijken, maar wel door gebruik te maken van de onderliggende principes die haar duidelijk werden toen ze vraaggesprekken hield met honderden vrouwen wier huwelijk gearrangeerd was. Ze richt zich met haar advies op mensen zoals ik, die nooit en te nimmer met papa en mama en de ouders van een man om de tafel zouden gaan zitten om ter plekke te besluiten al dan niet in het huwelijksbootje te stappen – maar die toch iets zouden kunnen hebben aan de verhalen van vrouwen die dat wel hebben gedaan.

Net als ik wilde Seth indertijd verliefd worden en trouwen, maar ze had er nooit bij stilgestaan waarom. In haar boek stelt ze een vraag die relevant is in een tijd waarin vrouwen goed in staat zijn om voor zichzelf te zorgen: 'Wat is in onze tijd de functie van een echtgenoot en waarom wil je er een?'

Een moeilijke vraag, ook al lijkt het antwoord voor de hand

te liggen. Je zou kunnen zeggen: ik wil een zielsverwant om mijn leven mee te delen.

Goed, een zielsverwant. Maar wat houdt dat eigenlijk in? Diane Sollee, oprichtster en directeur van de Coalition for Marriage, Family and Couples Education, heeft er dit over te zeggen: 'De mensen denken dat ze een zielsverwant moeten vinden als ze een goed huwelijk willen. Maar je zult je zielsverwant niet "vinden". Iedereen die je tegenkomt heeft al zielsverwanten. Talloze. Een moeder. Een vader. Vrienden voor het leven. Je trouwt, deelt twintig jaar lief en leed, hebt kinderen gekregen en grootgebracht, en dán pas heb je een zielsverwantschap "gecreëerd".'

Wanneer er sprake is van een gearrangeerd huwelijk is de vraag naar de functie van de echtgenoot gemakkelijker te beantwoorden. Je ouders zijn op zoek naar iemand die aangenaam is in de omgang, in staat om jou kinderen te geven (als je die allebei wilt) en je de infrastructuur te bieden om een goed gezinsleven mogelijk te maken. Ze zoeken iemand met kwaliteiten als integriteit, nederigheid, ambitie en ruimhartigheid – de eigenschappen die later belangrijk worden. Je wilt toch geen huwelijk met een man die weliswaar je gedachten kan lezen, maar steeds weer op zoek is naar een andere baan, of iemand die heel geestig is, maar niet belt als hij dat beloofd heeft.

Ik weet het, je wilt een man die je gedachten kan lezen én zich staande houdt in zijn werk, iemand die geestig is én betrouwbaar. Maar wil je nou een echtgenoot of iemand die telepathie bedrijft? Wil je iemand die altijd het middelpunt is op feestjes of wil je een partner op wie je kunt rekenen?

Seth zegt in haar boek dat een echtgenoot een levenspartner is, geen redder in de nood. Je bent voor de volle vijftig procent verantwoordelijk voor je eigen huwelijksgeluk, maar veel vrouwen van nu die op zoek zijn naar een man delen die visie niet.

Een vriendin van mijn moeder, die veertig jaar gelukkig getrouwd is, zegt iets soortgelijks: 'Het huwelijk op zich zal je niet gelukkig maken. Een goed huwelijk zal je veel geluk brengen, maar het is niet de taak van je echtgenoot om je voortdurend bezig te houden en te stimuleren. Ik zie zo vaak bij vriendinnen van mijn dochters dat ze het onmogelijke van een echtgenoot verwachten.'

Net als die 30-jarige vrouw die ik sprak, en die maar niet kan besluiten of ze bij haar vriend zal blijven die op zondag altijd naar het voetballen wil kijken. Hij is een aardige, lieve, goed opgeleide pro-Deoadvocaat, maar zij vraagt zich af of ze het uithoudt met een man die tijdens het voetbalseizoen elke zondag vijf uur voor de buis zit.

'Ik verwacht heus niet dat we precies dezelfde interesses hebben,' zei ze tegen me. 'Maar op zondag zou ik graag iets met hem doen wat we allebei leuk vinden.'

Bij een gearrangeerd huwelijk zullen ouders iemand zoeken die dingen gemeen heeft met hun dochter, maar dat betekent niet dat hij haar mannelijke tegenhanger moet zijn, iemand die net als zij muzikaal is, bezeten van skeeleren en een voorkeur voor dezelfde restaurants heeft. Echtelieden hébben veel gemeen, maar dat zijn eerder gemeenschappelijke doelen dan hobby's: ze zijn gelijkgestemd in hun idee over het soort bestaan dat ze samen willen opbouwen. Wat zou het als je man zijn verzameling videospelletjes op alfabet zet als jij gaat joggen? Waarom is dat een punt? Hoe vaak heb je een relatie gehad met een man die vrijwel al jouw interesses deelde, maar met wie het toch niets werd? We weten allemaal dat je wel allebei van sushi's kunt houden, maar dat dat nog geen garantie is voor een lang en gelukkig leven.

In zijn column in de *New York Times* over liefde in onze tijd schrijft Farahad Zama, wiens huwelijk gearrangeerd werd nadat hij zijn toekomstige vrouw drie kwartier gezien had, hoe verschillend hij en zijn vrouw zijn op het gebied van hygiëne, leesgewoontes en eten.

'Zouden we zijn getrouwd als we elkaar op de gebruikelijke westerse manier ontmoet hadden en eerst verkering met elkaar hadden gekregen?' vraagt hij zich af. 'Of zouden we het hebben opgegeven, om verder te zoeken naar "de ware"? Ik weet het niet.'

'Maar,' vervolgt hij, 'wat ik wel zeker weet is dat ons huwelijk, dat voor ons gearrangeerd werd vanuit andere overwegingen, ons gaandeweg liefde heeft gebracht en verbonden heeft tot we op een zeker moment beseften dat onze verschillen het yin en yang zijn die onze relatie compleet maken. En nu vinden we allebei dat we voor elkaar gemaakt zijn.'

### *Liefde is timing, geven en nemen*

Het succes van veel gearrangeerde huwelijken is volgens Zama in belangrijke mate terug te voeren op het feit dat de grondgedachte niets te maken heeft met het idee over de liefde dat Hollywood ons voorschotelt. Daar heeft hij waarschijnlijk gelijk in. Door ons westerse idee over verliefd zijn is ons ideaalbeeld van een partner zo verwrongen geraakt dat veel singles desgevraagd antwoorden dat ze op zoek zijn naar een 'lange, geestige, succesvolle' man, en niet naar iemand die warm, betrouwbaar en loyaal is, in staat om concessies te doen en de spanningen van het leven het hoofd te bieden.

Ik vroeg me af of je een gearrangeerd huwelijk kon vergelijken met het huwelijk van mensen die zeggen dat ze getrouwd zijn 'omdat de tijd rijp was'. Je kent ze wel, de mensen die heel graag willen trouwen en hun leven op poten willen zetten, en trouwen met de eerste de beste die ze tegenkomen die voldoet. Strikt genomen is het geen gearrangeerd huwelijk, maar het is wel een huwelijk dat op een zeer pragmatische manier tot stand komt.

'Ik was eraan toe om te trouwen,' vertelde Angela, een 35-jarige redacteur uit New York die vijf jaar geleden trouwde. 'Hij was niet mijn zielsverwant, maar ik dacht dat we gelukkig zouden kunnen worden. Nu is hij wel mijn zielsverwant. Of een andere man dat ook had kunnen worden? Vast. Het was een kwestie van timing: we waren er allebei klaar voor om ons te binden en verlangden ernaar. We zochten geen perfectie, maar iemand die bij ons paste. En toen werden we verliefd.'

Vimal Vora, een 27-jarige strategieconsultant van Indiase afkomst die in New York werkt en vijf jaar getrouwd is, vertelde me dat het woord 'liefde' in de Indiase cultuur zowel iets actiefs als iets passiefs uitdrukt.

'Liefde houdt in dat je iemand eert, koestert en verzorgt,' zei hij. Voor Amerikanen lijkt liefde echter alleen maar iets te zijn wat je ondergaat: 'Je wordt door een geweldige passie overmand, het is een absurd, ongemakkelijk, irrationeel, zwevend gevoel en het lijkt haast alsof het jou heeft uitgekozen.'

Wat hij bedoelt is dat wanneer je dat gevoel niet meer hebt, in een relatie die je verder alles biedt wat je nodig hebt, je misschien te sterk gefocust bent op dat gevoel en je je niet genoeg inspant om liefde te géven. Je kunt ervoor kiezen om je actief op te stellen in de liefde.

Naar Vora's gevoel heb je beide aspecten nodig, maar zijn we geneigd te vergeten dat het een uit het ander kan voortkomen, dat liefde kan ontstaan door inspanning en dat anderzijds liefde tot inspanning kan inspireren.

# 20. Maandagen met Evan

*Vijfde sessie: vlinders zijn ook niet alles*

'We gaan nog een keer uit,' zei ik tegen Evan toen we voor de laatste sessie bij elkaar waren gekomen. 'Maar het is heel gek, want ik voel niet wat ik anders altijd voel. Er was geen chemie, toch verheug ik me er echt op om hem weer te zien.'

'Is het dan geen chemie,' lachte Evan, 'als je iemand heel graag terug wilt zien?'

We hadden het over mijn afspraak met Sheldon2, de 46-jarige weduwnaar die huizen ontwierp en verkocht en een 8-jarig zoontje had. Hij was de man die ik niet eens wilde mailen tot Evan me de mantel uitveegde. Ik had hem terzijde geschoven omdat hij 1.65m lang was en kalend, een baan had die me (ten onrechte) saai leek en op de internetfoto een roze geblokte vlinderdas droeg.

Ik vertelde Evan over onze wandeling.

Een paar dagen eerder hadden Sheldon2 en ik afgesproken bij het begin van een wandelpad, waar hij op een steen, luisterend naar zijn iPod, op me zat te wachten. Met zijn honkbalpet, modieuze shorts en T-shirt met opdruk kon hij doorgaan voor een man van achter in de dertig. Op een feestje zou ik hem misschien niet zien staan, maar toen hij me begroette was mijn eerste gedachte: hij is eigenlijk heel leuk. Het was niet zo dat ik me meteen voorstelde dat ik met hem tussen de lakens lag. Fysiek was hij mijn type niet. Maar toch was hij leuk en de warmte waarmee hij mij begroette stelde me onmiddellijk op mijn gemak.

Als ik een vriendin over ons uitje zou vertellen, zou ik weinig opwindends te melden hebben. Een maand geleden had ik waarschijnlijk niet eens een tweede keer met Sheldon2 afgesproken. Hij was geen intellectueel, maar hij was wel nieuwsgierig en slim. Hij had een helder verstand, vitaliteit en een levendige geest. We wisselden geen snelle kwinkslagen uit, zoals ik met vriendjes in het verleden had gedaan, maar zaten geen moment zonder gespreksstof. Hij was niet glad – hij was attent. Hij hielp me over de grotere rotsen heen en maakte me aan het lachen. Ik had geen vlinders in mijn buik en we zoenden elkaar niet ten afscheid, maar weet je, ik had gewoon een leuke dag met hem.

Ik vertelde Evan over dat onderzoek over gearrangeerde huwelijken en hoe het feit dat ik me altijd op 'intense chemie' had blindgestaard me de das om had gedaan. Bijvoorbeeld met die leuke planoloog die een enorme vliegreis maakte om mij te zien, maar me tegenviel omdat hij niet kon tippen aan het fantasiebeeld dat ik van hem had gecreëerd. Er was niets mis met hem. Hij was slim, geestig, interessant en zelfbewust, zij het een beetje verlegen en afstandelijk. We maakten een wandeling door de stad en hadden het leuk samen, maar na wat de vriendin die ons met elkaar in contact had gebracht me over hem verteld had, verwachtte ik, tja, vuurwerk. Dat we het *leuk hadden* samen, telde niet. Ik vond het te veel moeite om over zo'n grote afstand contact te houden, hoewel hij binnen een half jaar naar mijn stad zou verhuizen. De mannen voor wie ik veel moeite had gedaan – de flitsende types – bleken echter nooit bij mij te passen. (Ik heb de planoloog onlangs op Facebook opgezocht. Hij is getrouwd met een psychologe en heeft een dochtertje. Hij zag er fantastisch uit op de foto's.)

Met Sheldon2 daarentegen had ik het gevoel dat hij de figuur verwoordt die John Cusack speelt in de film *High fidelity* als hij het over zijn vriendin heeft: 'Ze maakte me niet ongelukkig, bang of ongemakkelijk. Weet je, het klinkt misschien saai maar dat was het niet. Het was ook niet spectaculair. Het was gewoon goed. Echt goed.'

En ik stelde me dezelfde vraag die hij zichzelf stelde: 'Moet ik dan maar hard wegrennen zodra ik vlinders in mijn buik krijg als ik een nieuw iemand ontmoet? Nou, ik heb sinds mijn veertiende altijd de vlinders gevolgd en eerlijk gezegd ben ik tot de slotsom gekomen dat mijn vlinders slechte raadgevers zijn...'

Voor de mijne gold dat ook. Ik hoefde maar één blik op Match.com te werpen om bevestigd te zien dat ik niet de juiste mannen uitkoos.

### *Ik ga voor sexy*

Evan en ik bekeken mijn hotlist en de e-mailberichten van de eerste paar weken na onze eerste sessie. Daarbij ging het meestal om mannen van in de veertig die sexy waren, nooit getrouwd waren geweest, fantastische profielen schreven en me ofwel nooit terugmailden of, als er wel een correspondentie op gang was gekomen, nog nooit een serieuze relatie bleken te hebben gehad of juist veel korte affaires achter de rug hadden, heel irritant opschepten over zichzelf, op een onaangename manier seksuele toespelingen maakten, ingewikkelde relaties met hun familie hadden, gestrand waren in hun carrière, of anderszins niet de indruk wekten een leuke, normale, stabiele echtgenoot te kunnen zijn.

Evan zei dat dat typerend was en dat hij er zich terdege van bewust is dat alleenstaande mannen van achter in de dertig, begin veertig zeer gewild zijn en geen moeite hebben een huwelijkspartner te vinden, maar dat er meestal iets aan de hand is als ze rond hun vijfenveertigste nog steeds niet getrouwd zijn: ze hebben een geschiedenis.

Ook mijn 36-jarige vriendin Kayla heeft dit gemerkt.

'Wanneer een man van die leeftijd nog vrij is, zit er een luchtje aan,' zei ze. 'Ongetrouwde mannen van in de veertig zijn vaak problematisch, er is iets niet pluis met hen. Ik heb gemerkt dat het meestal draait om een drama op een van deze vijf gebieden: moeder, verslaving, homoseksualiteit, werk, bindingsangst. Als een man gescheiden is en kinderen heeft, weet je dat hij niet helemaal gestoord is. Het betekent in elk geval dat hij uit is op het enigszins conventionele leven waar je zelf ook naar op zoek bent.'

Ik was er inmiddels achter dat een gescheiden vader een goede man voor mij zou kunnen zijn. 'Het is wel interessant,' zei Evan, 'dat er op jouw hotlist alleen maar mannen staan die nooit getrouwd zijn geweest. Wat zegt dit over jou?'

'Dat ik een kluns ben als het om mannen gaat? Dat ik geen psychologisch inzicht heb?'

Evan schudde zijn hoofd. 'Het zegt over jou dat je je laat verblinden door iets wat je chemie noemt. Voor jou moet een man sexy zijn. Als je nu op een feestje een leuk gesprek zou hebben met een gescheiden man met een buikje en grijs haar die iets financieels doet en buiten de stad woont – maar aardig is en je op je gemak stelt – durf ik te wedden dat je hem je telefoonnummer zou geven. Vijf jaar geleden zou je dat misschien niet hebben gedaan. Je begint te leren meer mannen in overweging te nemen.'

'Maar,' vervolgde hij, 'als je iets met deze man zou beginnen, denk ik wel dat je tegen je vriendinnen aan de telefoon zou zeggen "Ik weet niet of het wel iets kan worden – hij is te dik en heeft grijs haar." Je zou wel met hem uitgaan, maar je zou ook blijven verlangen naar een creatiever iemand, die bovendien wat dichterbij woont. Het punt is dat de mensen die we uit een serie internetprofielen zouden kiezen niet altijd mensen zijn met wie we graag onze tijd doorbrengen.'

### *Laten we het over je jeugd hebben*

Toen ik het met Gian Gonzaga, de onderzoekswetenschapper bij eHarmony.com, over mijn 'type' had, zei hij dat mensen 'chemie' vaak verwarren met hun 'type', en iemand met wie ze oppervlakkig gezien veel gemeen hebben aanzien voor hun 'type'. Maar er klopt iets niet in deze manier van denken.

'Je persoonlijkheid of temperament verandert in een relatie niet meer zo,' zei hij, 'dus je partner wordt niet ineens guller of extraverter. Je neemt wel in zekere mate de interesses van je partner over, dus in dat opzicht verandert er gaandeweg wel iets. Mensen maken zich zo druk om wat ze gemeen hebben, terwijl wederzijds begrip is wat ze zouden moeten hebben. Dát is de werkelijke chemie.'

Een vrouw die deze fout gemaakt heeft is Amy, een televisiejournaliste. Als twintiger maakte ze het na jaren uit met haar vriend, een rechtenstudent, omdat ze dacht meer chemie te hebben met een opwindende nieuwe collega op haar werk. Ze waren allebei bezeten van het televisienieuws en vonden het heerlijk om hun dagelijkse wederwaardigheden met elkaar te delen. Ze waren in gelijke mate geobsedeerd door de omroepwereld.

'Uiteindelijk ben ik vijftien jaar geleden getrouwd met de man die mijn collega was bij het televisienieuws, en we hebben drie kinderen,' zei ze. 'Maar ik ben doodongelukkig. We hebben niets gemeen, niets wat ertoe doet. Mijn man is uiteindelijk weggegaan bij het nieuws en is PR gaan doen. Hij is freelance videograaf en is niet bepaald bevlogen.'

Nu heeft ze er spijt van dat ze indertijd een punt heeft gezet achter de jarenlange relatie met haar vriend, die inmiddels advocaat is geworden. Met hem had ze meer échte chemie. 'Als de kinderen groot zijn,' zei Amy over haar huwelijk, 'gaan we waarschijnlijk uit elkaar en dan scheiden onze wegen zich, aangezien er dan niets meer is wat ons bindt.'

Lisa Clampitt, de huwelijksmakelaar uit New York die eerst maatschappelijk werkster was, vertelde me dat wat mensen vaak aanzien voor 'chemie' in werkelijkheid emotionele bagage is uit hun jeugd. Als ze merkt dat een cliënte steeds weer een man uitkiest met wie het niets wordt, probeert ze de psychologische achtergrond van de aantrekkingskracht bloot te leggen.

'Soms is wat mensen chemie noemen eigenlijk een herhaling van gebeurtenissen in hun familie,' zegt Clampitt. 'Iemand die bijvoorbeeld een vader had die workaholic was, kan zich op latere leeftijd aangetrokken voelen tot een man die getrouwd, of emotioneel niet beschikbaar is, terwijl de vonk niet overspringt als ze iemand tegenkomt die op een gezonde manier beschikbaar is.'

Bij dit soort gevallen richt Clampitt zich op de goede eigenschappen waar de vrouw zich toe aangetrokken voelt en probeert ze een gezond iemand voor haar te vinden met die eigenschappen.

'Dan stel ik bijvoorbeeld voor dat we iemand zoeken die geestig en hartstochtelijk is, maar die ook communicatief en evenwichtig is en een kinderwens heeft, ook al zal ze misschien in het begin niet de chemie hebben die ze met de anderen had. Ik zeg ook tegen mijn cliënten dat chemie soms tot verkeerde beslissingen leidt.'

### *Het is een verslaving*

Evan zei dit ook tegen mij.

'Wat gebeurt er als je maximale chemie met iemand hebt?' vroeg hij. 'Hoe heb je dat in het verleden ervaren?'

Ik dacht terug aan de keren dat ik in vuur en vlam had gestaan vanwege een nieuwe man. 'Het was ongelofelijk!' zei ik.

'Echt waar?' vroeg Evan. 'Of was je elke twintig minuten je voicemail aan het afluisteren, kon je je niet concentreren op je werk, verwaarloosde je je vrienden en al het andere in je leven, en gedroeg je je eigenlijk als een idioot?'

Ja, dat was wel zo, gaf ik toe.

'Dat bedoel ik,' vervolgde hij. 'Als je in vuur en vlam staat, ben je jezelf niet. Je bent nerveus en onzeker. Je denkt niet meer kritisch na en maakt idiote keuzes: *ik wil hem de kleren van het lijf rukken en zijn lucht inademen en wat kan het mij schelen dat hij depressief is!'*

Evan maakt dit soort situaties regelmatig mee met zijn cliënten: de intense relatie die na drie maanden snel uitdooft. De hartstochtelijke relatie die geen standhoudt als de partners totaal verschillende levensdoelen blijken te hebben. De intens verliefde partners die elkaar voortdurend en net zo intens in de haren vliegen.

Maar wanneer een cliënte een geweldige man ontmoet die haar niet die opgeschroefde opwinding bezorgt, zegt ze: 'Maar ik voel niet wat ik met meneer X voelde.' Waarop Evan antwoordt: 'Meneer X dumpte je. Meneer X was getrouwd met iemand anders. Meneer X wilde geen kinderen. Meneer X was onverantwoordelijk. Was hij nu echt zo opwindend?'

Het lag eigenlijk zo voor de hand, maar hoeveel vrouwen voelen zich niet aangetrokken tot volkomen ongeschikte mannen – mannen die te oud, te jong, werkloos of getrouwd zijn – en houden vol dat hij ondanks alles haar soulmate is? (Dat blijkt hij zelden te zijn. En anders liegt haar ziel...)

Hoe vaak heb ik belangrijke dingen over het hoofd gezien als ik die intense chemie voelde? Hoe vaak ben ik inschikkelijk geweest en probeerde ik hem 'te begrijpen' – misschien heeft hij bindingsangst, hield zijn vader te weinig van hem of zijn moeder te veel – terwijl ik me beter had kunnen richten op iemand die me zou geven wat ik echt nodig had?

Hoe is het mogelijk dat intelligente mensen zulke stomme beslissingen nemen?

Helen Fisher, die als biologisch antropoloog aan de Rutgers University de fysiologie van de romantische liefde onderzoekt, geeft als mogelijke oorzaak dat je romantische liefde kunt vergelijken met verslaving aan drugs. Ze maakte van 49 mensen die smoorverliefd waren een MRI-scan om te kijken welke delen van de hersenen te maken hadden met deze gevoelens. Er kwam uit dat bij deze mensen vooral het beloningscentrum van de hersenen geactiveerd was, het gebied dat ook oplicht als je een chocolaatje pakt, een sigaret of een amfetaminepil. Het zijn cellen aan de basis van het brein die dopamine aanmaken, de stof die ons een 'high' gevoel geeft. Het maakt je hersenen niet uit of je hunkert naar een sigaret of naar een minnaar, want het resultaat is hetzelfde: verlangen, obsessie, behoefte.

Als je al die dopamine in je systeem hebt, zei Fisher, denk je er niet meer aan dat het opgetogen gevoel tijdelijk is, het duurt gemiddeld tussen de anderhalf en drie jaar. Er zijn mensen bij wie het langer duurt, maar ook bij die mensen zal het gevoel toch veranderen.

'We hebben net een onderzoek afgerond waarbij we een MRI-scan maakten van mensen die na eenentwintig jaar huwelijk nog steeds verliefd waren,' zei ze. 'Er was bij die mensen geen activiteit meer te zien in het hersengebied waar angst mee geassocieerd wordt, wel vonden we activiteit in het gebied dat met rust en het opheffen van pijn geassocieerd wordt. Je voelt je nog wel aangetrokken tot die persoon, je lacht nog steeds om zijn grapjes, maar waar eerst angst was, is nu rust. Als hij je geen e-mail stuurt, zit je niet te snikken op je bed.'

Het patroon waarbij die eerste gekte en opwinding verandert in kalmte en geborgenheid kan zich volgens Fisher echter ook andersom voordoen. De rust en geborgenheid die je in het begin met iemand kan hebben, kan zich ontwikkelen tot een romantische liefde – iets wat de meeste mensen vergeten die op de onmiddellijke opwinding uit zijn. Het is Fisher zelf overkomen.

'Er was een man die een tijdje achter me aan zat, en dat vond ik heel vervelend,' zei ze. Maar zodra ze contact met hem maakte en ze samen iets deden, voelde ze zich volkomen op haar gemak met hem. 'Vier jaar later werd ik verliefd op hem, en nu, tien jaar later, zijn we nog steeds samen.'

Fisher beweert niet dat chemie niet belangrijk is. Maar het is wel goed om te weten dat het soms tijd kost voor zich iets ontwikkelt. En, zoals Evan tegen me zei, zelfs áls zich iets ontwikkelt denken we vaak dat het niet sterk genoeg is omdat de verhoudingen niet kloppen.

'Wat chemie betreft moet je uitgaan van een zes of een zeven, de mate waarin je bij elkaar past moet een negen zijn,' zei hij. 'Bij de meesten van ons is het andersom: we zoeken maximale chemie (een negen) en eindigen met iemand bij wie we onvoldoende passen (een vier). Mensen werken zich constant in de nesten omdat ze zich volledig richten op de chemie.'

Volgens Evan zien die nesten er zo uit: als er een enorme chemie is, is het heel moeilijk om je een realistisch beeld van de persoon in kwestie te vormen, en als hij dan onaardig of egoïstisch of onbetrouwbaar blijkt te zijn, is het moeilijk om hem te laten gaan omdat je al aan hem verslingerd bent. Als je echter iets krijgt met een man die eerst alleen een vriend was en het zit tegen, wat onvermijdelijk gebeurt, dan denk je bij jezelf dat je je toch al niet tot hem aangetrokken voelde. Dus vanwege de chemie geef je de verkeerde mannen een kans en laat je de goede mannen schieten.

## *Ben je soms ongesteld?*

Martie Haselton, die aan de universiteit van Californië in Los Angeles onderzoek doet naar partnerkeuze en seksualiteit, vertelde me dat wat wij romantische chemie noemen waarschijnlijk minder te maken heeft met dat *je ne sais quoi* dan met hormonen. Haar onderzoek heeft uitgewezen dat het soort mannen tot wie vrouwen zich aangetrokken voelen samenhangt met het stadium waarin hun menstruele cyclus zich bevindt (hoezo romantisch?).

Volgens Haselton geven vrouwen op hun vruchtbaarste dagen de voorkeur aan mannelijke mannen, terwijl ze op andere dagen mannen prefereren die wat vrouwelijker zijn. Met andere woorden, op vruchtbare dagen voelen vrouwen zich aangetrokken tot het dominante gedrag en de eerzuchtige trekken van mannen, maar op andere dagen geven ze de voorkeur aan zachtaardige types.

'Vrouwen willen alles,' zei ze vanuit haar werkkamer op de UCLA. 'Ze willen een man die op de langere termijn een goede partner is, die aardig en zorgzaam is en een gezin kan onderhouden. Dat zijn de meer vrouwelijke eigenschappen. Wat vrouwen echter ook willen is iemand die heel sexy is, heel knap, rijzig en gespierd, de kenmerken van de "spannende jongens". Maar dat zie je zelden verenigd in één persoon. Wat het nog verwarrender maakt is dat er zich in de loop van de menstruele cyclus steeds kleine veranderingen voordoen in de voorkeuren van vrouwen.'

Interessant is dat deze schommelingen zich niet voordoen bij vrouwen die de pil gebruiken. Maar zodra ze daarmee ophouden, zegt Haselton, is dat onmiddellijk merkbaar, en zullen ze hun zachtaardige vriend of man op hun vruchtbaarste dagen minder positief beoordelen. Op die dagen hebben ze het gevoel dat ze iets missen.

Ik vroeg aan Haselton hoe het mogelijk is dat mensen een goede partner vinden terwijl we zo zijn overgeleverd aan de biologie.

'Ik denk niet dat de biologie het probleem is,' zei ze. 'Ik denk dat het hem meer in de verwachtingen zit die mensen koesteren. Het is normaal dat je je soms minder aangetrokken voelt tot je partner, maar tegenwoordig ervaren mensen het als een probleem als ze eens een tijdje "wat minder voelen", terwijl dat heel natuurlijk is. Ze vinden ook dat ze vanaf het begin intense gevoelens moeten hebben.'

Evan gaf toe dat hij vroeger ook zo dacht, maar over een week zou hij gaan trouwen met een vrouw met wie hij op het eerste gezicht niet eens uit had gewild. Uit alles wat hij me vertelde bleek dat hij nog nooit zo gelukkig was geweest, dat hij absoluut geen water bij de wijn had gedaan en dat tussen hem en zijn aanstaande inmiddels een sterke chemie was ontstaan. Hij was alleen niet, zoals hij daarvoor gewend was geweest, op de onmiddellijke, overrompelende manier voor de bijl gegaan.

*Ten slotte*

Toen Evan en ik elkaar na de laatste sessie omarmden, was ik een beetje verdrietig. Hoewel ik me aanvankelijk hevig verzet had tegen zijn adviezen, vroeg ik me af hoe ik zonder hem verder moest. Ik zei dat ik geen domme fouten wilde maken met Sheldon2 als Evan op huwelijksreis was.

'Je weet alles wat je weten moet,' zei hij geruststellend. 'Het zal misschien moeilijk zijn om dingen te veranderen, maar ik denk dat je er nu eindelijk aan toe bent om het te proberen.'

Op een bepaald niveau geloofde ik hem, toch wilde ik nog een laatste wijze uitspraak van hem, als houvast. 'Als je één ding zou moeten noemen dat ik moet onthouden, wat zou dat dan zijn?' vroeg ik.

Evan dacht even na, en zei toen: 'Er is de manier waarop iets zou moeten gaan, en de manier waarop het in werkelijkheid gaat. Je moet jezelf scherp houden. De manier waarop je je leven geleid hebt heeft je gebracht waar je nu bent. Je zult een proces moeten doormaken om in staat te zijn iemand te ontmoeten die je leuk vindt. Het is aan jou om te bepalen of je dat proces door wilt maken.'

De hele dag bleven zijn woorden door mijn hoofd gaan. *Er is de manier waarop iets zou moeten gaan en de manier waarop het werkelijk gaat... Je moet een proces doormaken... Het is aan jou om te bepalen of je dat proces door wilt maken.*

Het klonk eenvoudig, en ook een beetje raadselachtig. Maar toen ik uit eten ging met een voormalige collega begreep ik ineens wat Evan bedoelde.

# 21. Schaf de lijst af, niet de man

De collega was Lauren, 32 jaar oud, werkzaam als schrijfster voor tv-series. We hadden het over het werk toen ze zich liet ontvallen dat ze het na vier maanden had uitgemaakt met haar vriend. Een paar weken terug had ze me nog verteld dat ze gek op hem was.

Ik vroeg haar wat er was gebeurd.

Er was niets gebeurd, antwoordde Lauren. Hij was gewoon de ware niet.

'Ik voelde me echt op m'n gemak met hem,' legde ze uit. 'Hij was zo ruimdenkend en accepteerde me zoals ik was. Op kwetsbare momenten maakte hij altijd precies de goede opmerkingen. Daardoor speelden mijn oppervlakkige ongenoegens niet zo'n grote rol.'

Zo stoorde ze zich aan het feit dat hij blond was (ze houdt niet zo van blond), dat hij net zo lang was als zij, 1.70m (ze wilde iemand die langer was) en hij kleedde zich slecht. Er was nog meer, bijvoorbeeld dat hij de gewoonte had op haar bed te gaan liggen met zijn zweetvoeten op haar kussen. 'Hij had geen idee,' zei ze. 'Ik heb iemand nodig die zelf bedenkt dat je zoiets niet doet.'

Wat haar ook stoorde was dat hij soms praatte als Justin Timberlake, terwijl hij is afgestudeerd aan een van de beste universiteiten. Ook stoorde het haar dat hij vaker wilde vrijen dan zij, hoewel ze moest toegeven dat ze met niemand ooit betere seks had gehad.

In het begin had ze deze dingen niet erg gevonden, omdat hij 'emotioneel precies was wat ik zocht, hij was meelevend, zorgzaam en aardig. Hij verwachtte ook niet dat ik als een pornoster mijn schaamstreek zou scheren. Het was fijn dat ik mezelf kon zijn. Ook de nare dingen die zich in mijn leven afspeelden – dat mijn moeder kanker had bijvoorbeeld – schrikten hem niet af. Hij was altijd attent, informeerde naar haar, gaf me de ruimte als ik onmogelijk was, wat hij aan de situatie met mijn moeder toeschreef. Maar soms was ik ook uit mijn humeur omdat ik me aan hem stoorde.'

Ze had het gevoel dat het niet goed was als er in het begin van een relatie al zoveel irritaties waren. Er kan weleens even iets zijn, maar over het algemeen hoorde het in het begin toch van een leien dakje te gaan?

'Waar ik nu vooral mee bezig ben is de vraag of ik niet opener zou moeten zijn over de dingen die me storen en een man in elk geval de kans moet geven er iets aan te doen,' zei Lauren, waarmee ze aangaf dat de ander iets moest veranderen. 'Tot nu toe heb ik mannen altijd gedumpt met de gedachte dat ik nog wel iemand zou vinden die op de een of andere telepathische manier in al mijn behoeften zou voorzien. Dat is waarschijnlijk niet zo'n slimme aanname.'

Wat Lauren deed stond haaks op Evans advies, ze was niet bereid 'het proces door te maken'. Ze deed wat ik altijd gedaan had, ze hield een strenge mentale checklist bij van alle eisen waaraan De Man moest voldoen.

### *Gooi het idee van 'jouw type' overboord*

Susan Page, expert op het gebied van relaties en auteur van het boek *If I'm so wonderful, why am I still single?* gelooft ook in het proces. Ze is decaan geweest aan de Columbia University in New York en had de leiding over de afdeling Vrouwenstudies aan de universiteit van Californië in Berkeley, waar ze bijdroeg aan de vorming van het eerste universitaire studieprogramma over menselijke seksualiteit. Ze vertelde me dat ze er door haar workshops voor singles die ze in het hele land heeft gehouden, achter is gekomen dat het de 'zogenaamde hoge maatstaven' zijn die vrouwen ervan weerhouden om het proces door te maken.

'Mensen houden het vanwege één ding al voor gezien,' vertelde ze me aan de telefoon, 'en ze proberen niet echt uit hoe het is om met die persoon een serieuze relatie te hebben. Alleenstaanden zouden gemakkelijker een partner vinden als ze niet alles als een test beschouwden. Als je iets milder bent over de minder geslaagde kanten van je partner, kun je de relatie ten goede veranderen. Maar veel mensen doen dat niet, ze zetten er een punt achter. Je moet geen genoegen nemen met minder dan je nodig hebt, maar dat betekent niet dat alles wat op je checklist staat in vervulling moet gaan, want je kunt helemaal niet weten welke eigenschappen je bij een bepaald iemand aantrekkelijk zult vinden.'

Ze heeft dit zelf ontdekt toen ze haar man leerde kennen, bijna dertig jaar geleden.

'Ik was indertijd pastor bij de methodistische kerk,' zei ze, 'en ik stelde me bij mijn partner iemand voor die dezelfde godsdienst had en hoogopgeleid zou zijn, een arts, advocaat of hoogleraar. Iemand die bridge speelde en van dansen en zingen hield. Nou, mijn man is een joodse kunstenaar die zijn studie niet heeft afgemaakt, niet bridget, niet zingt en niet danst.'

Ze ontmoetten elkaar in het huis van een vriend en raakten in gesprek. 'Toen ik vroeg wat hij deed, vertelde hij dat hij pottenbakker was en ik dacht meteen: ja hoor, zo'n hippie die zijn draai niet kan vinden en nu mokken bakt om op straat te verkopen. Ik schreef hem meteen af. Ik vond het leuk om met hem te praten, maar zag geen echtgenoot in hem.'

Deze pottenbakker verdiende echter goed aan zijn kunstwerken en had een tentoonstelling op Madison Avenue in New York. Een paar dagen later spraken ze nog een keer af om samen te ontbijten, maar ze had nog steeds niet het gevoel dat het ergens toe zou leiden. Hij was gewoon haar type niet. Punt uit.

Maar Page was een vervent volksdanseres en op een dag kwam de pottenbakker onverwacht kijken toen ze een voorstelling gaf. Na afloop gingen ze naar een bar en bleven er tot twee uur 's nachts hangen. Er sprongen geen vonken over, maar er begon wel iets te ontkiemen. Ze brachten samen een zaterdag in een museum door en niet lang daarna merkte Page tot haar verbazing dat ze gek op hem was.

'Hij had kwaliteiten die ik waardeerde, maar die je nooit op een lijst zou zetten,' zei ze.

Volgens Page is zo'n lijst een fantasie, een idee over 'het hele pakket' dat we in een partner hopen te vinden. Ze hoort singles vaak zeggen dat ze een man die tachtig procent scoort op hun lijst niet de moeite waard vinden.

'Sinds wanneer is tachtig procent een compromis? We creeren fantasiemannen: hij moet een loopbaan hebben in dit of dat vak, een bepaalde kleur ogen hebben, zo oud zijn. Als je zo specifiek bent valt iedereen buiten de boot.'

### *Laat je verrassen door hoe iemand is*

Toen ik Page over Lauren vertelde, antwoordde ze dat dat verhaal haar heel bekend in de oren klonk.

'Mensen hebben de neiging veel te veel te analyseren,' zei ze. 'Het gebeurt zo vaak dat we door het geklets in ons hoofd afzien van iets wat goed voor ons zou kunnen zijn. Het omgekeerde komt ook voor: iemand scoort hoog op onze lijst, maar ergens voel je dat je hem niet vertrouwt, en dan weegt dat zwaarder dan de lijst.'

Page vertelde me over een man op wie ze voor haar huwelijk verliefd was geweest.

'Hij had alles wat ik op mijn lijst had staan,' legde ze uit. 'Mooi vak, populair, charismatisch. Leuk om te zien, geestig, met status. Maar ik merkte algauw dat hij een enorme narcist was. Ik voelde dat er geen sprake was van echte affectie. Ik maakte voor hem deel uit van zijn publiek. Ik was verliefd, maar zette er toch een punt achter. Het was heel pijnlijk, maar ik heb mezelf wel een dienst bewezen.'

Volgens Page lijken lijsten misschien een goed middel om je gedachten mee te ordenen, maar je moet oppassen dat je de zaken niet simplificeert, of uit hun verband rukt. Je kunt bijvoorbeeld wel een lijst maken van alles waar je naar verlangt in een partner, maar hebben al die aspecten hetzelfde gewicht, is religieuze achtergrond bijvoorbeeld even belangrijk als eerlijkheid? Bovendien is het vaak geen kwestie van alles of niets, iemand kan iets ook in bepaalde mate hebben, gevoel voor humor bijvoorbeeld of financiële stabiliteit, maar niet in de mate die jij bedacht had toen je je lijst opstelde.

Wat lijsten ook verwarrend maakt is dat er afzonderlijke goede eigenschappen op staan die een man kan hebben, zonder dat in aanmerking wordt genomen hoe die eigenschappen binnen een relatie uitpakken. Hij kan de juiste leeftijd hebben, het juiste gevoel voor humor, de juiste baan, maar hoe is hij in het contact met jóú? En hoe voel jij je in de omgang met hém? Zouden jullie het met elkaar kunnen vinden? Dat is niet in een lijst te vatten.

Het was het pottenbakkerswerk van haar man waarin Page een overeenkomst zag met hoe je een relatie kunt benaderen.

'Als een pottenbakker in Amerika een pot bakt, brengt hij het glazuur aan, stopt de pot in de oven en weet precies hoe die pot er naderhand uit zal zien. Wanneer een Japanner een pot bakt, zet hij die in een houtoven – waarvan je de temperatuur niet exact kunt regelen – en als hij de pot eruit haalt ziet die er niet altijd uit zoals hij had gedacht. En dan zegt hij: "Kijk nou eens, dit is wat het vuur ermee gedaan heeft en hij is prachtig geworden!" Japanners zien geen schoonheid in perfectie.'

'Ga er dus niet van uit hoe de persoon die je tegenover je hebt zou moeten zijn, maar stel jezelf de vraag die de pottenbakker stelt: "Hoe is hij en is hij mooi?" in plaats van: "Hij is niet wat ik me had voorgesteld, hij zou anders moeten zijn." De vraag die je je moet stellen is of je hem aardig vindt en niet of hij wel overeenkomt met wat je dacht te willen. Je kunt je ook laten verrassen door hoe iemand is.'

Ik vertelde haar over de ellenlange lijst die ik een paar maanden geleden op aanraden van een vriendin had gemaakt. Page stelde voor dat ik een ander soort lijst zou maken, een lijst van de eigenschappen van al mijn exen, en dat ik dan zou bedenken hoe belangrijk of onbelangrijk de lijst uiteindelijk was geweest binnen die relaties. In gesprekken met gelukkig getrouwde mensen heeft Page vaak meegemaakt dat ze op de vraag hoe hun partner scoorde op de punten van hun lijst, antwoordden dat hij of zij aan lang niet alle criteria voldeed, maar wel aan andere eisen bleek te voldoen die belangrijker waren.

'Waar het om gaat is dat je kijkt of je criteria wel bruikbaar zijn,' zei ze. 'Zodra je de ware ontmoet, zal zo'n lijst misleidend of zelfs waardeloos blijken te zijn.'

### *Weg met die lijst*

Ik keek nog eens naar mijn gedetailleerde boodschappenlijst voor de Mannenwinkel. Ik herinnerde me de vele momenten waarop ik de lijst had moeten dumpen, in plaats van de man die er niet hoog genoeg op scoorde. Een teken aan de wand: ik was een tweede keer uit geweest met Sheldon2. Toen hij voor de deur stond om me op te halen en zijn aanbiddelijke lachje lachte, zag hij er nog aantrekkelijker uit dan tijdens onze wandeling. Na een lange maaltijd in een hip cafeetje gingen we dansen in een bar en alsof dat nog niet genoeg was maakten we nog een wandeling over het strand. Voor we er erg in hadden, waren er zes uur verstreken. Ik had meer plezier met hem gehad dan met de mannen die wél voldeden aan de criteria op mijn checklist.

Ik besloot dat ik het ging doen. Ik zou mijn lijst afschaffen. Maar hoe?

Ik kon hem natuurlijk gewoon negeren, maar ik had het gevoel dat ik een daad moest stellen, dat ik me fysiek van al die onredelijke eisen moest ontdoen om me werkelijk voor andere mogelijkheden open te kunnen stellen.

Ik kon hem aan stukken scheuren en in de vuilnisbak gooien, maar dat vond ik niet theatraal genoeg. Een symbolisch gebaar leek me meer op zijn plaats. Moest ik de lijst ergens naartoe mailen, naar een meisjesstudentenvereniging bijvoorbeeld, bij wijze van levensles? Of zou ik hem ergens moeten begraven, als een tijdscapsule die ik over twintig jaar weer zou opgraven, zodat ik kon zien hoe ik ooit de weg kwijt was geweest in mijn liefdeleven?

Ik overwoog een paar andere singles te vragen met hun eigen lijst naar het strand te komen om ze samen in een groot vuur te verbranden, maar dat vond ik zo'n cliché, bovendien vond ik dat ik dit ritueel in mijn eentje moest uitvoeren. Het klinkt misschien banaal, maar ik zocht naar een manier om dit belangrijke moment te markeren, deze verandering in hoe ik potentiële partners voortaan tegemoet zou treden. Ik vond het moment te gênant en ook te intiem om met anderen te delen.

Op een kille, bewolkte dag stapte ik in mijn auto, legde mijn lijst – die ik in een ballon had gestopt met een lang wit koord eraan – naast me op de passagiersstoel en reed naar zee.

Het was nog vroeg in de ochtend en het water was ijskoud. Ik voelde me een beetje belachelijk, maar toen ik daar stond op mijn blote voeten, klaar om mijn lijst de lucht in te sturen, gebeurde er iets onverwachts. Er kwam een ontzettend leuke jogger mijn kant op gerend.

'Hé!' schreeuwde hij. Ik keek achter me, om te zien of hij het tegen iemand anders had, maar er was niemand anders op het strand.

'Hé!' schreeuwde hij nogmaals. Hij had het duidelijk tegen

mij. Ik kon niet geloven dat dit me overkwam. Ik liet mijn ballon los, en zag de man op me af komen. Hevig hijgend kwam hij naast me tot stilstand.

'Hé,' zei ik.

'Wat ben jij nou aan het doen?' vroeg hij. Hij had een korte broek aan en een gescheurde sweater waar UCLA LAW op stond. Hij droeg geen ring aan zijn linkerhand. Ik staarde naar zijn donkere krullen en zijn gespierde benen en dacht: het zal toch niet zo zijn dat ik de ware tegenkom op het moment dat ik mijn lijst in een ballon op het strand de lucht in stuur? Kan het nog ongeloofwaardiger?

'Eh, ik stuur een boodschap de zee over,' zei ik. Ik kon geen manier bedenken om het uit te leggen zonder mezelf compleet voor paal te zetten.

Samen keken we de ballon na, die steeds kleiner werd tot er alleen nog maar een stipje te zien was. Even later was ook het stipje verdwenen.

Hij keek me aan. Zijn chocoladebruine ogen hadden iets magnetisch. Mijn maag begon te dansen.

'Dat moet je niet doen,' zei hij. 'Het is slecht voor het milieu. Ik probeerde het je nog duidelijk te maken.'

Na die woorden zette hij het weer op een lopen.

Heel even was ik teleurgesteld. En trouwens, wat dacht hij wel, was hij soms van de ballonnenbrigade? Maar toen was ik blij dat ik hem was tegengekomen. De twee minuten die we samen hadden doorgebracht, toonden nogmaals aan hoe diep mijn verlangen was naar de fantasie, die echter zelden werkelijkheid werd. De ontmoeting was als een haiku over een relatie: ik had mijn gebruikelijke romantische ideeën op hem geprojecteerd en natuurlijk gebeurde er niet wat me voor ogen had gestaan. Ik wist dat het moeilijk zou worden om te veranderen, maar ook dat het me verder zou brengen.

Ik wandelde nog een tijdje langs het strand, ging toen terug naar de auto en gaf mijn kaartje aan de parkeerwachter. De zon was eindelijk doorgebroken en scheen op mijn voorruit, waardoor ik mijn ogen moest samenknijpen om een paar dollarbiljetten te vinden.

'Het wordt lente,' zei de parkeerwachter.

'Ja,' antwoordde ik. 'Een nieuw begin.'

# [Deel 5] Alles op een rijtje

*Een ongelukkig huwelijk ontstaat niet zozeer door gebrek aan liefde als wel door gebrek aan vriendschap.*
Friedrich Nietzsche

# 22. Een huwelijk dat voldoet

Nu ik echt op zoek ging naar 'een man die voldeed', stuitte ik op de zinsnede 'een huwelijk dat voldoet'. Die is afkomstig van Paul Amato, de socioloog van de Penn State University die ik al eerder gesproken had. Amato doet onderzoek naar zulke huwelijken – huwelijken die goed zijn, maar niet volmaakt. De resultaten deden me denken aan hoe ik zelf bezig was geweest in de liefde.

In 1980 deed hij met zijn collega's onderzoek onder tweeduizend echtelieden. Gedurende twintig jaar werd elke twee jaar weer contact opgenomen met deze stellen, om te kijken hoe hun huwelijk ervoor stond. Veel huwelijken hielden geen stand. Amato wilde weten of deze echtscheidingen te voorzien waren geweest.

'Wat we ontdekten verbaasde ons aanvankelijk,' zei hij toen ik hem aan de telefoon had. 'We denken namelijk dat stellen die gaan scheiden een lange, verschrikkelijke periode doormaken met veel ruzie en dat ze zo ongelukkig en van elkaar vervreemd zijn dat ze tot de slotsom komen dat het huwelijk niet meer te redden is.'

Dit gold weliswaar voor enkele stellen, maar voor veel andere ging dat helemaal niet op. Het was zelfs zo dat ze het tot de echtscheiding heel goed met elkaar leken te kunnen vinden. Ze waren niet dolgelukkig, maar ook niet ongelukkig. Ze gingen regelmatig samen uit en zeiden desgevraagd dat ze maar weinig huwelijksproblemen of onenigheid hadden. Op een schaal van een tot tien gaven ze hun huwelijk meestal zevens, geen tweeën of drieën.

'Er was niets ernstigs aan de hand,' zei Amato. 'Het waren geen volmaakte huwelijken, maar ze waren best goed. Twee jaar later waren ze gescheiden. Deze mensen waren best gelukkig samen, maar ze wilden meer.'

Als aan de koppels in Amato's onderzoek gevraagd werd waarom ze waren gescheiden, gaven ze antwoorden als: 'We groeiden uit elkaar, het was niet meer zoals in het begin,' of: 'Ik had niet meer het gevoel dat ik nog groeide als persoon,' of: 'Ik vond mijn partner aardig maar hij/zij was niet echt mijn zielsverwant.' Ze waren niet kwaad, ze waren teleurgesteld.

'Ze hadden geen hekel aan hun partner,' zei Amato. 'Er waren mensen bij die zeiden dat ze nog steeds van hun partner hielden, maar dat ze erachter waren gekomen dat ze niet bij elkaar pasten. Vaak hadden ze iemand anders gevonden die naar hun idee wél een zielsverwant was. Ook al is het huwelijk helemaal niet slecht, ze denken toch dat ze iets beters gevonden hebben.'

### *Niet beter, maar anders*

Net als de vrouwen die het uitmaken met een vriend 'die voldoet' omdat ze denken dat ze nog iets beters zullen vinden, kwamen veel van deze echtelieden bedrogen uit. Toen Amato vijf jaar later in contact trad met de mensen die hertrouwd waren, bleek dat ze niet gelukkiger en vaak zelfs mínder gelukkig waren dan in hun eerste huwelijk.

'We hebben niet gevraagd of ze spijt hadden,' zei Amato, 'omdat de meeste mensen niet willen toegeven dat ze een fout hebben gemaakt. Dat voelt als een afgang. We keken of er symptomen waren van depressie en vroegen hoe tevreden ze waren met hun leven. De resultaten vergeleken we met die van vijf jaar eerder. Statistisch gezien waren ze minder gelukkig.'

Want zelfs als het tweede huwelijk anders was dan het eerste, wogen de voordelen niet altijd op tegen de nadelen. 'Anders' was niet noodzakelijkerwijs beter. Ik had iets soortgelijks gelezen op SmartMarriages.com, de website van Diane Sollee: 'Onderzoek heeft uitgewezen dat in elk gelukkig, geslaagd huwelijk ongeveer tien gebieden zijn waarop het tussen de partners niet klikt, tegenstellingen die nooit overbrugd zullen worden. De geslaagde stellen leren hiermee om te gaan, 'eromheen te leven' en elkaar lief te hebben ondanks de verschillen... Als we van partner veranderen krijgen we slechts tien nieuwe gebieden waarop het onderling niet klopt.'

Geen wonder dat het echtscheidingspercentage voor tweede huwelijken volgens de Centers for Disease Control and Prevention hoger is dan voor eerste huwelijken. Misschien vinden deze mensen het moeilijk te accepteren dat een goed huwelijk niet voortdurend goed hoeft te zijn.

Aan de andere kant heeft een grootscheeps onderzoek van het Rutgers Marriage Project eind jaren tachtig aangetoond dat van de mensen die niet gelukkig getrouwd waren maar wel bij elkaar bleven, zesentachtig procent vijf jaar later in vraaggesprekken te kennen gaf gelukkiger te zijn. Drie van de vijf voorheen ongelukkig getrouwde koppels noemde hun huwelijk zelfs 'heel gelukkig' of 'tamelijk gelukkig'.

### *Verwachtingen zijn erfelijk*

Later, in 1992, interviewden Amato en zijn team de volwassen kinderen van de stellen wier huwelijk aanvankelijk 'voldeed', maar toch was stukgelopen. Ze deden dit drie keer, de laatste keer in 2000. Uit de gesprekken bleek dat een aantal van deze kinderen ook moeite had een partner te vinden 'die voldeed'.

'Als het huwelijk van de ouders een ramp was geweest,' zei Amato, 'herstelden de kinderen zich na de scheiding vrij snel. Het was een opluchting na alle onmin. De kinderen uit een goed, maar niet volmaakt huwelijk waren daarentegen na de scheiding behoorlijk in de war. Ze hadden weinig zelfvertrouwen, waren depressief en hadden een negatief beeld van het huwelijk. De scheiding van hun ouders had hen verrast en ze begrepen het niet, want in tegenstelling tot de kinderen uit de conflictueuze huwelijken waren ze niet opgelucht en hadden ze de scheiding niet zien aankomen. Kinderen zijn tevreden als hun ouders een huwelijk hebben dat voldoet, omdat het er voor hen niet toe doet of hun ouders zichzelf hebben verwezenlijkt. Er is stabiliteit, beide ouders zijn aanspreekbaar, dus zijn ze gelukkig. Dat hun ouders in een existentiële crisis verkeren raakt hen niet echt.'

Eenmaal volwassen herhaalden deze kinderen uit goede, maar niet volmaakte huwelijken het patroon van hun ouders. Zodra in hun eigen relatie problemen de kop op staken, overwogen ze uit elkaar te gaan of te gaan scheiden.

Velen deden dat ook.

'Zodra zich een probleem voordeed, zetten ze er snel een punt achter,' zei Amato. 'Kinderen uit huwelijken die intact waren gebleven gingen er anders mee om, die zeiden: "We hebben kennelijk een probleem waar we een oplossing voor moeten vinden", maar ze gingen niet scheiden. De kinderen van ouders die een redelijk huwelijk hadden maar toch waren gescheiden, waren huiverig voor het huwelijk. Ze woonden eerder samen dan dat ze trouwden. Ze hadden er moeite mee hun partner te vertrouwen. Het was hachelijk om je te binden, want hun ouders hadden gelukkig geleken maar waren toch gescheiden.'

Over het algemeen concludeert Amato dat de volwassen kinderen niet goed tegen relatieproblemen zijn opgewassen. Ze groeiden op met het besef dat je als het vuur dreigt uit te doven geen moeite doet om het op te rakelen, maar op zoek moet gaan naar een nieuwe vlam.

Ik vroeg aan Amato hoe het toch komt dat we denken op zoek te moeten gaan naar iets beters zodra we niet meer helemaal tevreden zijn.

'Volgens mij is dat idee ontstaan in de jaren zeventig,' antwoordde hij, 'toen Carl Rogers en Abraham Maslow de menselijke mogelijkheden centraal stelden en verkondigden dat elk facet van je leven moest bijdragen aan je persoonlijke groei. Voor Maslow stond zelfverwezenlijking hoger in de hiërarchie dan een goed huwelijk. Dus als je vrienden je niet bevallen, ga je op zoek naar nieuwe vrienden. Werk idem dito. Huwelijk idem dito. In de jaren zestig is gedragsonderzoek gedaan onder universiteitsstudenten. In een van die onderzoeken werd gevraagd wat voor hen de belangrijkste redenen waren om te trouwen. De studenten antwoordden dat ze wilden trouwen om een gezin te stichten, om economische redenen, of om een huis met een tuin te kunnen krijgen. En ze wilden graag trouwen met iemand van wie ze hielden. De liefde stond niet voorop, maar kwam pas op de vierde of vijfde plaats.

'Maar in de jaren zeventig en tachtig,' vervolgde Amato, 'wordt liefde de belangrijkste reden om te trouwen en verschuift al het andere naar de achtergrond. Liefde is nog maar kort de allerbelangrijkste motivatie om te trouwen. Tegenwoordig is het huwelijk er op gebaseerd; het draait helemaal om het vinden van de volmaakte partner. Persoonlijk denk ik dat je gelukkiger wordt als je realistische verwachtingen hebt van wat een huwelijk je kan bieden.'

In zijn boek *Alone together* bespreken Amato en zijn medeauteur het verschil tussen het huwelijk van vandaag, dat individualistisch is, en het huwelijk van voor de jaren zeventig, dat hij een 'companionate marriage' noemt, waarbij je een betrouwbare partner zoekt die bij je past, om samen bepaalde doelen in het leven te bereiken.

'Dat je een team vormde en samenwerkte was de definitie

van een goed huwelijk,' zei Amato, 'maar tegenwoordig is het accent verlegd naar persoonlijke bevrediging die je aan de echtelijke relatie zélf ontleent. *Ja, misschien is hij een goede vader en kostwinner, maar kan ik me bij hem volledig ontplooien en bevredigt hij mijn diepste romantische behoeften?* Dit heeft als gevolg gehad dat men later trouwt, dat steeds meer vrouwen en moeders nooit trouwen, dat er meer gescheiden wordt om andere redenen dan dat de partner niet voldoende steun biedt en geen goede kameraad is.'

Een keuze voor iemand die goed genoeg is, is volgens Amato geen persoonlijke nederlaag en ook geen compromis. 'In de meeste gevallen is het een redelijke en praktische benadering die de mogelijkheid biedt tot geluk op de langere termijn.'

Ik vroeg Amato wat hij vond van de onderzoeken waarover ik had gelezen in het boek *The case for marriage: why married people are happier, healthier, and better off financially* van Linda Waite en Maggie Gallagher, die hebben aangetoond dat getrouwd zijn een van de beste manieren is om depressies en algehele ongelukkigheid te voorkomen.

Was deze conclusie alleen van toepassing op geweldige huwelijken, of ook op huwelijken die goed genoeg zijn?

'Een slecht functionerend, conflictueus huwelijk is zeker niet goed voor iemands algehele welbevinden,' antwoordde hij. 'Maar verschillende studies hebben uitgewezen dat de meeste mensen die een huwelijk hebben dat goed genoeg is – de partner is aardig, werkt hard, is goed voor de kinderen – gelukkiger zijn dan mensen die geen partner hebben. Onderzoek laat ook zien dat de overgrote meerderheid van deze laatste groep uiteindelijk wil trouwen, en mensen zijn nu eenmaal het gelukkigst als ze hun doelen verwezenlijken. Dus wanneer alleenstaande mensen trouwen, worden ze daar gelukkiger van, als ze tenminste niet met een psychopaat trouwen.'

Met andere woorden: je hebt geen sprookjeshuwelijk nodig om gelukkiger te worden. Dat effect bereik je ook al met een huwelijk dat goed genoeg is.

Amato vertelde me dat zowel mannen als vrouwen het moeilijk vinden om genoegen te nemen met een partner die voldoet, maar in zijn werk heeft hij gemerkt dat vrouwen over het algemeen hogere verwachtingen hebben dan mannen. Samen met zijn collega's onderzocht hij naar sekse ingedeelde focusgroepen bestaande uit ongehuwde twintigers en stelden vragen als: 'Hoe weet je dat je de juiste persoon hebt gevonden?'

Bij de vrouwen viel het woord 'vlinders' herhaaldelijk, mannen gebruikten dat woord niet. 'Mannen zeiden dingen als: "Ik wist dat ze de ware was toen we een half jaar met elkaar omgingen en ik haar ontzettend miste toen ze een week weg was. Ik merkte dat ik gelukkiger was als zij bij me was en besefte hoe belangrijk ze voor me was." Vrouwen hadden het vaak over chemie en vuurwerk.'

Bij getrouwde mensen vond Amato ook verschillen. 'Vrouwen zijn kritischer over relaties. We hebben mannen en vrouwen geïnterviewd en de mannen zeiden bijvoorbeeld: "Nou, we hebben weleens onenigheid over dit of dat", terwijl de vrouwen zeiden "Hoeveel tijd heb je, waar zal ik eens beginnen?" Mannen zeggen: "Er speelt weleens wat, maar gelukkig hebben we er geen woorden over want zoveel last heb ik er ook weer niet van". Zijn vrouw kan het echter niet loslaten. Misschien komt het door de manier waarop meisjes zich gedragen in het sociale verkeer en de rol die relaties daarin spelen. Ze verwachten diepgaand contact en openhartigheid. Mannen zijn wat ongecompliceerder in relaties en vriendschap. Ze kijken samen naar een film en dan is het goed.'

Ik wist wat hij bedoelde. Eerder die week had een getrouwde vriendin tegen me gezegd: 'Mijn man houdt van mij, ik hou van hem, hij is een goede vader en een fantastisch mens.' Maar nu ze twee peuters hebben, mist ze hoe het tussen hen was toen ze verkering hadden. 'Ik wil een vriend,' zei ze. 'Maar ik wil ook niet opgeven wat ik heb. Dus ik denk dat ik eigenlijk een echtgenoot én een vriend wil!'

Ik vroeg aan Amato of hij dacht dat er een verband was tussen het gestegen echtscheidingspercentage en de waslijst aan eisen die de moderne vrouw aan een partner stelt.

'O, absoluut!' antwoordde hij. 'Er zijn verschillende opvattingen en een daarvan is dat het hogere echtscheidingspercentage een gevolg is van het feit dat onze cultuur individualistischer is geworden en onze verwachtingen van het huwelijk zijn veranderd; het huwelijk is van een praktische in een therapeutische relatie veranderd. Het huwelijk moet ons beter en gelukkiger maken. Het heeft een andere betekenis gekregen. Er zijn ook mensen die zeggen dat het een demografische oorzaak heeft, dat meer vrouwen werken en daardoor financieel niet meer afhankelijk zijn van mannen. Ik geloof zelf meer in de eerste theorie. Dat het samenhangt met irreële verwachtingen.'

Als voorbeeld noemt hij dat steeds meer vrouwen het gevoel schijnen te hebben dat er iets mis is als ze zich soms eenzaam voelen in hun huwelijk. Ze gaan weg, en voelen zich nog eenzamer, of ze trouwen met iemand anders en zijn verbaasd wanneer ze dan weer periodes hebben waarin ze zich eenzaam voelen.

'Maar het ligt niet aan het huwelijk,' zegt hij. 'Eenzaamheid hoort nu eenmaal bij het leven.'

Edna Pollin, de echtscheidingsadvocate uit Denver, vertelde me dat het haar ervaring is dat vrouwen die zich van hun man laten scheiden omdat ze 'meer willen', meestal niet vinden wat ze zoeken. Wat er meestal gebeurt, is dat haar ex-man hertrouwt (met een veel jongere vrouw) en dat de nieuwe vrouw al zijn liefde, gezelschap, financiële ondersteuning en zorg krijgt, terwijl de vrouw die hem verlaten heeft eindigt in een eenkamerflat met een abonnement op de videotheek en geen spoor van de prins op het witte paard. Uiteindelijk dringt het tot haar door wat ze heeft opgegeven, maar zelfs als haar ex-man nog alleen is, heeft ze meestal zoveel schade aangericht dat hij haar niet terug wil.

Scott Haltzman, de psychiater aan de Brown University, vertelde dat er een vrouw bij hem kwam die zei dat ze inzag dat haar man een goede echtgenoot en vader was, dat haar ouders dol op hem waren, dat hij nooit vreemd zou gaan en er goed uitzag, maar dat ze 'het gewoon niet meer voelde'. Ze dacht dat ze gelukkiger zou zijn als ze gescheiden was.

'En dus,' zei Haltzman, 'heb ik tegen haar gezegd: "Stel je nu eens voor dat je gescheiden bent en hem tegenkomt bij een voetbalwedstrijd van jullie kind. En stel je zijn nieuwe vriendin voor die naast hem staat en met een blik vol liefde en adoratie naar hem kijkt." Ze zei: "Oké, ik zie het voor me." Toen vroeg ik haar: "Waarom zou die vrouw zo naar hem kijken?" en toen somde ze ineens alle goede kanten van haar man op die ze over het hoofd had gezien. Je kunt ervoor kiezen om met net zoveel liefde naar zo iemand te kijken. We denken dat onze relatie volmaakt zal zijn omdat *onze partner* daarvoor zal zorgen, maar er zijn twee mensen bij betrokken.'

Daarom zegt Amato dat je goed moet kijken naar de redenen die je denkt te hebben om uit elkaar te gaan of te gaan scheiden.

'Met slechts een paar vragen kun je er vrij snel achter komen wat iemand voor zijn of haar partner voelt,' zegt hij. "Ik hou van hem, maar ik ben niet verliefd op hem", is een heel andere boodschap dan: "Hij is geen goede echtgenoot". In een van zijn onderzoeken bekeek hij stellen die naar eigen zeggen 'goede vrienden' waren geworden. Hij ontdekte dat het er op de langere termijn vooral om gaat dat je conflicten op een vriendschappelijke manier oplost, dat je bij elkaar past en op één lijn zit wat betreft fundamentele waarden en doelen (religie, kinderen, opvoeding).

'Het zijn veelal heel pragmatische factoren waardoor een huwelijk op de lange termijn standhoudt,' zei hij. 'En dat zijn niet de dingen die veel singles opwindend vinden. Maar als ze een duurzaam huwelijk willen, moeten ze zich wel richten op de dingen die daarvoor nodig zijn.'

Amato bevestigde wat zoveel gelukkig getrouwde mensen leken te weten. Waarom had niemand dit soort inzichten met me gedeeld toen ik me als twintiger op het liefdespad begaf? Er waren toen ongetwijfeld wijze mensen in de gemeenschap waar ik toe behoorde die me hadden kunnen inlichten.

Er was nog één 'deskundige' met wie ik wilde praten.

# 23. Een bezoek aan de rabbijn

Die 'deskundige' was de rabbijn bij mij in de buurt.

Hoe meer ik er met deskundigen over had gesproken, hoe meer tot me doordrong dat de moeite die singles tegenwoordig hebben om een partner te vinden ook komt doordat ze zich niet op een betekenisvolle manier verbonden voelen met de gemeenschap waartoe ze behoren. In het verleden kregen jonge mensen bij relatieproblemen advies van familie, buren en geestelijken. Deze 'gemeenschapswijsheid' lijkt tegenwoordig vooral te worden ontleend aan realityseries, praatprogramma's en sms'jes waarin vriendinnen elkaar verslag doen van hun ervaringen met jongens.

Ik vroeg me af wat een rabbijn te zeggen had over zaken als hartstocht, compromissen en partnerkeuze. Ik belde David Wolpe, hoofdrabbijn van de Sinai Temple-synagoge in Los Angeles. Hij is een moderne, getrouwde vijftiger die bekendstaat om zijn wijsheid, en is onlangs door het tijdschrift *Newsweek* uitgeroepen tot beste rabbijn van Amerika. Toen ik hem vertelde dat ik wilde weten hoe hij dacht over relaties, nodigde hij me uit om hem op te komen zoeken in zijn met boeken gevulde werkkamer. Hier volgt een verslag van dat gesprek.

### *Te veel op je gemak*

Ik: Hoe belangrijk is vuurwerk in een huwelijk?

Rabbijn Wolpe: Het is interessant: veel mensen die op zoek zijn naar een partner komen bij me en zeggen:

'Ik wil iemand met wie ik mezelf kan zijn. Iemand bij wie ik me helemaal op mijn gemak voel.' Maar wat mensen in een huwelijk willen, willen ze juist niet als ze op zoek zijn en wisselende relaties hebben. Datzelfde gevoel van gemak en ontspanning wordt gauw iets onwenselijks: 'Je voelt je te veel op je gemak met mij. Je doet geen moeite!' Dus wat wil je? Wil je de opwinding of het gemak? En wat wil je op de lange termijn?

Ik: Wat is volgens u het belangrijkst op de lange termijn?

Rabbijn Wolpe: De belangrijkste factor voor het al of niet slagen van een huwelijk heeft in mijn ervaring niets met vuurwerk te maken, maar met de mate waarin de verwachtingen van de partners overeenkomen. Als ze heel verschillende verwachtingen hebben of een heel andere opvoeding hebben gehad, en het daar niet uitgebreid over hebben gehad, wordt het huwelijk een worsteling. En wat ik ook echt vind is dat vriendelijkheid op de lange termijn een zeer nuttige en onderschatte eigenschap is waar mensen naar op zoek zouden moeten zijn.

### *Uitgaan met een dwerg*

Ik: Ik heb u de lijst laten zien van de dingen waar ik naar op zoek was bij een partner. Als er een 41-jarige vrouw bij u kwam met zo'n lijst, zou u dan zeggen: 'Dit meisje loopt met haar hoofd in de wolken?'

Rabbijn Wolpe: Ja! En ook als ze 31 is.

Ik: 31?

Rabbijn Wolpe: Zelfs als ze 21 is, juist dan, want op die leeftijd word je echt nog verblind door dingen die er niet toe doen. Je kúnt echt met iemand trouwen die een slechte smaak heeft, die kleurenblind is, geen goed van een slecht schilderij kan onderscheiden. Met zo iemand kun je trouwen en gelukkig worden.

Ik: En het lichamelijke dan?

Rabbijn Wolpe: Stel, je ontmoet Robert Reich. Ga je met hem uit? Hij is 1.45m.

Ik: Binnen bepaalde grenzen doe ik niet moeilijk over lichaamslengte, maar 1.45m? Nee, ik denk niet dat ik me aangetrokken kan voelen tot iemand van 1.45m.

Rabbijn Wolpe: Dat begrijp ik wel. Maar denk je niet dat iemand dat zou kunnen veranderen?

Ik: Zou u dat ook tegen een man zeggen? Zou u zeggen: 'Ik ken een vrouw, ze weegt weliswaar 250 pond, maar ze is echt bijzonder. Heb je daar bezwaar tegen?

Rabbijn Wolpe: Ik denk dat het zo werkt: laten we ervan uitgaan dat je een kans van vijftig procent hebt dat je het kunt vinden met een man van 1.70m. Dat is een lengte die je bevalt, vervolgens kan het goed gaan of niet, dat hangt af van wat hij verder te bieden heeft. Aan de andere kant heb je met iemand die kleiner is dan 1.60m denk ik een kans van vijf procent dat het klikt. Maar er is toch een kans. Om nou meteen aan te nemen... ik bedoel, stel dat je een uur doorbrengt met Danny DeVito of Robert Reich en plotseling zeg je, weet je, met hem zou ik de rest van mijn leven kunnen doorbrengen, ook al blijft zijn lengte een punt. Stel je aan de andere kant eens iemand voor die onvriendelijk is. Dan is er *honderd procent* kans dat je niet met hem wilt omgaan. Wat ik wil zeggen is dit: je hebt dingen die absoluut onaanvaardbaar zijn en dingen waar je overheen kunt stappen. En mijn idee is dat karakterkwesties tot de eerste categorie behoren. Danny DeVito's vrouw schijnt heel gelukkig te zijn.

### *Getrouwd met het huwelijk*

Ik: Waar zouden singles volgens u meer aan moeten denken bij het zoeken naar een partner?

Rabbijn Wolpe: Nou, ik denk dat het huwelijk een constructie is, en daarmee bedoel ik dat je op een gegeven moment niet meer alleen maar getrouwd bent met een persoon, je bent ook getrouwd met het huwelijk zelf en alles wat dat inhoudt. De kinderen, het verleden dat je deelt, de vrienden die je samen hebt – je bent getrouwd met het geheel, dus het gaat dan niet zozeer over een individu in een vacuüm, zoals je hebt als je alleen nog maar verkering hebt. Als ik naar mijn vrouw kijk, zie ik niet alleen mijn vrouw. Ik zie ook mijn dochter en het leven dat we samen hebben opgebouwd en de vrienden die we hebben gemaakt en de dingen die we hebben moeten overwinnen om te zijn waar we nu zijn.

Ik: Dus mensen die wachten tot ze exact de juiste man ontmoeten, beseffen dit niet?

Rabbijn Wolpe: Als je geen vaste relatie hebt weet je dat niet. Ik bedoel, zelfs al weet je het theoretisch, dan weet je nog niet hoe het in de praktijk is. Je kunt het vergelijken met mensen die allerlei plannen hebben voor hun kinderen, terwijl ze nog niet eens weten wat voor kinderen ze zullen krijgen. Dat wij een dochter hebben, heeft ons gezin tot een ander gezin gemaakt dan het zou zijn geweest als we een zoon hadden gekregen. Een half jaar nadat mijn dochter was geboren, kreeg mijn vrouw kanker en daarna konden we geen kinderen meer krijgen. Dat hoort allemaal bij de dingen die ons huwelijk gemaakt hebben tot wat het nu is, en je bent er echt niet mee bezig of iemand lang genoeg of mooi genoeg is. Ik denk dat al die dingen die zo belangrijk lijken als je op zoek bent naar een partner naar de achtergrond verschuiven door alles wat je meemaakt als je samen een leven opbouwt.

Ik: Wat vindt u van het idee van zielsverwantschap?

Rabbijn Wolpe: Een prachtig idee om in te geloven als het je overkomt, maar een gevaarlijk idee om in te geloven vóór je degene gevonden hebt met wie je je leven wilt delen. In werkelijkheid zijn er veel mensen met wie we gelukkig zouden kunnen zijn; het is gewoon zo dat je ziel zich met iedereen weer anders zal ontwikkelen.

### *Een einde aan de relatie maken*

Ik: Hoe bedoelt u, dat u ooit een einde hebt gemaakt aan de relatie met uw vrouw?

Rabbijn Wolpe: We zijn een tijdje uit elkaar geweest toen we verkering hadden. Ze was niet zoals ik me voorstelde dat de vrouw van een rabbijn behoorde te zijn. Ze had een paardenboerderij voor we elkaar leerden kennen. Maar ook al had ik een bepaalde rol voor haar in mijn hoofd, de persoon die ze was kwam daarvoor in de plaats. We kwamen weer bij elkaar omdat zij toch degene was met wie ik verder wilde.

Ik: Waar was u naar op zoek?

Rabbijn Wolpe: Ik denk dat ik zou hebben gezegd dat ik een intellectuele partner wilde. Maar dat is zij niet. Ik wilde iemand die van Engelse literatuur houdt. Daar is zij niet dol op, maar dat geeft niet. En omdat ik rabbijn ben, dacht ik dat ik iemand zocht die zich op haar gemak zou voelen in formele situaties. In de eerste jaren van ons huwelijk was het elke keer kommer en kwel als we ergens samen naartoe moesten waar je niet in een spijkerbroek kon verschijnen. Haar moeder riep zelfs uit nadat we kennis hadden gemaakt: 'Je komt voor het eerst thuis met een man die geen Birkenstocks draagt, maar échte schoenen!'

Ik: Dat vind ik opmerkelijk want de huwelijksonderzoekers die ik heb gesproken zeggen dat verschillen in het begin wel leuk kunnen zijn, maar dat een huwelijk tussen mensen van gelijksoortig temperament uiteindelijk beter uitpakt. Hoe verklaart u het dat dat voor uw huwelijk niet opgaat?

Rabbijn Wolpe: We zijn niet bij elkaar vanwege de verschillen maar vanwege de overeenkomsten. Er zijn diepgaande overeenkomsten tussen mijn vrouw en mij. We vinden bijna altijd dezelfde mensen leuk en hebben ook dezelfde antipathieën. We hebben grotendeels dezelfde kijk op de wereld, zowel politiek als religieus. We hebben dezelfde ideeën over de opvoeding van onze dochter.

Dus ik zou zeggen, hoewel we ons daar in het begin misschien niet zo van bewust waren, zijn we op een dieper niveau zeer verwant, en met de dingen waarin we verschilden konden we omgaan, daarin waren we plooibaar. De diepere overeenkomsten waren sterker dan de oppervlakkige verschillen, en de verschillen deden er niet meer zo toe toen we samen ons leven opbouwden. Zij zei: 'Ik wil graag dat je je eigen dingen kunt doen. Vind je het goed om alleen naar al die diners te gaan?' En eerlijk gezegd heb ik daar helemaal geen moeite mee omdat ik toch steeds als rabbijn bezig ben en al die tafeltjes langs moet gaan, dus dat probleem hebben we opgelost. In het begin had ik een vast beeld van hoe de vrouw van een rabbijn moest zijn, maar dat beeld is door de jaren heen veranderd; ik ben flexibeler geworden.

*Wie zet het vuilnis buiten*

Ik: Wat voor Talmoedische wijsheden geeft u een aanstaand bruidspaar mee?

Rabbijn Wolpe: Wat ik meestal vertel is helemaal niet Talmoedisch, het is iets wat ik heb meegemaakt toen ik zelf net getrouwd was en het gaat over het buitenzetten van het vuilnis.

Mijn vrouw vroeg me een keer heel in het begin of ik de vuilnisbak buiten wilde zetten. Ik antwoordde wat ik altijd antwoord als iemand me vraagt iets te doen, namelijk 'Ik doe het zo.' Toen ik het een paar minuten later wilde gaan doen, was het al gebeurd. En woedend dat ik was! Omdat mijn moeder dit ook altijd doet, meende ik te weten dat ze het had gedaan om me een rotgevoel te bezorgen omdat ik het niet meteen had gedaan. Het schokte mijn vrouw dat ik zo kwaad werd, want ze dacht dat ze me er een plezier mee had gedaan. Maar het heeft heel lang geduurd voor ik dat kon geloven. Dit werd een thema in onze relatie.

Ik denk dat veel mensen er grote moeite mee hebben te geloven dat andere mensen anders in elkaar zitten. We beseffen niet dat je een ander moet leren kennen op de manier waarop je je ook in een onderwerp verdiept. Je kunt niet alles op je gevoel doen. Je moet echt luisteren naar wat iemand zegt en geloven dat het waar is wat ze over hun eigen functioneren zeggen. Dat druist in tegen onze intuïtie, waar we ons in ons gevoel over andere mensen altijd graag door laten leiden, maar waarmee je enorm de fout in kunt gaan. Je gevoel is namelijk gebaseerd op ervaringen met de mensen die je kent, maar deze nieuwe persoon is je moeder, je ex-vriendin of je zusje niet.

Daarom zeg ik altijd tegen jonge koppels dat ze zich erop moeten instellen dat de ander anders zal reageren dan ze gewend zijn van de familie waarin ze zijn opgegroeid, en dat ze dat moeten respecteren, en naar elkaar moeten luisteren. Als je vluchtige relaties hebt, loopt het vaak stuk op dit soort dingen omdat je niet de tijd neemt elkaar goed te leren kennen. Je wijst de ander af zonder hem of haar werkelijk te begrijpen – en dan vraag je je af waarom het nooit iets wordt en je nog steeds single bent.

### *Wat dit te maken heeft met Sheldon2*

De rabbijn had gelijk toen hij zei dat we mensen niet moeten afwijzen zonder hen te begrijpen. Toen we de derde keer met elkaar uitgingen, droeg Sheldon2 een vlinderdas. Naar de bioscoop! Het was niet eens dezelfde vlinderdas die hij op zijn internetfoto droeg. Dit was een grijs-wit geblokt exemplaar. Hoeveel van die dassen zou hij in de kast hebben liggen?

'Ik had me iets netter aan moeten kleden, geloof ik,' grapte ik toen ik opendeed en zijn vlinderdas zag. Hij lachte en vertelde me dat hij dol is op vlinderdassen, ook al weet hij dat ze niet erg gangbaar zijn. Toen legde hij uit hoe het zo gekomen was.

Toen Sheldon2 nog klein was, droeg zijn opa altijd een vlinderdas en zijn opa was zijn grootste kameraad. Op een dag zei hij tegen hem: 'Als ik later groot ben wil ik zijn zoals jij!'

'Wil je ook tandarts worden?' had zijn opa gevraagd, waarop Sheldon2 antwoordde: 'Nee, ik wil ook een vlinderdas dragen!' Dat werd een grap in de familie. Toen zijn opa twintig jaar later overleed, erfde Sheldon2 al zijn vlinderdassen – zijn opa was het dus niet vergeten! Sheldon2 draagt dus graag een vlinderdas omdat hem dat aan zijn geliefde grootvader herinnert.

Dit vond ik zo'n aandoenlijk verhaal dat het hem nog dierbaarder maakte. En dan te bedenken dat ik hem haast niet had gemaild omdat ik dacht: Welke malloot draagt er nu een roze, geblokte vlinderdas?

Toen ik de werkkamer van de rabbijn verliet, vond ik dat ik voorlopig genoeg vragen had gesteld. Alles wat me gedurende de afgelopen paar maanden verteld was over relaties – door de rabbijn, door wetenschappers, huwelijksonderzoekers, datingdeskundigen en huwelijksmakelaars – bleek hout te snijden, niet alleen voor mijzelf, maar ook voor de vrouwen die ik gesproken had.

Dus terwijl Sheldon2 en ik elkaar regelmatig zagen, vroeg ik een paar vrouwen om mij over hun ervaringen te vertellen.

# 24. Het verhaal van Claire – Hoe ik mezelf overwon

*Claire was zo'n vrouw die alles leek te hebben, behalve de juiste partner. Ze had aan vriendjes geen gebrek, maar was niet in staat een man te vinden met wie ze haar leven wilde delen. Toen veranderde er iets – zijzelf. Dit is haar verhaal.*

Toen ik nog single was, kreeg ik altijd van iedereen te horen dat ik zo slim was en zo aantrekkelijk, dus ik begreep niet hoe het kwam dat het met de liefde maar niet wilde lukken. Ik had altijd vriendjes gehad, maar terugkijkend moet ik zeggen dat dat geen jongens waren met wie ik nu zou willen trouwen. Ik viel op aantrekkelijke jongens, je weet wel: blond haar, blauwe ogen of het klassieke donkere, knappe type. Het gaf me een goed gevoel om met zo iemand over straat te lopen. Mijn vriendjes waren altijd heel intelligent en geestig. Ik ben zelf extravert en de mannen met wie ik omging moesten ook spontaan zijn.

Het werd echter nooit iets. De een dronk te veel, de ander was één bonk zenuwen en zorgde niet goed voor zichzelf. Ik had een vriend die het uitmaakte omdat hij me veeleisend vond, terwijl ik alleen maar wilde dat hij betrouwbaar en eerlijk was, en dat noem ik niet veeleisend. Mijn laatste vriend wilde geen kinderen. Toen ik hem leerde kennen zei hij dat hij ze misschien wilde, maar het woord 'misschien' had ik niet willen horen.

Ik heb veel aan internetdaten gedaan, maar ik was kieskeurig. Ik schreef mannen onmiddellijk af als ze te veel praatten of snurkgeluiden maakten als ze lachten. Daar kan ik echt niet mee leven, dacht ik dan.

Toen ik jong was, dacht ik dat ik de man van mijn leven gewoon in de supermarkt zou tegenkomen. Ik zou een blik erwtjes laten vallen en dat zou hij voor mij oprapen. En dan leefden we nog lang en gelukkig. Je groeit op met fantasieën over lange, donkere, knappe mannen en dat prototype blijf je onbewust voor ogen houden, en dat vertroebelt je zicht.

### *Wat hij niet was*

Ik leerde Chris, mijn man, kennen via internet toen ik 38 was en hij 45. Ik wilde graag trouwen. Ik maakte me zorgen dat ik geen kinderen zou krijgen, maar ik wilde ook de juiste partner vinden. Zijn profiel sprak me aan. Zijn foto's waren leuk, maar foto's op datingsites zeggen niet zoveel.

Toen ik voor het eerst met Chris had afgesproken – we dronken koffie en zaten een tijdje met elkaar te praten – vond ik hem erg aardig. Maar hoewel ik hem aantrekkelijk vond, was hij niet het soort man waar ik normaal mee uitging. Hij is niet zo lang, 1.70m, en had niet zoveel haar op zijn hoofd. Hij was niet het snelle type waar ik meestal op viel. Hij deed ook niet plagerig tegen me, iets wat ik met andere vriendjes altijd opwindend had gevonden. Soms struikelde hij over zijn woorden. Hij was gewoon heel anders dan de mannen die mijn hart sneller hadden doen kloppen in het verleden. Dus ik dacht niet: met deze man ga ik trouwen. Ik dacht alleen: wat een leuke man. Het enige wat ik erover kan zeggen is dat ik me veilig bij hem voelde. Ik had het gevoel dat ik hem kon vertrouwen.

Ik ging een paar keer met hem uit, maar als ik dan weer thuis was belde ik mijn vriendinnen en zei ik dat hij te mager was, of niet ambitieus genoeg (omdat hij al jaren dezelfde baan had en nooit opslag had gekregen). Hij komt uit een dorp en doet alles heel rustig, en ik dacht: dit slaat nergens op, ik ben een stadsmens. Het wordt niks. Toch was er geen man bij wie ik me ooit zo lekker had gevoeld. We gingen in totaal een jaar met elkaar om, en na vijf maanden viel ik echt voor hem. Maar ik hield mijn bedenkingen. Op mijn verjaardag kwam hij langs met ballonnen, maar het enige wat ik dacht toen ik hem zag was dat hij te mager was.

Ik weet dat het vreselijk klinkt, maar op mijn werk had ik dagelijks te maken met mannen die veel geld verdienden en stijlvolle pakken droegen. Ik werd omringd door knappe, charmante, geslaagde mannen, maar met dat type was ik al uit geweest en met Chris voelde het heel anders. Het dagelijkse contact was zo goed met hem – we hadden lol in de supermarkt, gingen samen kajakken, hij was altijd heel respectvol. Maar liefde moest opwindend zijn, vond ik, en dat was met Chris heel anders. Ik had me altijd iets anders, iets spannenders voorgesteld als ik dacht aan de man met wie ik zou trouwen.

Er waren nog andere dingen die me dwarszaten. Ik vroeg me af wat er met hem aan de hand was dat hij, een man van in de veertig, nog steeds single was. Hij had duidelijk geen bindingsangst, hij wilde echt trouwen, maar het leek hem niet te lukken. Later kwam ik erachter dat hij een paar keer gekwetst was door vriendinnen die hem de bons hadden gegeven, en dat hij tijd nodig had om daar overheen te komen. Maar indertijd kwam de vraag in me op waarom ik wel met hem zou willen omgaan, terwijl andere vrouwen dat kennelijk niet wilden. Daar kwam nog bij dat ik nogal snel ben met alles en hij informatie langzamer in zich opneemt. Wel merkte ik op dat hij met weinig woorden iets heel diepzinnigs kon zeggen. Het heerlijke aan hem vond ik dat hij met beide benen op de grond stond. Hij heeft iets heel rustgevends, hij is gewoon echt een goeie man.

Maar toch vond ik hem de ene keer wel en de andere keer toch weer niet aantrekkelijk, en al die twijfel gaf me het gevoel dat hij niet de juiste man voor mij was.

*Veertig en in de war*

Op mijn negenendertigste maakte ik het uit. Ik dacht: ik doe geen concessies alleen maar omdat de biologische klok me parten speelt. Ik zei tegen Chris dat het niets werd tussen ons. Daarna kwam ik een heel knappe man tegen tot wie ik me intens voelde aangetrokken, ik werd erdoor verblind. Het was een gladde jongen, hij wist precies hoe hij mij moest verleiden. Hij woonde in een geweldige flat-met-portier aan de Upper West Side. Hij imponeerde me. Maar hij wilde geen kinderen en het klikte met hem niet zoals het met Chris klikte. Chris gaat er niet meteen op in als ik ruzie begin te maken. Hij wacht even af, hij kent me zo goed. Hij wilde graag weer met mij, en zo is het gegaan.

Ik was inmiddels 40 en eenzaam en ik had genoeg van al dat uitgaan. Het was me eigenlijk niet duidelijk waarom ik het had uitgemaakt met Chris en ik had me lichamelijk graag meer tot hem aangetrokken gevoeld. Het is erg verwarrend als iemand zoveel van je houdt, en jij nog niet zo ver bent. Toen we elkaar weer zagen, was hij dikker geworden en ik dacht: zo vind ik hem niet aantrekkelijk. Eerst stond het me tegen dat hij te mager was en nu stond het me tegen dat hij dikker was! Maar ik wist dat Chris alles voor me zou doen en dat ik niet naar die andere stemmen in mezelf moest luisteren, stemmen die me heel oppervlakkig voorkwamen. Ik zag vrouwen ouder dan ik die nog single waren en steeds andere vriendjes hadden en dacht: zo wil ik niet worden.

*De statusman*

Na een half jaar had ik nog steeds gemengde gevoelens en ik zocht overal bevestiging. Ik las boeken, praatte met vriendinnen. Een vriendin die geen relatie had vroeg aan mij of ik zeker wist dat ik van hem hield. Zij versterkte mijn twijfels, maar ik denk dat ze dat deed omdat ze anders de laatste zou zijn uit onze vriendenkring die nog alleen was. Gedeelde smart is halve smart, nietwaar? Mijn getrouwde vrienden zeiden altijd dat ze Chris graag mochten. Ze vonden hem aardig, nuchter en liefdevol.

Maar ik was zo in de war, ik hield het haast niet meer uit!

Ik weet nog dat ik in die tijd op een feestje een heel mooie vrouw ontmoette. Ze stelde me voor aan haar man die 1.60m bleek te zijn. Ik had durven wedden dat ze een heel ander soort man zou hebben. Later raakten we bevriend en toen we het een keer over mannen hadden, zei ze: 'Ik had niet verwacht dat ik met een man zou trouwen die acht centimeter kleiner is dan ik, maar ik hou van hem.' Zo eenvoudig was het.

Toen dacht ik: ik moet dat beeld van de 'statusman' van me afzetten, want het is heel narcistisch om daar zo aan vast te houden.

### *Romantiek op een dieper niveau*

Chris is erg zorgzaam, hij is heel lief, en daardoor ben ik ondanks alle verwarring bij hem gebleven. Ik ben dol op skiën, en hij is het ook gaan leren zodat we dat samen kunnen doen. Hij is romantisch, maar op een heel andere manier dan ik gewend was. Met Chris zijn de simpele dagelijkse dingen romantisch, niet de dingen waar je hart van op hol slaat. Hij zegt bijvoorbeeld: 'Kom, we gaan samen naar de maan kijken,' en neemt mijn hand in de zijne. Ik word wakker en hij heeft een ontbijt met eieren voor me gemaakt en de krant gehaald, dat heeft hij dan allemaal al gedaan. Dat vind ik zo attent – en dat blijft je hele leven voortduren.

Niet dat je geen hartstocht nodig hebt in het leven, maar die krijg ik ook, alleen op een wat ingetogener manier. Toen we een keer samen gingen joggen, heeft hij bloemen voor me geplukt en in een vaas in onze kamer gezet. Hij heeft veel vrouwelijke kanten waar ik vroeger op neer had gekeken maar die ik heb leren waarderen. En de seks is goed. Het gaat er niet om hoe aantrekkelijk ik hem vind vergeleken bij mijn vroegere vriendjes, want eerlijk is eerlijk: zo aantrekkelijk zal ik hem nooit vinden. Maar in plaats van me te richten op de dingen die ik níét aantrekkelijk aan hem vind, denk ik aan zijn prachtige blauwe ogen en richt ik me daar op.

Toen ik op een avond in de badkamer mijn tanden stond te poetsen en een blik in de slaapkamer wierp, zag ik dat hij op mijn plek in bed was gaan liggen. Op mijn vraag of we van plaats gingen ruilen, zei hij: 'Nee, ik maak jouw kant van het bed warm voor je.' Hij weet dat ik het altijd koud heb als ik net in bed lig. Toen drong het tot me door dat hij dat op andere avonden ook had gedaan, zonder het me te zeggen. Hij is geen miljonair, maar zoiets is voor mij een miljoen waard.

En dan zijn er ook al die andere dingen die hij inbrengt in onze relatie en die niets met geld te maken hebben: hij haalt de kinderen van school en wil het gezinsleven echt samen doen. Hij is dol op kinderen. Toen we elkaar net kenden, leerde hij achtergestelde kinderen lezen en deed hij vrijwilligerswerk bij een dierenasiel. Ik verdien nog steeds twee keer zoveel als hij en als alles helemaal naar mijn zin was, zou ik dan een man willen die net zoveel verdient als ik? Ja. Maar ik krijg van Chris heel veel andere dingen die mijn vroegere, rijkere vriendjes me niet gaven.

Een jaar nadat we de draad weer hadden opgepakt, zijn we getrouwd. Ik vind het jammer dat ik al die tijd verspild heb met dat getwijfel of hij wel de ware was. Ik wilde anders 'voelen', maar deze keer heb ik met mijn hoofd een beslissing genomen en is mijn hart gevolgd. Ik dacht: laat ik maar in het diepe springen, misschien blijkt het water wel warm en lekker te zijn, en dat was zo! Het heeft een tijd geduurd voor ik verliefd werd op Chris, maar ik ben nu helemaal verkocht. Als ik twijfelde, zeiden mensen tegen me: 'Stel jezelf de vraag waarom je nog steeds met hem bent als het niet goed zit.'

Ik heb niet alles gekregen wat ik wilde, maar het voelt helemaal niet als een compromis. Mijn man is integer en begaan met zijn gezin en met de wereld om hem heen. Hij is mild, milder dan ik, ik kan veel van hem leren. Mochten we ooit problemen krijgen, dan zou hij in therapie gaan, naar workshops, hij staat open voor de mogelijkheden die het leven biedt. Dit zijn karakterkwesties. Ik heb een anker en dat stelt me in staat mijn leven te leven in plaats van te wachten tot er iets gebeurt. Hij is degene met wie ik elke dag weer het liefst wil praten. En dat is belangrijker dan gedachten als: ik wil een behaarde borst, meer humor, ik wil een man die van honden houdt.

## 25. Het verhaal van Alexandra – De ware stond voor mijn neus

*Alexandra's verhaal sprak me bijzonder aan omdat het laat zien dat we soms op zoek zijn naar iets wat er al die tijd al was. Dit is haar verhaal.*

Je kunt het geloven of niet, maar ik leerde mijn man kennen via degene met wie ik indertijd verkering had – ze waren huisgenoten. John, mijn vriend, had Kevin tijdelijk onderdak geboden omdat hij in scheiding lag. Ik was 33 en ging al meer dan twee jaar met John; soms gingen we met zijn drieën uit. Maar ik zag Kevin altijd alleen maar als Johns huisgenoot. Hij was absoluut niet mijn type. Ik zag hem zelfs helemaal niet staan. Ik viel op atletische mannen en Kevin had geen conditie. Hij was niet ambitieus. Je kon minder lol met hem hebben. John daarentegen was het voor mij helemaal. We hadden het gevoel dat het op zielsniveau klikte tussen ons. We waren even optimistisch over het leven, hadden hetzelfde gevoel voor humor. Dat John emotioneel soms onbereikbaar was, nam ik op de koop toe.

John werkte zoveel dat ik steeds vaker met Kevin in gesprek raakte als ik belde. Gedurende onze hele relatie nam Kevin het altijd op voor John en ik moet bekennen dat ik weliswaar veel klaagde, maar in feite alles altijd goedpraatte. Hij was nu eenmaal mijn idee van de ware, dus rationaliseerde ik alles wat niet in dat plaatje paste.

Het duurde niet lang voordat Kevin zijn leven weer op orde had en zijn eigen woning betrok, en inmiddels waren we goed bevriend geraakt. We belden elkaar en bespraken alles, zoals ik ook met vriendinnen deed. Ook al hadden we niet dezelfde interesses, we konden het overal over hebben en elk gesprek was leuk. Ik vond het heerlijk om elke dag met Kevin te kletsen, maar was 'verliefd' op John.

John zei altijd dat hij meer tijd vrij zou maken, maar daarin was hij volkomen onbetrouwbaar. Wat voor mij de deur dicht deed was toen John en ik samen uit zouden gaan en hij Kevin had meegenomen omdat hij nog moest werken en maar even kon blijven. Ik was ontzettend kwaad dat hij me zo liet zitten en Kevin was heel lief en begripvol. Die avond praatte hij Johns gedrag niet goed. Ik weet zeker dat John Kevin nooit als een bedreiging zag, omdat Kevin niet zoveel charme heeft als John. Hij was een 'veilige' beste vriend. En dat was hij ook – ik dacht niet aan Kevin op een romantische manier. Hij was bij uitstek een man om mee bevriend te zijn.

### *Hij is als een broer*

Na die avond maakte ik het uit met John. We waren inmiddels drie jaar samen. Ik was er kapot van, maar de relatie had geen toekomst. John wilde niet dat we uit elkaar gingen en smeekte me om terug te komen, wat ik deed, voor een paar weken. Maar toen besefte ik dat zijn beloften nooit in daden werden omgezet. Hij deed niet wat hij zei. John zei altijd de dingen die hij moest zeggen om de relatie weer goed te krijgen. Ik zei tegen hem dat het niet ging en toen kwam hij natuurlijk met de romantische uitspraken die ik wilde horen.

Hij zei wel: 'Later kijken we hierop terug...' Hij deed echter nooit bindende uitspraken als: 'Ik wil met je trouwen en de rest van mijn leven met jou doorbrengen.' Ik heb me niet meer laten overhalen. Ik was intens verdrietig, maar ik wist dat ik er een punt achter moest zetten. Het idiote was: ik had nog steeds het gevoel dat hij mijn soulmate was! Alleen dacht ik dat mijn soulmate mij niet wilde. Nu weet ik dat hij niet de juiste man voor mij was, maar ik was er toen erg verdrietig over.

Ik voelde me miserabel en Kevin en ik spraken elkaar elke dag. 'Hé, liefje, hoe gaat het vandaag?' zei hij dan en vaak namen hij en zijn vrienden me op sleeptouw om me op te vrolijken. We gingen bijvoorbeeld dansen met zijn allen. Ik was inmiddels 34. Kevin was weer op zoek na zijn scheiding. We logden samen in op eHarmony.com terwijl we elkaar aan de telefoon hadden en vulden samen onze profielen in. We klikten allebei iemand aan en bespraken of hij of zij iets voor ons zou zijn. We hadden erg veel plezier samen. Ik zag er nooit uit als hij er was, het kwam niet in me op moeite te doen om er leuk uit te zien, het contact met Kevin had voor mij nooit iets romantisch. Al onze vrienden vonden dat we iets moesten beginnen samen, maar zowel voor hem als voor mij was dat net zoiets als uitgaan met je broer of je zus.

### *Het verkeerde ideaal najagen*

Op een avond had hij wat mensen uitgenodigd. Toen iedereen weg was ben ik nog even gebleven en op een gegeven moment zaten we een beetje te vrijen. Ik weet nog dat ik verbaasd was en dacht: wat is dit raar, maar het voelt wel goed.

We praatten erover en vonden allebei dat er een risico was dat het slecht zou aflopen omdat we zo goed bevriend waren. Dus besloten we er niet mee door te gaan. Maar tegelijkertijd merkte ik dat ik niet meer terug kon naar een gewone vriendschap, want ik voelde me ineens enorm tot hem aangetrokken! Er was een seksuele spanning ontstaan die het voor ons allebei moeilijk maakte om met elkaar om te gaan. Toen hebben we gezegd: laten we maar kijken of het wat wordt.

Het klinkt nu heel onnozel, maar zo is het begonnen tussen ons, twee jaar nadat we elkaar hadden leren kennen en geen interesse in elkaar hadden. Na al die avonden dat we met meerdere mensen uit waren geweest en al die keren dat we als vrienden samen op de bank hadden gehangen, was er een vonk overgesprongen. We wisten dat we over de belangrijke dingen hetzelfde dachten en besloten te kijken of de vonk een vuurtje zou kunnen worden en dat bleek al snel het geval te zijn.

Het gekke was dat er, afgezien van de seks, die goed was, weinig veranderde. We lieten iets meer van onszelf zien, stelden ons kwetsbaarder op. Maar in feite hadden we al twee jaar een platonische relatie, zonder ons daarvan bewust te zijn geweest. In vroeger tijden hadden we in zo'n periode de voorbode van verkering herkend, maar omdat we zelf helemaal geen romantische bijgedachten hadden gehad, zat er ook geen druk achter. We waren gewoon onszelf geweest. Doordat we al die tijd bevriend waren geweest, wist ik hoe hij met andere mensen omging. Ik had hem met vriendinnen gezien. Ik had hem geholpen kleren uit te kiezen. Ik wist op welke punten hij onzeker was met andere vrouwen, en ik wist wat hij leuk vond. Ik kende zijn uitvluchten. En dat was wederzijds. We waren onszelf, zonder pretenties. En we werden verliefd op elkaar.

Als ik Kevin vanaf het begin als een potentiële partner had gezien, denk ik dat ik veel kritiek had gehad: hij is te weinig dit, heeft te weinig dat. Maar dan was ik niet tot zijn kern doorgedrongen, tot datgene waar ik verliefd op werd. Aanvankelijk kon ik me hem niet als minnaar voorstellen omdat hij lichamelijk niet mijn type was. Bovendien was hij niet vrolijk en onderhoudend, zoals de mannen met wie ik uitging altijd waren. Hij kon korzelig overkomen en dan dacht ik: o, daar gaan we weer. Toen ik hem echter beter leerde kennen, begreep ik dat hij een zachte, kwetsbare kant had die hij moest beschermen.

Het is een geluk geweest dat we door de vriendschap kanten van elkaar gezien hebben die we niet ontdekt hadden als we meteen iets met elkaar begonnen waren, met alle overwegingen van dien ('Is dit iemand met wie ik zou kunnen trouwen?'). Dan had ik hem vergeleken met mannen als John, mannen die ik voor 'mijn type' hield. Dat was het ideaal dat ik najaagde. Uiteindelijk ben ik erachter gekomen dat wat ik voor mijn ideaal aanzag eigenlijk niet goed voor mij was.

### *De juiste balans*

Kevin en ik hebben een relatie die romantisch is in de ware zin van het woord. Kevin is erg zorgzaam. Hij kookt en doet de was. Omdat hij wist dat ik er last van had, heeft hij een auto verkocht die een financiële belasting was geworden. Hij zei: 'We zijn binnenkort twee jaar samen en ik wil de dingen goed doen.' Hij bedankte me zelfs dat ik hem ermee had geholpen, ook al zou hij die auto missen! Door de vriendschap hebben we veel respect voor elkaar gekregen, we zien elkaar als individu en daardoor blijft de relatie levendig.

Kevin is voor mij wat John nooit was: hij is stevig en betrouwbaar, iemand die er altijd voor je is. In het leven dat we samen hebben opgebouwd is hij geen toeschouwer maar een deelnemer. We leven met elkaar mee, we delen onze gedachten en alles wat we meemaken. Als we een meningsverschil hebben, is dat bespreekbaar. We gaan er altijd van uit dat het kan worden opgelost. Kevin heeft veel inzicht in wat de ander beweegt. Als we ons allebei te veel opwinden over iets, besluiten we het op een ander moment uit te praten, als we wat rustiger zijn. Hij is volwassen zonder neerbuigend te zijn en hij is heel betrokken zonder dat het benauwend is. Alles is goed in balans.

Naarmate ons huwelijk zich verder ontwikkelt, gaan veel dingen die ik altijd gewild heb een voor een in vervulling. Misschien doordat er geen verwachtingen waren, accepteren we elkaar zoals we zijn en is er wederzijds respect – dingen die ik niet verwachtte te zullen vinden in een partner, maar die we nu op wonderbaarlijke wijze ervaren. Misschien heb ik geluk gehad, maar ik moet ook denken aan verhalen die ik gehoord heb over gearrangeerde huwelijken die zakelijk beginnen maar in liefde uitmonden. Ons huwelijk is geslaagd doordat het niet gebaseerd is op een onbereikbare fantasie maar op het besef dat liefde niet vanzelf komt, maar dat je haar creëert.

# 26. Het verhaal van Hilary – Vinden wat je nodig hebt

*Hilary had geen datingcoach nodig om behoeften van wensen te kunnen onderscheiden. Ze was slim genoeg om dat zelf uit te zoeken. Dit is haar verhaal.*

Toen ik Rob tegenkwam, was ik aan het eind gekomen van een relatie die ruim een jaar had geduurd. Mijn ex en ik waren allebei 'yogamensen' en hadden veel gemeen, maar de relatie was slecht. Hij was niet aardig voor me, er deugde nooit iets aan mij. Uiteindelijk heb ik er een punt achter gezet.

Ik was 31 en wilde weer terug naar school om fysiotherapeute te worden. Ik deed de voorbereidende opleiding en Rob en ik volgden hetzelfde natuurkundepracticum. Ik vond hem leuk, maar hij was niet ad rem, het 'flitste' niet tussen ons. Ik was niet weg van zijn bakkebaarden, hij leek op iemand uit een soort kliek of clan, en in elk geval niet iemand uit de sociale laag waarin ik me bewoog. Ik flirtte met andere mannen en we namen elkaar in de maling. Daar genoot ik van, van dat praten en plagen. Dat had ik niet met Rob, maar we gingen wel leuk met elkaar om tijdens het practicum.

Op een dag deelde ik foldertjes uit in de klas voor een dansvoorstelling die ik zou geven. Rob was zichtbaar verheugd dat ik hem er ook een gaf, en ik dacht: o, als ik hem maar geen valse hoop geef! Maar van alle mensen die ik had uitgenodigd voor de voorstelling en die hadden gezegd dat ze zouden komen, was Rob de enige die kwam opdagen! De gedachte kwam in me op dat ik misschien wel iemand wil die komt opdagen. Na alle mannen met wie ik iets gehad heb die niet belden ook al hadden ze dat gezegd, deed Rob ineens wel wat hij had beloofd. Hij deed echt moeite.

Tijdens het feestje na afloop leerde ik hem wat beter kennen. Hij bleek piloot te zijn en dat vond ik wel opwindend. Aan het eind van de avond vertelde hij me zijn leeftijd. Hij was pas 26. Hij vroeg mijn telefoonnummer en ik zei dat hij waarschijnlijk ook wilde weten hoe oud ík was. Toen ik het hem verteld had zei hij: 'Nou en? Dat kan me niets schelen.'

Hij belde de volgende dag en zei: 'Ik had een geweldige avond, ga jij nog naar de herhalingsles?' Ik zei dat ik ging, en toen hij ook kwam, vroeg ik of hij aan ons tafeltje kwam zitten.

*Misschien is hij leuk voor een avontuurtje...*

Het leek me leuk om een avontuurtje met hem te hebben in de kerstvakantie, als hij tenminste zijn bakkebaarden af zou scheren. Maar naarmate ik hem beter leerde kennen, ging ik hem steeds meer waarderen. Hij was ontzettend aardig en gul. Die gulheid van geest had ik gemist in de mannen met wie ik omging. Ik zag nog steeds geen partner in hem, maar hij leek me volwassen genoeg voor een avontuurtje. Al mijn vrienden waren inmiddels getrouwd en hadden kinderen, en ik had niets te doen in de vakantie. Ik vond het vreselijk om alleen te zijn. Jarenlang was ik uit volle overtuiging een vrije meid geweest, maar nu begon het me de keel uit te hangen. Ik vond het geen enkel punt om in mijn eentje naar de film of naar een bar te gaan, maar verlangde ook naar de aandacht van een man.

Vandaar dat Rob en ik elkaar veel zagen in de kerstvakantie en ik raakte enorm onder de indruk van hem. We gingen een paar keer uit met een groep vrienden en op een avond belandden we in bed. Hij was wel erg enthousiast, dat baarde me een beetje zorgen. Ik wilde hem niet te veel aanmoedigen. Een paar dagen later, op oudejaarsdag, liet mijn ex-vriend ineens weten dat hij me wilde zien. Natuurlijk ging ik, ook al wist ik dat ik me niet met hem moest inlaten, maar hij had zoveel eigenschappen die een man naar mijn idee moest hebben en die Rob niet had.

Maar toen ik Rob daarna zag, vond ik het weer zo fijn om met hem om te gaan. We gingen schaatsen en toen we bij de friettent in de rij stonden, drukte hij mijn hand tegen zijn rug en om de een of andere reden gaf me dat een heerlijk gevoel.

### *Twijfel aan jezelf*

Maar ik had geen vlinders in mijn buik. Die nerveuze, opgewonden energie en de fantasieën over de rol die je in elkaars leven zou kunnen spelen – die had ik met al mijn ongeschikte vriendjes gehad, maar met Rob had ik dat allemaal niet. Hij had zijn bakkebaarden afgeschoren nadat ik hem in het begin had gezegd dat ik daar niet van hield, maar dat er weinig chemie was tussen ons had meer met de hele sfeer te maken. Hij was gewoon minder 'cool' dan de jongens met wie ik het daarvoor altijd aanlegde.

Rob en ik bleven met elkaar omgaan, hoofdzakelijk omdat ik hem zo graag om me heen had. Elke keer als ik me voornam er een punt achter te zetten omdat hij niet had wat ik zocht in een echtgenoot, werd ik helemaal verdrietig bij de gedachte hem niet meer te zullen zien. Twee jaar lang was ik in dubio over hem. Ik begon aan mijn intuïtie te twijfelen omdat andere mensen wisten dat de yogaman een slechte keus was en ik me in hem vergist had. Stel dat ik me in Rob ook vergiste?

Dat mijn vrienden en zelfs mijn familie Rob niet goed genoeg voor mij vonden, hielp ook niet. Mijn zusje vond hem te jong, en een beetje saai. Hij was rustig en zij dacht dat hij niks te zeggen had. Mijn moeder zei: 'Hij is niet erg opwindend en jij bent zo'n heftige meid, Hilary.' Dat raakte me nogal omdat ik daar zelf ook onzeker over was. Ik verborg hem en nam hem niet mee naar familiebijeenkomsten. Anderen zeiden ook dat ze zich een heel charismatische man bij mij voorstelden. Ik ben erg extravert en ben er altijd van uitgegaan dat mijn partner dat ook zou zijn. Rob was rustig en niet zo getapt. Als ik met hem alleen was, bevredigde hij mijn behoefte aan aanspraak en gekkigheid, maar als we onder de mensen kwamen vergeleek ik hem met de vriendjes van anderen en vond ik dat ik iemand moest zoeken die meer met hen gemeen had. Thuisgekomen was ik dan weer helemaal gelukkig met Rob en zag ik mijn vroegere vriendjes voor me, die in allerlei opzichten niet aan Rob konden tippen.

Er gaapte een kloof tussen wat ik nodig had en wat mijn beeld was van de man die ik naast me wilde hebben.

### *Hij praatte over raceauto's*

Ik ging door met Rob, tegelijkertijd speelde in mijn achterhoofd de gedachte dat ik hem zou verlaten als ik iets beters zou tegenkomen. Maar ik was elke dag weer zo blij met hem. Hij gaf echt om zijn vrienden en om de mijne, en toonde dat met allerlei attente gebaren. Ik deelde zijn normen en waarden, maar zag hem nooit als een soulmate. Ik weet nog dat ik dacht dat hij een geweldige levenspartner zou kunnen zijn, iemand met wie ik een gelukkig leven, en kinderen zou kunnen hebben. Hij is communicatief en bereid water bij de wijn te doen, we hebben niet alleen dezelfde ideeën over politiek en kunst, maar passen ook in huiselijk opzicht goed bij elkaar. Alleen hebben we totaal verschillende interesses. Ik geef niets om auto's en hij doet niets liever dan raceauto's repareren. Ik ben danseres en ga graag uit dansen, en hij danst helemaal niet.

Ik zat ermee dat zijn verhalen me niet konden boeien. Als hij mij vroeg hoe mijn dag was geweest, ging hij in op wat ik vertelde en maakte er grapjes over. Hij leek echt geïnteresseerd, en ook al was hij dat misschien niet, hij kon in elk geval goed luisteren. Maar als ik hem iets vroeg over auto's en hij maar doorging met technische verhalen over een bepaald soort motor, kon ik daar geen enkele interesse voor opbrengen! Ik zou daar geen jaren naar kunnen luisteren, dacht ik.

Na twee jaar heb ik het bijna uitgemaakt. Ik had mijn opleiding fysiotherapie afgerond en het was tijd om te solliciteren naar een stageplaats. Rob wilde naar de andere kant van het land, naar San Francisco, omdat zijn familie daar woont. Ik wist niet zeker of ík dat wel wilde. Het leek me een enorme stap en het zou ons ook wel erg aan elkaar binden. Mijn onzekerheid hierover gaf me het gevoel dat we niet met elkaar verder moesten gaan. Maar toen we op een zondagochtend zaten te ontbijten en we samen weer zoveel plezier hadden, probeerde ik me voor te stellen dat ik het uit zou maken en drong het tot me door dat ik dat niet kon.

### *Hoe belangrijk zijn vlinders?*

Ik was 34 toen we trouwden. Aanvankelijk was het begrip 'soulmate' naar mijn gevoel op ons niet van toepassing, althans niet zoals ik me dat altijd had voorgesteld. Nu denk ik dat we in wezen wel soulmates zijn, omdat we elkaar intuïtief begrijpen. Vroeger dacht ik: hij is geen kunstenaar en ik hou van kunstzinnige mannen, maar toen besefte ik dat hij wel degelijk creatief is, alleen op een andere manier. Ik dacht altijd dat ik een man wilde die op de klassieke manier kunstzinnig is, maar Rob heeft een kunstzinnige geest.

In ons huidige leven praten we veel over het werk en over onderwerpen die met het gezin te maken hebben en het dagelijks leven. Dat we verschillende hobby's hebben is niet meer zo belangrijk. We zijn allebei op de toekomst gericht en op het huis en de kinderen.

Voor we ons verloofden was ik bang dat mijn keuze voor Rob een compromis zou zijn. Ik wist zeker dat ik hem als levenspartner wilde, maar ik moest mijn idee over vlinders herzien. Ik begon in te zien hoe geweldig hij eigenlijk was en had het gevoel dat er iets heel bijzonders en dieps tussen ons was ontstaan. Hij heeft iets heel stevigs en ik wist dat hij me bij zou staan bij alles wat me in het leven zou overkomen en dat ik altijd op hem zou kunnen rekenen. En dat is iets heel anders dan: o god, zou hij me nog wel bellen?

Nu we getrouwd zijn ben ik heel gelukkig met Rob. Hij heeft niet alles wat ik op mijn lijst had staan, maar hij heeft wel alles wat ik nodig heb. Misschien is de beste omschrijving van mijn huwelijk dat het helemaal niet is wat ik verwacht had, maar wel wat ik wil. Ik moest gewoon mijn behoeftes op gezondere dingen afstemmen!

# 27. Mijn verhaal... en de moraal

Goed, je weet al min of meer hoe mijn verhaal eindigde. Toen ik in het eerste hoofdstuk schreef dat dit boek niet mijn liefdesgeschiedenis was, klopte dat niet helemaal. Het is uiteindelijk met Sheldon2 toch iets geworden – twee maanden lang. Ik weet het, dat is niet erg lang, maar als je bedenkt dat ik vroeger elke man afwees die mij niet onmiddellijk opwond, verbaasde het me hoe snel ik me met Sheldon2 verbonden voelde. Natuurlijk was het niet de diepe liefde die kan bestaan tussen mensen die al jaren bij elkaar zijn, maar het was al veel meer dan de idiote verdwazing die mensen die net samen zijn voor liefde aanzien.

Wat ik voelde was eerder een soort tevredenheid, een rust die over me kwam als we samen in de kamer zaten, zelfs al was hij op zijn laptop bezig en zat ik mijn post te lezen. Ik verheugde me erop hem aan het eind van de dag weer te zien zoals je ernaar uitkijkt op een comfortabele oude sofa onderuit te zakken. En daar bedoel ik iets heel romantisch mee. Samenzijn met Sheldon2 had iets heerlijk rustigs.

Ik hoefde nooit bij de telefoon te gaan zitten wachten of me af te vragen of hij me wel 'leuk vond'. Ik hoefde niet iets te zijn wat ik niet was. Op een keer kwam ik in een verleidelijk zwart jurkje aanzetten in een restaurant waar we met een paar belangrijke klanten van hem zouden dineren. Alleen had ik niet gemerkt dat mijn zoontje vlak voor ik van huis ging zijn zeephandjes tegen mijn achterwerk had gedrukt. Sheldon2 vond het een geweldige grap en zei later dat hij van dat soort voorvallen genoot omdat hij het zo leuk vond dat ik zoveel plezier had met mijn stoute peuter.

Hoe meer tijd we met elkaar doorbrachten, hoe meer we de opwinding ervoeren die je krijgt als je, zoals de huwelijksonderzoeker Gian Gonzaga het noemde, 'elkaar helemaal doorhebt'. Ook al deelden we elkaars interesses niet in alle opzichten, we hadden wel hetzelfde gevoel voor humor en konden heel erg met elkaar lachen. We hadden dezelfde normen en waarden. We zaten soms op een haast griezelige manier op dezelfde golflengte. Ook fysiek klikte het buitengewoon, terwijl we waarschijnlijk niet eens elkaars type waren. Wanneer ik het met vrienden over mijn prille relatie had, gebruikte ik vaak het woord 'ontspannen', of ik maakte de vergelijking met de oude sofa. Wat dat laatste betreft konden mijn jongere, ongebonden vriendinnen moeilijk begrijpen dat zoiets me gelukkig maakte ('Hij is als een oude sófa?!' vroegen ze dan). Mijn oudere, getrouwde vriendinnen waren blij voor me, want die wisten dat deze relatie realiteitsgehalte had.

Maar het was dezelfde realiteit die onze relatie opbrak, de realiteit die zich opdringt als je allebei zo oud bent dat je een heleboel andere verplichtingen hebt, met alle logistieke problemen van dien. Aangezien we beiden een kind hadden, maar geen ex waar we ons kind konden stallen als we eens een avond vrij wilden hebben, werd het op den duur bezwaarlijk om de kinderen elke keer bij hun respectievelijke oppassen achter te moeten laten. Bovendien wilden we graag tijd met onze kinderen én met elkaar doorbrengen, omdat we allebei ook heel huiselijk waren.

Om verder te komen hadden we elkaars kind moeten ontmoeten, maar naarmate we het daar vaker over hadden, en over de manier waarop we dat zouden doen, werd het Sheldon2 steeds duidelijker dat zijn kind daar nog niet klaar voor was. Zijn 8-jarige zoontje had nog maar een jaar geleden zijn moeder verloren. Toen de vrienden van Sheldon2 hadden gezegd dat hij weer eens 'zijn neus buiten de deur moest steken', had hij niet gedacht dat er zo snel iets serieus op zijn pad zou komen. Om de zaken nog ingewikkelder te maken, drongen zijn ouders erop aan dat hij naar Chicago zou verhuizen, waar zij woonden, zodat ze hun kleinzoon meer konden zien en hem zouden kunnen helpen een nieuwe start te maken. In Los Angeles had hij geen familie wonen, maar in Chicago wachtten hem broers, zussen, neven en nichten, dus was het snel duidelijk dat het voor zijn zoon het beste zou zijn om de raad van zijn ouders op te volgen.

Vandaar dat hij drieduizend kilometer verderop ging wonen, in Chicago.

Ik zal niet ontkennen dat het een afknapper voor me was. Het was zelfs een enorme afknapper. Ik had zo graag een punt gezet achter mijn zoektocht naar een partner. Toch ben ik blij dat ik deze ervaring heb gehad, want ik heb ervan geleerd dat ik me aangetrokken kan voelen en gelukkig kan zijn met een man die ik in het verleden niet had zien staan. Sheldon2 was geen modelman, maar hij voldeed aan mijn 'behoeften' en aan een aantal van mijn 'wensen'. Aan zoveel wensen zelfs, dat de wensen die hij niet vervulde er niet meer toe deden. Uiteindelijk had ik maar één belangrijke en eenvoudige wens: ik wilde bij hem zijn.

Ik mis zelfs zijn vlinderdassen.

Maar nu komt het: ik heb mijn lesje misschien te laat geleerd.

### *Wendy's nieuwe kandidaten*

Nadat ze een half jaar lang gezocht had naar een geschikte man voor mij dacht Wendy, de huwelijksmakelaar bij mij in de buurt, eindelijk een paar goede kandidaten te hebben gevonden. In een bemoedigende e-mail schreef ze dat ze de twee potentiële partners al even gezien had en later die week nog wat uitvoeriger zou spreken. Het ging om een 43-jarige man die nooit getrouwd was geweest maar wel serieuze relaties had gehad, graag wilde trouwen en er geen bezwaar tegen had om met een 41-jarige vrouw uit te gaan. Hij zag er bovendien goed uit en had ook intellectueel iets te bieden. De tweede was een 47-jarige gescheiden man met kinderen, succesvol en een toegewijde vader, maar mentaal gezien had hij misschien iets minder in huis dan de eerste man.

Ik zei: 'Laten we het erop wagen, ik sta open voor allebei.' En deze keer meende ik het echt. Ik vroeg niet om meer informatie om me suf over te piekeren. Met geen van deze mannen leek een eerste afspraak me een probleem. Een paar dagen later belde Wendy me op. De 43-jarige bleek ambivalent te zijn over kinderen (vandaar dat hij bereid was met een 41-jarige af te spreken; zoals Evan me al verteld had, hebben mannen die hunkeren naar het vaderschap dat meestal voor hun veertigste wel voor elkaar); en de 'fatsoenlijke' gescheiden vader 'die er leuk uitzag' miste volgens Wendy bij nader inzien toch 'dat sprankelende innerlijke leven waar we voor jou naar op zoek zijn'.

Nu was ik niet degene die kieskeurig was. Ook Wendy was dat niet. Ze was alleen maar realistisch. Een niet zo hoogopgeleide man die wel een onderzoekende geest heeft, zou best iemand voor mij kunnen zijn. Sheldon2 was dat zeker. Maar niet alleen was deze gescheiden vader waarschijnlijk geen man voor mij, ik bleek ook niet iemand voor hem te zijn. Toen Wendy hem beter leerde kennen, werd duidelijk dat hij geen behoefte had aan een vurige intellectueel. Ik was dus weer helemaal terug bij af, en het zou maanden kunnen duren voor Wendy weer iemand voor me had gevonden.

Zo, beste vrienden, ziet mijn liefdeleven er op dit moment uit.

## *Glaasje op...*

Ik weet dat dit geen vrolijke boodschap is. Iedereen wil immers graag een happy ending. Iedereen wil de geruststelling dat je een geweldige partner kunt vinden, hoe oud je ook bent. Maar laat ik eerlijk zijn: ook al is het nooit uitgesloten, een happy ending ligt voor iemand van mijn leeftijd niet alleen minder voor de hand, maar zal ook anders zijn dan voor iemand die tien jaar jonger is. Hoe ouder je wordt, des te ingewikkelder je liefdeleven zal zijn, en ook al doe je alles om je houding te veranderen, je kunt de klok niet terugzetten, aan de realiteit valt niet te ontkomen.

Ik wil niemand ontmoedigen. Ik wil alleen maar helpen. Je kunt het vergelijken met die schokkende anti-alcoholcampagnes van de overheid, waarbij je gruwelijke beelden te zien krijgt van mensen die met hun auto tegen een paal zijn geknald. Als ze alleen maar zeggen dat je met een slok op niet moet gaan rijden, denk je waarschijnlijk: Ja, weet ik, maar die paar glaasjes wijn zijn toch niet zo erg? Pas als je iemand hersendood in een ziekenhuisbed ziet liggen, omringd door piepende schermpjes, komt de boodschap over.

Zo is het ook met het vinden van een levenspartner: indien niet voldoende duidelijk is hoe groot het risico is dat je alleen blijft als je de fouten maakt die ik heb gemaakt, zul jij die fouten ook maken. Ik vond het nodig om te laten zien wat het betekent om op mijn leeftijd nog single te zijn, omdat ik als tiener ook dacht dat ik onkwetsbaar was en het mij niet zou gebeuren dat ik een ongeluk kreeg na een glaasje te veel. Het was namelijk iets abstracts, iets wat alleen ánderen overkwam. Zo was het ook nooit in me opgekomen dat ik alleen zou blijven. Daarom vond ik het nodig een onverbloemd beeld te schetsen hoe mijn liefdeleven is geworden zodat jij keuzes kunt maken waar je later geen spijt van hebt.

Je bent dus gewaarschuwd: heb je jezelf in dit boek herkend, beschouw mij dan als het voorbeeld van wat er van jou zou kunnen worden als je je ideeën over de ware niet bijstelt. Ik bedoel dit positief, mijn boodschap is eigenlijk optimistisch: als je ouder bent, zoals ik, wordt het wel moeilijker, maar als je je aanpak verandert, heb je meer kans een goede partner te vinden. En als je als twintiger of dertiger nog single bent en je je afvraagt hoe dat komt, dan weet je nu niet alleen wat de oorzaak is, maar ook wat je moet doen om je kansen op een lang en gelukkig huwelijk te vergroten.

### *Een ander soort zelfstandigheid*

Mijn vriendin Erica, die 31 is en single, reageerde sceptisch toen ik haar vroeg of ze dit boek wilde lezen. Ze had net een relatie achter de rug en dacht dat ik haar ervan wilde overtuigen dat ze minder veeleisend moest zijn. Ik drukte haar op het hart dat mijn boodschap niet was dat ze genoegen moest nemen met minder dan ze nodig had om gelukkig te worden. Ik zei tegen haar dat ik in het boek beschreef hoe je kunt leren om datgene wat werkelijk belangrijk is ook naar waarde te schatten.

Ze bleef haar twijfels houden, maar toen ze het boek uit had, zei ze dat ze het als een hart onder de riem had ervaren. 'Ik heb nu het gevoel dat ik de juiste partner zal kunnen vinden, ook als hij niet aan al mijn criteria voldoet, iets wat me altijd een paniekgevoel heeft bezorgd,' zei ze. 'Hij hoeft niet tot in alle details te beantwoorden aan het profiel dat ik in mijn hoofd heb. Het geeft me een goed gevoel, een gevoel van zelfstandigheid, dat ik gelukkig kan zijn en de liefde kan vinden door me eenvoudigweg anders op te stellen, en dat het niet meer een kwestie is van geluk, van toevallig op het juiste moment op de juiste plaats zijn, iets wat me ook altijd een paniekgevoel heeft bezorgd.'

Evenals Erica ervaar ik deze meer realistische aanpak als bevrijdend. Het is geruststellend om te weten dat het vinden van een goede partner geen toevalstreffer is, maar grotendeels samenhangt met ons eigen doen en laten en de keuzes die we zelf maken. Het opmerkelijke is dat de meesten van ons niet single zijn door hoe we eruitzien of hoeveel we wegen, wat voor opleiding of baan we hebben, of doordat we een man als eerste mee uit vroegen of drie dagen hebben gewacht met terugbellen. We zijn single omdat we de overtuiging hebben dat het in alle denkbare opzichten moet klikken met een partner en dat we anders verder moeten zoeken.

Maar dan wordt het wel heel moeilijk om iemand te vinden.

Mijn getrouwde vriendin Lynn zei er dit over: 'Als je je uitgangspunt bijstelt, wordt "de jacht" interessanter, beheersbaarder, leuker en minder teleurstellend. Als je je maatstaven bijstelt – wat niet betekent dat je mannen die je walgelijk vindt ook "een kans moet geven" – tja, dan geef je wel meer mannen een kans. Je ontmoet meer mensen en staat het jezelf toe je te laten amuseren en verrassen.'

Ook mij heeft dit boek iets positiefs opgeleverd. Hoewel ik er niet voor zou hebben gekozen op mijn eenenveertigste nog single te zijn, word ik door mijn omstandigheden gedwongen me te richten op wat er echt toe doet, zodat ik, als ik iemand ontmoet, een grotere kans heb op een betere relatie. Maar wat was het fijn geweest als ik dit lang geleden al had ingezien. Daar kan ik nu niets meer aan veranderen, maar jij misschien wel.

### *Hé jij daar, met je roze bloesje!*

Ja, jij. Laatst ging ik naar de film *He's just not that into you* en verbaasde ik me erover dat alle twintigers die in de afgeladen bioscoop om mij heen zaten hun adem inhielden, klapten, joelden, huilden of opveerden uit hun stoel toen de figuur die Jennifer Aniston speelt eindelijk een aanzoek kreeg van de man die zeven jaar lang beweerd had niet met haar te willen trouwen, of toen de gladjanus gespeeld door Justin Long eindelijk de lieve Gigi (Ginnifer Goodwin) zijn liefde verklaarde, hoewel hij eerst te kennen had gegeven niet verliefd op haar te zijn.

In een romantische scène vertelt hij haar dat ze de uitzondering op de regel is – wanneer een man niet geïnteresseerd lijkt, is dat ook meestal zo, maar deze keer dus niet. Ik denk dat de vrouwen in de zaal zo opgewonden raakten over deze gelukkige maar volkomen onwaarschijnlijke verwikkelingen, omdat ze zelf ook het gevoel hebben dat de regel voor hen niet geldt, dat zij de uitzondering zijn. Vroeger dacht ik ook zo, hoewel ik wist dat dat statistisch gezien niet erg waarschijnlijk was. Ik was de uitzondering niet. En jij bent dat waarschijnlijk ook niet.

Wat ik eigenlijk wil zeggen is: hé jij daar. Ja, jij, met je roze bloesje! Ik heb het tegen jou. Het is niet mijn bedoeling je een rotgevoel te bezorgen. Ik wil je alleen graag de ogen openen. De notie dat je niet overal boven staat geeft je meer zelfbewustzijn, en door zelfbewust te zijn neem je betere beslissingen en ben je beter in staat te krijgen wat je wilt. Als je je ogen hiervoor sluit, zul je in je liefdeleven op de oude voet doorgaan, en dat heeft tot nu toe niet gewerkt. Als je single bent maar dat niet wilt blijven, en denkt dat dit boek niet over jou gaat – misschien is dat dan ook zo. Dat kan. Maar weet je het wel zeker? Neem je verstandige, bewuste beslissingen bij de keuze van de mannen die je toelaat in je leven?

Het goede nieuws is dat het mogelijk is om de dingen anders aan te pakken. Het kost misschien tijd om te veranderen, maar dat geeft niet als je bedenkt hoeveel jaren je erover gedaan hebt om je huidige, niet bevorderlijke houding te ontwikkelen. Tien jaar geleden was er niemand die mij de dingen vertelde die ik geleerd heb toen ik dit boek schreef. Of misschien gebeurde dat wel, maar luisterde ik niet. Je kunt het niemand kwalijk nemen dat ze je iets niet vertelden, maar je kunt jezelf wel verwijten dat je niet hebt geluisterd.

Als je wilt geloven dat de ideale man morgen als bij toverslag je leven zal binnen stappen, dan heb je mijn zegen. En als je wilt weten hoe je je redelijker kunt opstellen in je liefdeleven zodat je je kansen op geluk vergroot, dan heb je mijn zegen ook.

Vergeet niet dat je zelf de keuze maakt. Je weet hoe het zit.

Het is nu aan jou.

# [Epiloog] hoe het nu met hen gaat

**Julia**, die het uitmaakte met Greg omdat hij 'niet inspirerend genoeg' was, heeft ook een punt gezet achter haar relatie met Adam, de charmante chirurg, omdat hij 'niet ondersteunend genoeg' was. Door Adam, zegt ze, is ze zich ervan bewust geworden dat Greg eigenlijk veel inspirerender is op gebieden die belangrijk voor haar zijn. Ze zijn inmiddels verloofd.

'Gebruik alsjeblieft onze echte namen niet in je boek,' zei Julia. 'Ik wil niet dat iedereen weet hoe idioot ik me gedragen heb!'

**Jessica**, die er spijt van had dat ze niet op het aanzoek van Dave was ingegaan omdat ze dacht dat ze te jong was om te trouwen, doet haar best om niet elke man met wie ze omgaat met Dave te vergelijken. Ze zit hem 's avonds laat ook niet meer voortdurend te googelen.

'Dave is getrouwd, Dave is verdergegaan met zijn leven en als het hem gelukt is met iemand anders net zo'n sterke band op te bouwen als wij samen hadden, zou het mij ook moeten lukken,' zei ze. 'Ik wou alleen dat hij geen foto's van zijn kindje op Facebook zette. Dat is het enige waar ik nog steeds naar kijk.' Ze heeft zich onlangs bij Match.com aangemeld.

**Brooke**, de studente uit Boston, is weggegaan bij haar vriend en heeft sinds kort iets met de zoon van een vriend van haar ouders.

'Als het om de liefde gaat, heb ik het woord "feminisme" uit mijn vocabulaire geschrapt,' vertelde ze me. 'Met mijn nieuwe vriend is het trefwoord voortaan "verbondenheid".'

**Kathy Moore**, de huwelijksmakelaar van Make me a match, die me had aangeraden voor mijn liefdeleven 'een spaarpotje te maken', belde me acht maanden na ons eerste telefoongesprek op om te zeggen dat ze als gevolg van de economische recessie 'allerlei soorten aanbiedingen' hadden.

Toevallig had ik niet lang daarvoor een blind date gehad met een man die Make me a match een paar maanden eerder had ingehuurd. Hij vertelde dat ze 450 dollar voor zes afspraken hadden gerekend rond hetzelfde tijdstip waarop Kathy tegen mij had gezegd dat 1000 dollar voor drie afspraken voor haar niet lonend was. Kennelijk is er meer te beginnen met een 54-jarige gescheiden vader met tienerkinderen dan met een 41-jarige alleenstaande moeder met een zoon van twee.

Kathy bood me nu aan haar prijs te verlagen van 3500 naar 2500 dollar. 'Een geweldige aanbieding,' zei ze. Ik ben er niet op ingegaan.

**Lisa** is onlangs opnieuw met Ryan begonnen, de vriend met wie ze het twee jaar geleden uitmaakte omdat ze vond dat hij haar niet genoeg aanbad. Vorige maand kwamen ze elkaar tegen op een feestje van een gemeenschappelijke vriend, en hoewel ze inmiddels andere relaties hadden gehad, waren ze allebei nog steeds alleen.

'Hij bleek niemand te kunnen vinden van wie hij net zoveel hield als van mij,' zei Lisa. 'En dat had hij altijd al geweten.'

**De vrouw die beledigd was** toen ik haar een blind date had bezorgd met een man die naar mijn idee op haar leek, is nog steeds alleen.

'Het is frustrerend,' zei ze tegen me. 'Want het is zo moeilijk om mensen te ontmoeten. 's Ochtends sta ik op, ga naar mijn werk, naar de sportschool, eet een hapje en dan ga ik weer naar huis. Je kunt het via internet proberen, maar de beste manier is toch als mensen je aan iemand voorstellen, iets wat me vroeger vaak overkwam, maar de laatste tijd niet meer.'

Tja. Hoe zou dat nou komen?

**Annie**, die zei dat ze door haar eerste huwelijk geleerd had wat belangrijk was, maar moeite had om deze kennis in praktijk te brengen, is niet uitgegaan met de bedrijfsjurist die haar weliswaar door een vriendin was aangeraden maar wiens cv op Facebook ze slaapverwekkend vond. Ze is per ongeluk zwanger geraakt door een slordig vriendje dat niet slaapverwekkend en ook geen bedrijfsjurist was. Hij heeft haar meteen laten zitten en nu is Annie op haar vijfendertigste een alleenstaande moeder.

**Lauren** was geraakt toen haar ex-vriend – aan wie ze zich soms stoorde hoewel hij 'emotioneel precies was wat ik nodig had' – bij haar langskwam toen hij had gehoord dat het weer slechter ging met haar moeder, die kanker had. Maar toen hij haar een geurkaars cadeau gaf waarvan de pit zwart was, was ze weer helemaal op hem afgeknapt.

'Het is het slechtste tweedehandscadeau dat je kunt geven,' zei ze. 'Er is niets wat er zo gebruikt uitziet als een kaars die al gebrand heeft. Het gekke met hem is dat hij zoiets doet, maar me vervolgens een sms'je stuurt om te zeggen dat ik goed voor mezelf moet zorgen, lange wandelingen moet maken en naar mijn iPod moet luisteren. Hij geeft echt om mij. Alleen van de meest basale dingen in de omgang met een vrouw heeft hij geen kaas gegeten. Hij is gewoon een hark.'

Ze vraagt zich nog steeds af of dat er eigenlijk toe doet.

# Dankwoord

Op zoek zijn naar de ware vereist veel morele steun, en ook bij het schrijven van een boek over dit onderwerp is die steun onontbeerlijk. Mijn gelukkig getrouwde agent Liv Blumer was zo verstandig me in contact te brengen met de gelukkig getrouwde Trena Keating van uitgeverij Dutton, die sinds ze mijn artikel in de *Atlantic* had gelezen in dit project geloofde. Trena is niet alleen zeer slim maar ook heel geduldig, een combinatie die weinig voorkomt, en elke keer als ik haar belde met een persoonlijke of professionele vraag, hing ze veel te lang met mij aan de telefoon. Nadat ze Dutton verlaten had om agent te worden, bleef ze beschikbaar en hing ze nog steeds veel te lang met mij aan de telefoon, en daar ben ik haar buitengewoon dankbaar voor.

Intussen had ik het geluk dat er een nieuwe redacteur op mijn pad kwam in de persoon van de gelukkig getrouwde Carrie Thornton. Efficiënt als een chirurg en met het inlevingsvermogen van een hartsvriendin, zocht Carrie zich een weg door de groteske chaos die ik had geproduceerd en maakte er binnen drie weken een geordende eerste versie van, waarbij zij bekende dat ze helemaal begreep dat ik niet met een man van 1.65m uit wilde. (Ik moet erbij zeggen dat Carrie 1.75m is, dus ik heb nog steeds geen excuus.) Ook respecteerde zij mijn wens dat het boek verschoond zou blijven van 'bulletpoints, bijlagen en truttige meidenpraat' en beloofde ik haar dat ik het nooit meer een 'drakerig relatieboek' zou noemen.

Ik ben enorm gesteund door het hele team van Dutton. Brian Tart heeft er op een geweldige manier constant 'bovenop' gezeten. Vormgeefster Monica Benalcazar ontwierp een prachtig omslag, compleet met vlinderdas. Lily Kosner voerde achter de schermen uiterst virtuoos allerlei belangrijke taken uit, waarbij ze talloze balletjes in de lucht hield zonder er ooit een te laten vallen. En Amanda Walker en Liza Cassity schreven een verkoopverhaal waar ik nog steeds over in de lach kan schieten.

Terwijl ik met mensen ging praten over daten, zelf dates had en datingsites afstruinde, werkte Aaron Kaczander mijn interviews zorgvuldig uit en ontpopten Susanna Stossel en Hilary McClellen zich tot de beste onderzoeksassistentes die je je maar wensen kunt. Andrea Siegel bleek huiveringwekkend veel te weten van alles wat de grote massa bezighoudt en aan haar indrukwekkende analyses van de massamedia heb ik veel gehad.

De volgende personen waren zo aardig om ondanks hun drukke leven tijd vrij te maken om het manuscript te lezen en er commentaar op te geven: Daisy Beatty, Kathy Crutcher, Rachel Greenwald, Lynn Harris, Sarah Haufrecht, Rebekka Helford, Justine Isola, Hilary Liftin, Claire Lundberg, Eve Maremont, Wendy Miller, Scott Stossel en Kyle Smith.

Ik ben hun intens dankbaar voor hun inzicht, humor en medeleven.

Aan Anat Baron heb ik veel gehad door haar opmerking dat ik vanuit mijn hart moest schrijven, ook al kwam ik dan niet altijd even flatteus uit de bus; ze drukte me ook op het hart dat een hoopvolle boodschap misschien wel verkoopt, maar dat de waarheid een leven kan veranderen. 'Mensen moeten de waarheid horen,' zei ze een keer 's avonds laat tegen mij toen ik naar die rampzalige speeddatingbijeenkomst was geweest.

Ik dank al mijn vrienden en kennissen – mannen en vrouwen, getrouwd en single – die bereid waren in dit boek geciteerd te worden en heel openhartig met mij over hun ervaringen, hoe persoonlijk en tenenkrommend soms ook, wilden praten. Ik ben ook al die mensen dankbaar die zich door mij hebben laten interviewen en de sprong waagden alles te onthullen aan iemand die ze helemaal niet kenden. Ik dank hen voor hun eerlijkheid en vertrouwen. Het is niet zo makkelijk om een journaliste dingen te vertellen die zelfs je eigen partner of beste vriend niet weet.

Zo zal het voor mijn moeder en haar vriendinnen ook niet makkelijk zijn geweest om aan de koffietafel over hun huwelijk te praten terwijl ik er met mijn bandrecorder bij zat. Ik ben ontzettend blij dat ik hun gedachten en verhalen in dit boek heb mogen verwerken.

Evan Marc Katz ben ik veel dank verschuldigd omdat hij me de onverbloemde waarheid heeft verteld, zij het dat het even duurde voor ik wilde luisteren. 'Ik zeg niet dat het makkelijk is,' zei hij tegen me. 'Maar ik verzeker je dat het de moeite waard is.'

Experts op velerlei gebied hebben veel tijd besteed om mij in hun deskundigheid te laten delen: Paul Amato, Dan Ariely, Myles Berkowitz, Michael Broder, Lisa Clampitt, John Curtis, Paul Eastwick, Julie Ferman, Eli Finkel, Helen Fisher, Lina Fruzzetti, Gian Gonzaga, Rachel Greenwald, Scott Haltzman, Martie Haselton, Diane Holmberg, Ben Karney, Jayamala Madathil, Howard Markman, Steven Martin, Susan Page, Jody Podolsky, Edna Pollin, Helena Rosenberg, Barrie Schwartz, Jeff Simpson, Marion Solomon en rabbijn David Wolpe. Ik hoop dat ik hen recht heb gedaan in dit boek.

Bob Gumer heeft me geholpen een keuze te maken uit de kandidaten die 'goed genoeg' zouden zijn voor de filmversie, door me in contact te brengen met de zeer kundige Tobey Maguire en Polly Johnsen van Warner Brothers.

Diverse mensen van de *Atlantic* zijn in de loop der jaren een grote steun voor me geweest, en vooral ook een bron van vermaak omdat we zo heerlijk kunnen kibbelen. Ik heb het vooral over Toby Lester, Scott Stossel, Elizabeth Shelburne en Kathy Crutcher. Het supertalent Sage Stossel was zo aardig om de spotprent voor deel 1 te tekenen. Aan Ben Schwartz van de *Atlantic* ben ik bijzonder veel dank verschuldigd omdat hij helemaal in het begin de moed had me de opdracht te geven voor het artikel *Marry him.*

Ik ben de vriendinnen dankbaar die na lezing van dit boek nog steeds bereid zijn een date voor mij te organiseren. Geloof me, ik ben echt veranderd.

Ten slotte gaat mijn grootste dank uit naar mijn ongelofelijke zoon Zachary Julian, die het altijd begreep als er een briefje op mijn deur hing met de woorden MAMMA MOET WERKEN. Hiervoor ben ik hem vele uren 'bouwvakkertje spelen' verschuldigd. Mijn zoon, de grootste vreugde van mijn leven, heeft mij meer over de liefde geleerd dan welke deskundige ook.